Hindemith-Jahrbuch
Annales Hindemith
2005/XXXIV

Hindemith-Jahrbuch
Annales Hindemith
2005/XXXIV

Herausgeber
Hindemith-Institut, Frankfurt/Main

SCHOTT
Mainz · London · Madrid · New York · Paris · Tokyo · Toronto

BN 145

Notensatz: Kara Rick, Heidelberg
Einband und Typographie: Günter Stiller, Taunusstein/Ts.
Gesamtherstellung: HartDruck GmbH, 97332 Volkach
Printed in Germany
ISBN 3-7957-0145-7
ISSN 0172-956X

Inhalt

Vorwort

Im Mittelpunkt der diesjährigen *Annales Hindemith* stehen zwei thematische Schwerpunkte, die wesentliche Aspekte des Hindemithschen Œuvres und seiner Rezeption beleuchten. Mit dem Liedschaffen, dem im Kontext der Gesamtheit der Werke meist nur wenig Beachtung geschenkt wird, befassen sich zwei Beiträge. Hartmut Lück geht den Spuren von Hindemiths Beschäftigung mit Walt Whitman nach, dessen Dichtung *Leaves of Grass* den Komponisten über Jahrzehnte hinweg begleitete. Giselher Schubert zeichnet den stilistischen Wandel, der sich in Hindemiths Werk um 1922 vollzieht, anhand von analytischen Beobachtungen in den zu dieser Zeit entstandenen Liedern nach, insbesondere am Liedzyklus *Das Marienleben* op. 27 nach dem gleichnamigen Gedichtzyklus von Rainer Maria Rilke. Der Beitrag des Germanisten Richard Exner erweitert die musikologische Sicht auf den Dichter um die literaturwissenschaftliche Perspektive.
Gerhard Allroggen befaßt sich mit der Entstehungsgeschichte der *Symphonia Serena*, die Hindemith im Jahre 1946/47 im Auftrag von Antal Dorati für das Dallas Symphony Orchestra komponierte, und informiert über den Bestand der Skizzen, die im Hindemith-Institut aufbewahrt werden. Der Beitrag von Pierre Cortot zeigt, in welcher Weise Darius Milhaud und Paul Hindemith ihre Forderungen nach gesellschaftlicher Fundierung zeitgenössischen Komponierens umsetzten.
Die folgenden Beiträge sind der Rezeptionsgeschichte Hindemiths gewidmet. Eine angemessene Rezeption seines Werkes und seiner Künstlerpersönlichkeit wurde nach seinem Ableben im Jahre 1963 vor allem deswegen verhindert, weil das aggressive Verdikt Theodor W. Adornos über Jahrzehnte hinweg erhebliche Wirkungsmächtigkeit besaß. Der Soziologe und Musikwissenschaftler Ferdinand Zehentreiter kann anhand der Essays *Ad vocem Hindemith* nachweisen, daß Adorno dem musiksoziologischen Anspruch nicht gerecht wird, den er selbst für

seine Dokumentation zu Hindemith erhoben hat. Hindemiths Rede *Sterbende Gewässer* aus dem Jahre 1963 ist Gegenstand der Überlegungen von Franz Knappik: Er zeigt, daß sich die musiktheoretischen Gedanken, die Hindemith in dieser Rede vortrug, nicht substantiell von seinen früheren Ausführungen unterscheiden, daß mithin von einer von Hindemith beabsichtigten Verschärfung des Konflikts mit der damaligen kompositorischen Avantgarde nicht gesprochen werden kann. Den vorliegenden Band beschließt eine kritische Antwort von Heinz-Jürgen Winkler auf Michael Katers Auslassungen zu Hindemith.

Susanne Schaal-Gotthardt

Hartmut Lück

Paul Hindemith und Walt Whitman[1]

Der 1819 in West Hills/Long Island im Staate New York geborene Walt Whitman erstrebte schon mit seinem ersten Gedichtband *Leaves of Grass* (»Grashalme«) im Jahre 1855 jenen Platz in der amerikanischen Literatur einzunehmen, den Ralph Waldo Emerson (1803–1882), das Haupt der politisch-philosophischen Strömung des »Transzendentalismus«, visionär als die kommende, bedeutende literarische Erscheinung des Landes vorausgesagt hatte. Der Erfolg stellte sich aber erst ein Jahrzehnt später ein, als Whitman in seinen hymnisch-schwärmerischen Gedichten für die Unionisten im Bürgerkrieg und besonders für Abraham Lincoln eintrat; mit den Gedichtzyklen *Drum-Taps* und vor allem *Memories of President Lincoln*, nach dessen Ermordung, wurde Whitman eine landesweite Berühmtheit und nun auch wiederum von dem von ihm verehrten Emerson öffentlich als ein Dichter des Formats von Homer und den althebräischen Psalmisten anerkannt. Allerdings zeigte Whitman sich auch als ein Künstler, der die von ihm verachteten prüden Moralvorstellungen des viktorianischen Zeitgeschmacks Neu-Englands bewußt provozierte.

Umgangssprachliche und Dialekt-Ausdrücke in seiner Dichtung korrespondierten mit seinem Konzept eines freien, von allen poetischen Konventionen gelösten Verses, und die ungehemmte Einbeziehung der eigenen Körperlichkeit und besonders der Sexualität brachten eine neue expressive Qualität in die amerikanische Literatur. Damit wurde Whitman zum Initiator mehrerer Generationen von »Protest«-Dichtern bis

[1] Der vorliegende Text basiert auf einem Vortrag, den der Verfasser am 19. Januar 2005 in Tel Aviv im Rahmen des Kongresses »Paul Hindemith in seiner Welt«, veranstaltet von der Rubin Musikakademie und dem Goethe-Institut Tel Aviv sowie dem Hindemith-Institut Frankfurt am Main, gehalten hat.

hin zur »Beat Generation« in den 1950er Jahren, aber auch zum Anreger europäischer literarischer Strömungen wie Naturalismus und Expressionismus. Whitman veröffentlichte seine Dichtungen unter dem gleichbleibenden Titel *Leaves of Grass*[2] in immer neuen, jeweils erweiterten Auflagen; die zehnte Edition, die letzte noch von ihm selbst betreute, erschien 1891; Whitman starb 1892 in Camden im Staate New Jersey.

Walt Whitmans Denken war geprägt von jener Mischung aus radikalem Demokratieverständnis und Patriotismus, die auch den Transzendentalismus auszeichnete, sowie von der progressiven Imaginationskraft der europäischen Romantik. Mensch, Natur und Kosmos begriff er als Einheit, die der Mensch in seinem Leben als Richtschnur betrachten sollte; Leben und Tod bzw. Jenseits erschienen ihm als ein ineinander flutendes Ganzes, ohne strikte Trennungslinie. Trotz dieser hymnisch-dionysischen Selbstbehauptung und Selbstverklärung bis hin zur Gottgleichheit durchzieht ein schlichtes Symbol seine Lyrik, das schon im Titel der ersten Veröffentlichung auftaucht: das Gras. Die »Leaves of Grass«, die Grashalme, sind ihm Symbol des einfachen Menschen, aber auch einer als gleich erachteten Masse, damit auch zentrales Natursymbol des poetischen Selbst, das sich, solidarisch mit den Massen der Welt, von aller Fremdbestimmung löst. Dies alles, vermittelt durch eine der gesprochenen Sprache angenäherte, in ihrem staccatohaften und sich in Variationen wiederholenden musikalischen Rhythmus Unmittelbarkeit suggerierende Dichtung, hatte eine weit über Whitmans Tod hinausgehende Wirkung, nicht nur auf Literaten, sondern auch auf bildende Künstler – hier besonders die in England tätige Gruppe der sog. »Präraffaeliten« – und nicht zuletzt auf schöpferische Musiker.

---

[2] Walt Whitman, *Complete Poetry & Selected Prose and Letters,* edited by Emory Holloway. London 1967. Die folgenden Zitate beruhen auf dieser Ausgabe. Zu Whitmans Poetik vgl. James E. Miller jr., *A Critical Guide to* Leaves of Grass, Chicago/London 1957. – Thomas Edward Crawley: *The Structure of* Leaves of Grass, Austin/London 1970.

Bereits 1868 erschien die erste deutsche Übertragung einer Auswahl von Whitmans Dichtungen durch Ferdinand Freiligrath; in der ersten Hälfte des 20. Jahrhunderts folgte etwa ein halbes Dutzend weiterer Übersetzungen, von denen die Auswahl von Johannes Schlaf im Jahre 1907 die wohl unmittelbarste Wirkung ausübte[3] und auch den uns hier interessierenden deutschsprachigen Whitman-Vertonungen von Paul Hindemith zugrundeliegt. 1922 folgten Franz Blei[4] mit einer Auswahl und Hans Reisiger, der Whitmans Gesamtwerk sukzessive übersetzte und damit übrigens Thomas Mann stark beeindruckte; dieser lobte nicht nur Reisigers Übersetzung, sondern griff in seinem wenig später entstandenen Roman *Der Zauberberg* die spezifische Ausprägung der Todesthematik bei Whitman auf. An Reisigers Übersetzung orientierte sich zum Beispiel auch Karl Amadeus Hartmann für die vokalen Partien seiner Ersten Sinfonie *Versuch eines Requiems*, deren erste Fassung 1935/36 entstand.[5] Eine weitere, auch für die neuere Musikgeschichte relevante Übersetzung einer Whitman-Auswahl veröffentlichte Georg Goyert 1948; diese benutzte Hans Werner Henze für seine allerdings in beiden Sprachen aufführbare Solo-Kantate *Whispers from Heavenly Death* aus dem gleichen Jahr.[6]

---

[3] Walt Whitman, *Grashalme.* In Auswahl übertragen von Johannes Schlaf, Leipzig o.J. (= Reclams Universal Bibliothek 4891/92a), Vorwort von Johannes Schlaf datiert Weimar 1907. Schlaf benutzte die Whitman-Edition Boston 1903. Im Folgenden zitiert als »Schlaf«.

[4] Walt Whitman, *Hymnen für die Erde.* Übersetzt und mit einem Nachwort versehen von Franz Blei, Leipzig o.J. (= Insel Bücherei Nr. 123; 1922). Paul Hindemith besaß die beiden Editionen von Johannes Schlaf und Franz Blei, vertonte aber ausschließlich die Übersetzungen von Schlaf.

[5] Andrew D. McCredie, *Die Dichtung Walt Whitmans als Quelle zur deutschen Bekenntnissymphonik*, in: Wolfgang Osthoff und Giselher Schubert (Hg.), *Symphonik 1930–1950. Gattungsgeschichtliche und analytische Beiträge*, Mainz 2003 (= Frankfurter Studien Band IX), S. 189–208.

[6] Vgl. dazu Hartmut Lück, *Gesänge vom himmlischen Tod. Henzes frühe Whitman- und Trakl-Vertonungen*, in: Peter Petersen (Hg.), *Hans Werner Henze. Die Vorträge des internationalen Henze-Symposions am Musikwissenschaftlichen Institut der Universität Hamburg 28. bis 30. Juni 2001*, Frankfurt am Main 2003 (= Hamburger Jahrbuch für Musikwissenschaft, Band 20), S. 129–137.

Harold Jantz attestierte im einstigen Standardwerk der Germanistik *Deutsche Philologie im Aufriß* der Whitman-Übersetzung von Johannes Schlaf *mehr Hitze als Licht*[7], und in der Tat liefert Schlaf mit seinem ins Mythische überhöhten Naturalismus hier eher eine freie Nachdichtung aus eigenem Geiste, während Reisiger und Goyert sich dem sprachlichen Duktus des Originals anzuschmiegen trachten.
Die Vertonung Whitmanscher Verse beginnt im angelsächsischen Sprachraum bereits im letzten Jahrzehnt des 19. Jahrhunderts bis zum Ersten Weltkrieg mit Werken u.a. von Charles Villiers Stanford, Frederick Delius und Ralph Vaughan Williams, denen später Komponisten wie Charles Ives, Roy Harris, William Schuman, Howard Hanson, Roger Sessions bis hin zu George Crumb folgen; es wurden weit über 500 Whitman-Vertonungen gezählt.[8] In den deutschsprachigen Ländern dürfte *Trommelschläge* für Chor und Orchester op. 26 aus dem Jahre 1915 von Othmar Schoeck das erste Beispiel einer Whitman-Vertonung sein; es folgen Paul Hindemith mit seinen *Drei Hymnen* op. 14 (1919) und Franz Schreker mit *Zwei lyrische Gesänge* (1924, orchestriert 1927). Der pazifistische, aber im Erreichen dieses Zieles durchaus kämpferische Grundstrom im Oeuvre Whitmans führte dazu, daß sich besonders die vor und während der Nazi-Herrschaft aus Deutschland bzw. aus Europa emigrierten Komponisten für Whitman interessierten; erwähnt seien nur Mario Castelnuovo-Tedesco (1936), Ernest Bloch (1927), Kurt Weill (*Walt Whitman Cycle*, 1942), Stefan Wolpe (Lied *O Captain, My Captain*, 1936) und nicht zuletzt Paul Hindemith mit seinem Werk für Soli, Chor und Orchester *When lilacs last in the dooryard bloom'd – A Requiem »For those we love«* (1946) als Gedenk-

---

[7] Harold Jantz, *Amerika im deutschen Dichten und Denken*, in: Wolfgang Stammler (Hg.), *Deutsche Philologie im Aufriß I–III*, Berlin ^{2}1957, 1960, 1962; Band III, Sp. 309–372, hier Sp. 362.

[8] Vgl. Kim H. Kowalke, *Reading Whitman/Responding to America. Hindemith, Weill, and Others*, in: Reinhold Brinkmann, Christoph Wolff (Hg.), *Driven into Paradise. The Musical Migration from Nazi Germany in the United States*, Berkeley/Los Angeles/London 1999, S. 194–220; hier S. 195.

musik für die Opfer des Zweiten Weltkrieges, vor allem, aber nicht nur, die amerikanischen.
Paul Hindemiths Beschäftigung mit der Lyrik von Walt Whitman erstreckt sich in seinem Oeuvre über einige Jahrzehnte – in seiner Bibliothek befanden sich mehrere Whitman-Editionen in deutscher und englischer Sprache[9] – und hat sich in insgesamt fünf Werken niedergeschlagen:

Drei Hymnen von Walt Whitman für Bariton und Klavier op. 14 (1919), enthaltend, in der Übersetzung von Johannes Schlaf, die Stücke *Der ich, in Zwischenräumen, in Äonen und Äonen wiederkehre* sowie *O, nun heb du an, dort in deinem Moor* und *Schlagt! Schlagt! Trommeln!*

Sonate für Violoncello und Klavier op. 11 Nr. 3 (1919; zweite Fassung 1921); dieses Werk entstand in der ersten Fassung praktisch parallel zum Zyklus op. 14 und enthält in seinem 2. Satz motivisch wie auch durch die (in der zweiten Fassung getilgte) Überschrift Bezüge zum Whitman-Zyklus.

Eine lichte Mitternacht für vierstimmigen Männerchor (1929), ebenfalls nach einer Übersetzung von Johannes Schlaf.

Sing on there in the Swamp für Sopran und Klavier (1943), enthalten als achtes Lied in den *Nine English Songs.* Es handelt sich um das gleiche Gedicht wie in op. 14 Nr. 2 *O, nun heb du an, dort in deinem Moor*, nun in der Originalsprache.

When lilacs last in the dooryard bloom'd – A Requiem »For those we love« für Mezzosopran, Bariton, Chor und Orchester (1946). Das Re-

[9] Andres Briner, *Paul und Gertrud Hindemiths literarische Interessen. Eine Studie aufgrund der Bibliothek in Blonay und einiger Materialien im Hindemith-Institut, in: Hindemith-Jahrbuch* 1993/XXII, Mainz 1994, S. 158–199. – Vgl. auch Andres Briner: *Paul Hindemith,* Zürich/Freiburg/Mainz 1971, darin S. 167. Der Hinweis auf die Whitman-Übersetzung von Franz Blei im Zusammenhang mit Hindemiths op. 14 ist allerdings irreführend.

quiem enthält, im Rahmen des im Titel genannten Gedichtzyklus Whitmans, als Nr. 5 das bereits 1943 vertonte Lied *Sing on there in the Swamp*, transponiert und orchestriert.

Während das Requiem schon mehrfach Gegenstand wissenschaftlicher Erörterungen war[10] und uns deshalb hier nur im Rahmen der gewählten Fragestellungen beschäftigen wird, ergeben sich aus dieser Übersicht zwei Fragenkomplexe von besonderem Interesse:

1. Die Beziehungen zwischen dem Zyklus der *Drei Hymnen* op. 14 und der *Sonate für Violoncello und Klavier* op. 11 Nr. 3.

2. Der Vergleich der Vertonungen des gleichen Gedichtes in op. 14 Nr. 2, im Lied *Sing on there in the Swamp* und in der Nr. 5 des Requiems.

Betrachten wir zunächst den Zyklus *Drei Hymnen von Walt Whitman* op. 14.[11] Das erste Lied basiert auf dem Gedicht *Ages and Ages Returning at Intervals*, geschrieben 1860 und enthalten in dem Zyklus *Children of Adam*. Das Original hat den folgenden Wortlaut:

Ages and ages returning at intervals,
Undestroy'd, wandering immortal,
Lusty, phallic, with the potent original loins, perfectly sweet,
I, chanter of Adamic songs,
Through the new garden the West, the great cities calling,
Deliriate, thus prelude what is generated, offering these, offering myself,

---

[10] David Neumeyer, *The Music of Paul Hindemith*, New Haven/London 1986, S. 215–223. – Kim Kowalke, *For Those We Love. Hindemith, Whitman, and »An American Requiem«*, in: *Hindemith-Jahrbuch* 1998/XXVII, Mainz 1998, S. 102–154. – Vgl. auch Kowalke (wie Anm. 8).

[11] Vgl. hierzu auch Klaus Velten, *Paul Hindemiths frühes Liedschaffen*, in: *Hindemith-Jahrbuch* 1992/XXI, Mainz 1993, S. 87–96. – Peter Cahn, *Der junge Hindemith*, in: Norbert Bolin (Hg.), *Paul Hindemith – Komponist zwischen Tradition und Avantgarde. 10 Studien*, Mainz 1999, S. 23–31. – Hee Sook Oh, *Studien zur kompositorischen Entwicklung des jungen Hindemith*, Frankfurt/Main 1992 (Dissertation Freiburg i. Br.), S. 119–124.

Bathing myself, bathing my songs in Sex,
Offspring of my loins.[12]

Die Nachdichtung von Johannes Schlaf lautet:

Der ich, in Zwischenräumen, in Äonen und Äonen wiederkehre,
Ein unzerstörbarer, unsterblicher Wanderer,
Lustvoll, geschlechtlich, mit ursprünglichen, zeugenden Lenden, in süßer Fülle;
Der ich, Sänger adamitischer Gesänge,
Durch den neuen Garten des Westens, durch die großen Städte rufe;
Und trunken das verkünde, was im Werden ist, dies darbiete und mich selbst,
Und mich selbst bade und meine Lieder im Zeugenden,
Meine Lieder, die Sprößlinge meiner Lenden.[13]

Einzige textliche Veränderung bei Hindemith: aus *Wanderer* wird *Wandrer*, ein gehaltener melodischer Höhepunkt vor einem abrupten Quintsprung abwärts, was nur eine Schlußsilbe erlaubte.
Die biblische Figur des ersten Menschen, Adam, erscheint hier nicht nur als unsterblich, als durch die Zeitalter wandernde Figur, sondern der Dichter selbst sieht sich als eine Verkörperung des ewigen Adam, der auf dem Wege ist, den verlorenen Garten Eden wiederzufinden und gleichzeitig zu einem Status der Unschuld zu gelangen, der jedoch nicht die biblische Unschuld vor der Vertreibung aus dem Paradies meint, nicht Adam mit dem Worte Hölderlins als *schicksallos*[14] begreift, sondern Unschuld als das Ergebnis der ungehinderten Menschwerdung versteht, und die erfolgt durch das Akzeptieren des eigenen Körpers,

[12] Whitman (wie Anm. 2), S. 102. Zum besseren Verständnis der Dichtungen Whitmans zitieren wir hier auch die originalsprachlichen Texte, da diese in den entsprechenden Bänden der Gesamtausgabe der Werke Paul Hindemiths nicht enthalten sind.
[13] Schlaf (wie Anm. 3), S. 133–134.
[14] Friedrich Hölderlin, *Hyperions Schicksalslied,* Zeile 7–8: *[...] schiksaallos wie der schlafende / Säugling, athmen die Himmlischen; [...]*

der Sexualität als Schöpferkraft. Darum meint der *Garten* hier auch nicht sentimentale Rückkehr zur Natur, sondern *Garten* ist eher ein Begriff geistiger Befindlichkeit, aber auch des sozialen und gesellschaftlich dynamischen Verhaltens, worauf die *great cities*, aber auch der *Westen*, gemeint als *western frontier* der damaligen expansionistischen Phase der amerikanischen Geschichte, hinweisen. Schlafs Nachdichtung bleibt zwar der Drastik Whitmans durchaus noch einiges schuldig, dürfte aber im Deutschland nach der Jahrhundertwende und besonders nach dem Ende des Ersten Weltkrieges ihre »ungehemmte« Wirkung nicht verfehlt haben.

Notenbeispiel 1: P. Hindemith, *Drei Hymnen von Walt Whitman* op. 14, Nr. 1: *Der ich, in Zwischenräumen, in Äonen und Äonen wiederkehre*, T. 10–15

Hindemiths Vertonung, überschrieben *Mit Begeisterung, lebhaft*, bewegt sich, abgesehen vom Mittelabschnitt, dynamisch fast durchweg zwischen forte und vierfachem forte (*ffff*); zur akkordisch vollgriffigen Klavierintroduktion und -begleitung tritt die Baritonpartie mit einer melodischen Gestaltung zwischen Ausrufen und sekundschrittigen Passagen, weit entfernt von einer traditionellen Vorstellung von »Melodie« (Notenbeispiel 1). Der Mittelteil, beginnend Takt 24 auf die Worte *Der ich, Sänger*, weiterhin überschrieben *Immer sehr lebhaft*, aber immerhin mit einigen piano-Abschnitten im Klavier, bringt passend zum Text etwas mehr melodische Qualitäten, auch im Klavierpart, wenn auch hier meist in der Gestalt heftig bewegter Oktavgriffpassagen. Takt 42 auf die Worte *und mich selbst* führt zu der Motivik der Klavierintroduktion zurück und rundet somit eine lockere dreiteilige Liedform ab; der Gesangspart kultiviert hier geradezu den Charakter des Ausrufs mit großen Intervallsprüngen in einer auch für einen Bariton recht hohen Lage (bis f').
Nach dieser textlich wie musikalisch hymnischen Selbstinszenierung bringt das zweite Lied den totalen Kontrast: das Lauschen auf einen einsamen Vogelruf in der Stille der Natur. Der Originaltext findet sich bei Whitman im Zyklus *Memories of President Lincoln* als neunter Teil des 16teiligen, langen Gedichts *When lilacs last in the dooryard bloom'd*, entstanden 1865–66.

Sing on there in the swamp,
O singer bashful and tender, I hear your notes, I hear your call,
I hear, I come presently, I understand you,
But a moment I linger, for the lustrous star has detain'd me,
The star my departing comrade holds and detains me.[15]

Die Übersetzung von Johannes Schlaf:

O, und nun heb du an, dort in deinem Moor,
Lieber scheuer Sänger! Ich höre dein Lied, ich vernehme deinen Ruf!

[15] Whitman (wie Anm. 2), S. 303.

Ich höre; ich bin da; ich verstehe dich.
Einen Augenblick nur säumte ich, weil der glänzende Stern mich
zurückhielt;
Der Stern, mein scheidender Gefährte, machte mich säumen.[16]

Hindemith ließ das *und* in der ersten Zeile weg, da es ihm als überflüssige Füllsilbe erschien, die seinem tastenden Melodiebeginn eine gewisse Monotonie verliehen hätte. Der Komponist hat später, als er selbst eine deutschsprachige Version seines *Flieder-Requiems* herstellte, auch den Text dieses Gedichtes neu übertragen; diese Textfassung lautet, mit einer deutlich noch weiter gestrafften ersten Zeile:

Sing weiter, du im Ried!
O zarter, schüchterner Sänger! Ich lausche dir, dem Ton, dem Ruf.
Ich hör' – komme bald zu dir – und ich versteh' dich.
Nur ein Weilchen des Zögerns, da der lichte Stern mich im Bann hält.
Der Stern, mein Kam'rad, im Schwinden bannt und verhält mich.

Die Bildlichkeit dieses Gedichtes wird klarer, wenn man sich vergegenwärtigt, welche drei poetischen Symbole den ganzen *Lilacs*-Zyklus durchziehen: *lilacs* (»Flieder«), *star* (»Stern«) und *bird* bzw. *thrush* (»Vogel« bzw. »Drossel«). Der Stern stellt für Whitman die schon erwähnte Verbindung zum Kosmos, aber auch zur Ewigkeit und zum Jenseits dar, der Vogel als einsamer Sänger die Verbindung zur Natur, und der Flieder erinnert an den Trauerkondukt mit dem ermordeten Präsidenten Abraham Lincoln, der von der Bevölkerung mit Fliederzweigen übersät wurde. In diesem Gedicht erscheint der Stern zudem als der verewigte Lincoln selbst – *my departing comrade* –, der den Dichter in trauernder Starre hält und ihm erst allmählich die Ruhe gibt, auf den Ton des Vogels, also auf die Stimme der Natur, zu hören. Und in diesem Sinne findet sich dann auch der *departing comrade* in einer

[16] Schlaf (wie Anm. 3), S. 208.

Notenbeispiel 2: P. Hindemith, *Drei Hymnen von Walt Whitman* op. 14, Nr. 2: *O, nun heb du an, dort in deinem Moor*, T. 1–21

Art spiritueller Existenz im einsamen Vogel wieder, vereint mit der ewigen Natur.

Hindemiths Vertonung in op. 14 Nr. 2 ist überschrieben *Ganz langsam und äußerst zart, ganz frei vorzutragen*; sie ist in b-Moll notiert und bewegt sich dynamisch zwischen pianissimo und einer kurzen Passage im mezzoforte; der Schluß des Klaviernachspiels verklingt im vierfachen piano (*pppp*). Eine Melodiefloskel mit dem Intervall der steigenden oder fallenden Terz, oft als Wechselnote, bestimmt über weite Strecken die Musik; der affektive Bezug dieses Intervalls zum stilisierten Vogelruf wird von Hindemith selbst angesprochen, wenn er das Eingangsmotiv des Klaviers, einen mehrfach wiederholten Schritt von c/des nach f, *zart wie eine Vogelstimme* vorgetragen haben möchte. In der Baritonstimme erscheint auf die Worte *Lieber, scheuer Sänger! Ich höre dein Lied, ich vernehme deinen Ruf!* (Takt 11ff.) ständig diese Floskel mit der Terz als Wechselnote b–des'–b bzw. zweimal f–as–f, dazu im Klavier wiederholt der durch die leise Dissonanz c/des im Motiv c/des–f leicht verschattete Vogelruf vom Beginn (Notenbeispiel 2). Die Hinwendung des lyrischen Ich zum Vogel *Ich höre, ich bin da*, nun mezzoforte, *mit Wärme* (Takt 27ff.), bringt eine Erweiterung der bisherigen Gesangslinie zur Formulierung melodischer Qualität. Auf die Worte *mich zurückhielt; der Stern* (Takt 37ff.) kehrt auch in der Singstimme das Vogelrufmotiv wieder, damit die spirituelle Verbindung des toten Präsidenten mit dem Vogel als Sinnbild der Natur andeutend. Das Stück verklingt mit den mehrfachen Vogelrufen c/des-f im Klavier. So ergibt sich auch hier eine freie dreiteilige Anlage.

Das dritte Stück *Schlagt! Schlagt! Trommeln!* (*Beat! Beat! Drums!*) entstammt Whitman's Zyklus *Drum-Taps* und entstand 1861; der Text lautet im Original:

Beat! beat! drums! – blow! bugles! blow!
Through the windows – through doors – burst like a ruthless force,
into the solemn church, and scatter the congregation,
Into the school where the scholar is studying;
Leave not the bridegroom quiet – no happiness must he have now with his bride,
Nor the peaceful farmer any peace, ploughing his field or gathering his

grain,
So fierce you whirr and pound you drums – so shrill you bugles blow.

Beat! beat! drums! – blow! bugles! blow!
Over the traffic of cities – over the rumble of wheels in the streets;
Are beds prepared for sleepers at night in the houses? no sleepers must sleep in those beds,
No bargainers' bargains by day – no brokers or speculators – would they continue?
Would the talkers be talking? would the singers attempt to sing?
Would the lawyer rise in the court to state his case before the judge?
Then rattle quicker, heavier drums – you bugles wilder blow.

Beat! beat! drums! – blow! bugles! blow!
Make no parley – stop for no expostulation,
Mind not the timid – mind not the weeper or prayer,
Mind not the old man beseeching the young man,
Let not the child's voice be heard, nor the mother's entreaties,
Make even the trestles to shake the dead where they lie awaiting the hearses,
So strong you thump O terrible drums – so loud you bugles blow.[17]

Johannes Schlaf übersetzte dieses Gedicht so:

Schlagt! Schlagt! Trommeln! Blast, Hörner, blast!
Durch Fenster brecht und Türen mit unbarmherziger Gewalt;
Und in der stillen Kirche löst die Andacht auf.
Stört den Studenten im Hörsaal.
Stört das Glück des harmlosen Bräutigams bei seiner Braut.
Den friedlichen Farmer bei Pflug und Ernte, laßt ihn nicht in Ruh.
So grimmig schlagt und rasselt, Trommeln! So schrill, ihr Hörner, blast!

[17] Whitman (wie Anm. 2), S. 259–260.

Schlagt! Schlagt, Trommeln! Blast, Hörner, blast!
Durch Handel und Wandel der Städte – durch Rädergedröhn der Straßen;
Sind in den Häusern nächtens die Betten bereitet? Die Schläfer dürfen in diesen Betten nicht schlafen.
Die Händler dürfen Handel treiben nicht bei Tage; nicht Makler und nicht Spekulanten! Wollen sie ihre Geschäfte fortsetzen?
Die Redner, wollen sie reden? Schicken die Sänger sich an zu singen?
Dann wirbelt schneller, lauter, Trommeln! Und wilder, Hörner, blast!

Schlagt! Schlagt! Trommeln! Blast, Hörner, blast!
Was da Verhandlung und was da Beschwerde!
Achtet nicht der Zagen, auf Klage nicht und Tränen!
Nicht der Bitte des Vaters für den Sohn!
Überdröhnt des Kindes Stimme und der Mutter Flehen!
Bahn macht für die Bahren, die Toten schütten sollen für die Leichenwagen!
So rauh euer Dröhnen, schreckliche Trommeln! Ihr Hörner, so hart euer Blasen.[18]

Hindemith hat an diesem Text die meisten Veränderungen vorgenommen. Schon in der ersten Zeile stellte er die Wiederholung des Verbs in der zweiten Hälfte des Verses um, so daß *schlagt, schlagt* und *blast, blast* sich entsprechen und eine ähnlich prägnante musikalische Formulierung erhalten. In der Zeile *Den friedlichen Farmer...* fehlt das *ihn*, das den Fortgang der Musik im Zeitmaß *stets vorwärtsgehen* (Takt 26) und mit der Achtelbewegung der Melodie nur aufgehalten hätte. In der 2. Strophe hat Hindemith die Wortfolge *Blast, Hörner, blast* beibehalten, da hier ein anderer Melodiegang vorliegt. In der Zeile *Die Händler dürfen...* zog er das *nicht* vor das Wort *treiben*, um es zu betonen, entsprechend dem folgenden *nicht Makler, nicht Spekulanten*; statt

[18] Schlaf (wie Anm. 3), S. 196.

Geschäfte fortsetzen schreibt Hindemith *Geschäfte betreiben*, einerseits eine Verallgemeinerung, andererseits eine Anknüpfung an das vorhergehende *treiben*. In Zeile 3 der 3. Strophe heißt es im Lied *Klagen* statt *Klage*, eine Anpassung als Binnenreim an das vorhergehende *Zagen*. Und da danach von *Tränen* die Rede ist, schrieb Hindemith in der folgenden Zeile auch *Bitten* statt *Bitte*, eine naheliegende lautliche Kongruenz. Das abschließende Wort *Flehen* in Zeile 5 der 3. Strophe verkürzte Hindemith auf *Flehn*, da diese Phrase auf einem langgehaltenen hohen g' mit angehängtem noch höheren a' als quasi Ausrufezeichen endet, und dies konnte nicht mit einer unbetonten Endsilbe geschehen.

Patriotismus und Verherrlichung der Ideale schlagen in Whitmans Gedicht in jene Gewalttätigkeit um, die dieser in der Situation des Sezessionskrieges für die angemessene Antwort, auch und ganz besonders an die Bevölkerung des eigenen Lagers, hält. Die unvermeidlichen Opfer werden hier noch in den Appell einbezogen; später im Gedichtzyklus wird Whitman an die Stelle des kämpferischen Patriotismus die verhaltene Trauer treten lassen, die hier nur geahnt, aber noch *überdröhnt* wird.

Den drei Strophen entsprechen bei Hindemith vier Abschnitte; nur der erste ist mit dem Ablauf der ersten Strophe des Gedichts identisch und beginnt in Anlehnung an den Text mit einem Rufmotiv, wiederum im Terzschritt mit Wechselnote b–des'–b, eine erstaunliche Übernahme des Vogelrufmotivs aus dem vorhergehenden Lied, somit aber auch die gedankliche Verbindung Whitmans zwischen Natur einerseits und Kampf um ein besseres Leben der Menschen andererseits musikalisch nachvollziehend. Im Klavierpart dominieren ein punktierter und ein Triolenrhythmus, die sich geradezu gegenseitig vorwärtspeitschen (Notenbeispiel 3). Der zweite Abschnitt beginnt zwar (Takt 34), entsprechend der Wiederkehr des Ausrufes *Schlagt, schlagt, Trommeln*, auch mit dem gleichen musikalischen Ruf-Motiv, diesmal *Lebhaft*, bezieht aber an seinem Ende diesen Einleitungstext der dritten Strophe quasi rondoartig mit ein. So beginnt der dritte Abschnitt (Takt 92), nun *Sehr lebhaft und erregt*, mit dem Text *Was da Verhandlung* und endet im Wort *Leichenwagen* (Takt 115); im Klavier führt eine großräumige, Akkordik und Oktavgänge einbeziehende Steigerung zu einem raschen,

Notenbeispiel 3: P. Hindemith, *Drei Hymnen von Walt Whitman* op. 14, Nr. 3: *Schlagt! Schlagt! Trommeln!*, T. 1–13

sich auch dynamisch steigernden abwärtigen Oktavgang, der in einem Triller vor dem Wort *Leichenwagen* kulminiert. Auf der letzten Silbe dieses Wortes (Takt 116) setzt der vierte Abschnitt *Alla breve* ein, der das letztmalige Auftauchen des Bildes vom Trommelschlagen und Hörnerblasen zu einem Resümee des ganzen Liedes überhöht, im Klavier wieder mit dem punktierten Rhythmus des Beginns, in der Gesangspartie mit dem Rufmotiv vom Beginn, nun sich steigernd in den Intervallen der Wechselnoten von der Kleinsekund bis zum Tritonus.

Durch die Rahmung des introvertierten Naturbildes im 2. Lied mit zwei extrovertiert-»heroischen« Gesängen entsteht zyklische Geschlossenheit. Mag auch der heroisch-provokative Charakter der Eckteile des Zyklus Hindemiths damaligem Streben nach Loslösung von allen Konventionen und auch einer gewissen antibürgerlichen Stimmung entsprochen haben, so ging die tiefste Wirkung aber wohl doch von dem Text des 2. Liedes aus, nicht nur deswegen, weil Hindemith Jahrzehnte später noch einmal auf diesen Text zurückgriff, sondern vor allem, weil die Musik zu *O, nun heb du an* auf ein Werk der gleichen Entstehungszeit Sommer 1919 ausgestrahlt hat, nämlich die Sonate für Violoncello und Klavier, die später die Opuszahl 11 Nr. 3 erhielt. Hier geht es vor allem um deren 2. Satz, der in der ersten Fassung der Sonate den Titel *Im Schilf – Trauerzug und Bacchanale* trug und der in die zweite Redaktion der Sonate als einziger unverändert übernommen wurde; die beiden ursprünglichen Ecksätze schied Hindemith aus[19], den Finalsatz ersatzlos, den ersten komponierte er 1921 völlig neu. In der 2. Fassung wurde die Überschrift des 2. Satzes getilgt; es heißt hier jetzt nur noch *Langsam*.[20]

---

[19] Die Violoncello-Stimme sowie Skizzen der Urfassung haben sich erhalten und werden im Hindemith-Institut Frankfurt am Main aufbewahrt; weitere substanzielle Parallelen zum Liederzyklus konnten hierin allerdings nicht aufgefunden werden.

[20] Die beiden Fassungen, soweit erhalten, verglich Camilla Bork, *Epochenwandel im Werk? Paul Hindemiths Sonate für Violoncello und Klavier op. 11, Nr. 3 in den Fassungen von 1919 und 1921,* in: *Mitteilungen der Arbeitsgemeinschaft für mittelrheinische Musikgeschichte,* Doppelheft Nr. 74/75, Mainz 2002, S. 217–228.

Obwohl Hindemith hiermit von der ursprünglichen Programmatik offiziell Abstand nahm, ist die musikalische Nähe dieses Satzes zum 2. Lied offensichtlich. Der ursprüngliche Titel *Im Schilf* ist ein deutlicher Hinweis auf *Moor* bzw. *swamp*, und *Trauerzug* bezieht sich auf jene Erfahrung des Dichters mit dem von Flieder übersäten Leichenwagen Lincolns, die als schon Vergangenes in das Gedicht eingegangen ist; hier ist der *comrade* als schon verewigter präsent. Die musikalische Motivik sowohl des Liedes wie auch der Cellostimme bewegt sich zu Beginn in einem Tonraum zwischen Grundton, Mollterz und Quart, und das Vogelrufmotiv c/des–f im Klavierpart des Liedes kehrt im Klavierpart der Sonate als Variante d'/e'–b' wieder. Eine direkte melodische Korrespondenz besteht zwischen dem Lied Takt 8–9 auf die Worte *nun heb du an* und der Sonate Takt 4–5 in der Violoncello-Stimme (vgl. Notenbeispiel 4). Auch zwischen den Mittelteilen *Mit Wärme* im Lied (Takt 27ff.) und *Sehr gesangvoll* in der Sonate (Takt

Notenbeispiel 4: P. Hindemith, *Sonate für Violoncello und Klavier* op. 11 Nr. 3, zweiter Satz, T. 1–12

32ff.) lassen sich Ähnlichkeiten der Melodiegestaltung feststellen. Dieser zweite Satz der Sonate besteht in beiden (identischen) Fassungen aus zwei Abschnitten, dem mit *Im Schilf* bzw. *Langsam* bezeichneten und einem *Sehr lebhaft* überschriebenen, ursprünglich das *Bacchanale*. Die rhythmischen Ähnlichkeiten des dritten Liedes *Schlagt! Schlagt! Trommeln!* mit diesem quasi-Final-Abschnitt der Sonate sind allerdings nicht derart zwingend wie die Parallelen im langsamen Teil; doch deutet die bildlich-poetische Assoziation *Bacchanale* schon auf die bacchantisch-geschlechtliche Bilderwelt der Dichtungen Whitmans hin.
Hindemith muß selbst gespürt haben, daß ihm mit diesem langsamen Satzteil etwas Außergewöhnliches gelungen war, und obwohl er den im ursprünglichen Titel klar zum Ausdruck kommenden Bezug zur literarischen Vorlage später strich – hierin früheren Komponistenkollegen wie etwa Gustav Mahler folgend, die einstige programmatische Hinweise wegen möglichen allzu naturalistischen Verstehens auf Seiten der Hörer später zurückzogen –, hat er doch das musikalische Ergebnis unverändert gelassen.

Im Jahre 1929 taucht Walt Whitman im Œuvre Hindemiths wieder auf mit der Textvorlage für einen vierstimmigen Männerchor: *Eine lichte Mitternacht*.[21] Das Original ist betitelt *A Clear Midnight* und entstand 1881, es ist enthalten in dem Zyklus *From Noon to Starry Night* und hat folgenden Wortlaut:

This is the hour O soul, thy free flight into the wordless,
Away from books, away from art, the day erased, the lesson done,
Thee fully forth emerging, silent, gazing, pondering the themes thou lovest best,
Night, sleep, death and the stars.[22]

---

[21] Vgl. dazu Alfred Rubeli, *Paul Hindemiths A Cappella-Werke*, Mainz 1975, S. 50–51 und 129–130. – Alvah John Walker, *The a cappella choral music of Paul Hindemith*, Phil. Diss. Eastman School of Music/University of Rochester 1971, S. 86–89.
[22] Whitman (wie Anm. 2), S. 437.

Johannes Schlaf übersetzte es so:

Dies ist deine Stunde, o Seele; die Stunde deiner freien Flucht ins Schweigen,
Von Büchern hinweg; fort von Künsten, nach getilgtem Tag, nach getaner Arbeit,
Die auftaucht, still und staunend weit dich entrückt in Nachdenken über deine geliebtesten Themen:
Nacht, Schlaf, Tod und die Sterne.[23]

Hindemith wiederholt in der letzten Zeile das Wort *Nacht* aus dem einfachen Grund, die dynamische Steigerung der mottoartigen Worte zum Wort *Tod* hin genügend ausdehnen zu können.
Das Todesbild Whitmans kommt hier besonders deutlich zum Ausdruck: Bücher, Künste, Arbeit sind wichtig, aber die Seele des Menschen soll bereit sein für das *Schweigen*, die in Staunen versetzende Entrückung durch Nacht und Schlaf in den Tod, der recht eigentlich nur eine Fortsetzung des Lebens in einer anderen Dimension ist, für welche die Sterne als Symbol schon für die Lebenden stehen. Whitman knüpft in diesem späten Gedicht an den Gedanken- und Bilderfluß, aber auch an den Sprachklang aus seinem Zyklus *Whispers of Heavenly Death* an, dessen einzelne Gedichte ja auch vielfach vertont wurden.
Der erste Abschnitt der Komposition, wechselnd im 3/4- und 2/4-Takt notiert, bis zum Wort *Schweigen*, ist *Sehr breit* zu musizieren und fast durchweg homophon gesetzt. Ab *Von Büchern* (Takt 15 mit Auftakt) beginnt der zweite Abschnitt, nun im 9/8-Takt, *Sehr ruhig, aber in gleichmäßig schwebender Bewegung*, im Charakter eines Wiegenliedes und in polyphoner Stimmführung. Ab *in Nachdenken* (Takt 36ff.) verliert die Musik den Wiegenliedcharakter und wird wieder homophon als Hinführung zum dritten und letzten Abschnitt auf die Worte *Nacht, Schlaf, Tod und die Sterne* (Takt 41ff.); diese Schlüsselworte, *Sehr lang-*

[23] Schlaf (wie Anm. 3), S. 230.

sam, sind durch Pausen deutlich hervorgehoben und steigern sich auch dynamisch bis zum fortissimo auf dem Wort *Tod* (unisono auf e), während die Worte *und die Sterne* als Epilog im pianissimo verhallen (Notenbeispiel 5). Motivisch sind die Abschnitte des Werkes durch die mehrfache Folge aufsteigende Quart/aufsteigende Sekund verknüpft. Daß Hindemith mit einem derart textlich wie musikalisch gehaltvollen Werk dem traditionell häufig zum Kitsch tendierenden Männerchorrepertoire gänzlich neue Perspektiven eröffnete, sei hier nur am Rande vermerkt. Der Originaltext wurde übrigens wenige Jahre vorher, 1925, auch von Ralph Vaughan Williams in seinen *Three Poems by Walt Whitman* für Bariton und Klavier vertont.

Notenbeispiel 5: P. Hindemith, *Eine lichte Mitternacht* für Männerchor a cappella, T. 41–47 (Schluß)

Die zweite Vertonung (oder, wenn man so will, die dritte »Vertonung«) des Textes aus op. 14 Nr. 2 entstand 1943 während Hindemiths amerikanischer Jahre und dann auch nach dem Original *Sing on there in the Swamp*, später veröffentlicht im Rahmen der *Nine English Songs*. Dieses Lied ist für Sopran und Klavier gesetzt, und es liegt natürlich nahe, nach Parallelen oder auch merklichen Unterschieden zu suchen. Die seinerzeit auch in die Cellosonate übernommene Melodiefloskel aus Grundton, Mollterz und Quart mag man hier wiedererkennen in den zwei durch einen Sekundschritt aufwärts getrennten Quartsprüngen aufwärts und abwärts auf die Worte *I hear your notes, I hear your call* (Takt 5–6), und auch das Vogelrufmotiv im Klavier von op. 14 Nr. 2 erfährt wenigstens eine gewisse Entsprechung in der fast durchlaufenden punktierten rhythmischen Figur in beiden Händen der Klavierstimme (Notenbeispiel 6). Auch die Spielanweisung *Very slow* entspricht *Langsam*, ansonsten aber ist es entsprechend dem englischen Sprachklang und der Prosodie eine völlige Neukomposition eines Textes und seiner Bilder, die durchaus vielfältige musikalische Assoziationen im Komponisten auszulösen vermochten.

Notenbeispiel 6: P. Hindemith, *Sing on there in the Swamp* für Sopran und Klavier, T. 5–6

Hindemith hat dann drei Jahre später dieses Lied in sein *Flieder-Requiem* übernommen, was nahelag, da er ja ohnehin den (1865–66 entstandenen) Zyklus Whitmans *When lilacs last in the dooryard bloom'd*, zu dem das im Lied vertonte Gedicht gehört, als Ganzes für das Requiem verwendete.[24] Daß dieses Werk gelegentlich *An American Requiem* genannt wurde, ist angesichts des Verzichts auf den lateinischen Ordi-

[24] Whitman (wie Anm. 2), S. 300–308.

nariumstext und stattdessen der »profanen« Textwahl und der Originalsprache verständlich; gerade in dieser Bezeichnung aber klingt eine Anspielung mit, die auch Hindemith selbst sicherlich bewußt war, nämlich auf *Ein Deutsches Requiem* von Johannes Brahms, das auf Psalmtexten statt des Ordinariums basiert. Die Hinwendung zur Welt, zu den Menschen und zum Trost für ihr irdisches Dasein, deutlicher Inhalt der musikalischen Poetik Brahms', findet ihre Entsprechung in der Hymnik Whitmans wie auch in der seinem Requiem zugrundeliegenden Intention Hindemiths.

Das Lied, hier die Nr. 5, wurde hierfür um eine Sekund nach unten transponiert und für Mezzosopran gesetzt; das Orchester besteht aus Holzbläsern einschließlich Englischhorn, drei Hörnern (fast durchweg pianissimo) und Streichern, die meist solistisch bzw. zu zwei Solisten geführt sind. Das in der ursprünglichen Klavierbegleitung angedeutete, eher schon sublimierte Vogelrufmotiv erscheint hier in den Holzbläsern.

Die Thematik des einsamen Vogels im Ried findet sich auch in dem der Nr. 2 *Arioso* des Requiems zugrundeliegenden Gedicht *In the swamp, in secluded recesses* sowie des weiteren in den Abschnitten 8, 10 und 11 des Werkes; auch hier, in Nr. 2, ist eine Variante des Vogelrufmotivs in den Holzbläsern zu hören.

Die einstige Ausstrahlung der Gesänge op. 14 auf die Cellosonate zeigt, daß Hindemith nach dem Abschluß des Zyklus der drei Hymnen zwar mit dem Werk sehr zufrieden war – in einem Brief an seinen Verlag Schott vom 11. April 1920 schreibt er: *In den Whitman-Hymnen ist mir dann fast gelungen, das festzuhalten, was mir von jeher durch den Schädel gegangen ist*[25] –, aber mit Whitman war er »noch nicht fertig«. Und bedenkt man, wie sehr sich der für die zweite Fassung der Sonate nachkomponierte 1. Satz, ein durchaus nicht akademischer Einstieg in

[25] Paul Hindemith, *Sämtliche Werke,* Band VI, 1: *Klavierlieder I,* hg. von Kurt von Fischer, Mainz 1983, S. XI.

die Beschäftigung mit barocken Strukturvorbildern, vom Stil der Lieder op. 14, aber auch vom Finalabschnitt des 2. Satzes, dem ursprünglichen *Bacchanale*, unterscheidet, dann liegt die Vermutung nahe, daß das eindringliche, sehr persönliche Totengedenken Whitmans in *Sing on there in the Swamp* an einem wichtigen Wendepunkt in Hindemiths kompositorischer Entwicklung auftaucht – vielleicht zufällig, aber doch so signifikant, daß die Dichtungen Whitmans für ihn eine weiterreichende Bedeutung gewannen. Diese scheint kurz wieder auf in dem Männerchor von 1929, um dann in der amerikanischen Emigration mächtig an geistigem Einfluß zu gewinnen, als quasi Ouvertüre in dem Klavierlied und als Erfüllung im Requiem, wo Hindemith, nun jenseits expressionistischer »Trommelschläge«, den wahren, den eigentlichen Whitman, den Künder empfundener Trauer und irdischen Friedens, auf bewegende Weise sich zu eigen macht.

Richard Exner

Rilkes *Marien-Leben* – eine Dichtung der *Zwischen-Welt*[1]

Ohne allzuviel Übertreibung ließe sich sagen, Rilkes Zyklus spiele in Venedig. Venedig ist auf vielfache Weise ein wichtiger, wenn nicht überhaupt *der Ort* des *Marien-Lebens.* Im November 1911 verbrachte Rilke einige Tage in Venedig, ehe er nach Duino, zum Schloß der Familie Thurn und Taxis reiste. Dort schrieb er im Januar 1912 *Das Marien-Leben* und vollendete die ersten beiden der *Duineser Elegien.* Im März brach er wieder auf, fuhr zurück nach Venedig, wo er – mit kurzen Unterbrechungen – bis in den September 1912 lebte. In die Zeit zwischen 1897 und 1920 fallen zehn Aufenthalte in der Lagunenstadt. Wichtig ist, daß der Kontakt zu ihr niemals abriß; die Häufigkeit der Aufenthalte erreichte in den Jahren 1911, 1912 und 1914 ihren Höhepunkt. Und das sind im wesentlichen die Jahre des ersten großen schöpferischen *Sturmes* des Spätwerks.

Im Januar 1912 entwickelte Rilke weitgehend die lyrische Sprache, in die er seine immer sensibleren und nuancierteren Beobachtungen umsetzte, sie reicht vom Atavistischen ins Zeitgenössische, vom Historisch-Öffentlichen ins völlig Private. Rilke war, als er den Zyklus schrieb, 36 Jahre alt und als Autor von Lyrik und Prosa – beide Teile der *Neuen Gedichte* und *Die Aufzeichnungen des Malte Laurids Brigge* waren bereits 1907/1908 bzw. 1910 erschienen – ein etablierter Schriftsteller. Sein lyrisches Werk bestand überwiegend aus Zyklen, einer

[1] Beim vorliegenden Beitrag handelt es sich um den durch ein Nachwort erweiterten Essay *Rilkes* Marien-Leben – *eine Dichtung der »Zwischen-Welt«,* in: Rainer Maria Rilke, *Das Marien-Leben,* vorgestellt von Richard Exner, Frankfurt/Main – Leipzig 1999, S. 45–68. Abdruck mit freundlicher Genehmigung des Insel Verlags Frankfurt/Main.

Kompositionsform, die er lebenslänglich bevorzugen sollte. Er hatte bereits mehrere längere Reisen unternommen und galt damals schon als einer der profiliertesten Briefschreiber seiner Zeit.
Für die im *Marien-Leben* dargestellte Thematik des irdischen und überirdischen Lebens Marias war Rilke prädestiniert, und zwar besonders für das Hier- und Dort-Sein, für diesen in seinem Werk so oft genannten *Doppelbereich*. Das Doppelte und das Dazwischen, die Zwischenbereiche – von denen eingangs bereits die Rede war –, sind ein Thema, das sein tätliches und künstlerisches Leben umfaßte und durchdrang, besonders das in Venedig. Hier in Venedig wird auf einem geographischen *Streifen Zwischen-Welt* ein *Grenz-Bereich* sprachlich abgesteckt, von dem noch oft die Rede sein muß.
Venedig bedeutete für Rilke neben Toledo und Ronda in Spanien auch jene *sinnliche Geistigkeit*, die er in den Gemälden El Grecos mit so großer innerer Zustimmung wahrnahm. Der auf Kreta geborene spanische Maler hatte einige Zeit in Tizians venezianischer Werkstatt zugebracht, ehe er sich, nach einem mehrjährigen Aufenthalt in Rom, 1577 in Toledo niederließ. Rilkes Sensibilisierung für Grecos Werk, seine Größe und Geistigkeit hatte also ihren Anfang in Venedig. Auf dem Höhepunkt dieser schöpferischen Assimilation schrieb der Dichter im April 1913 das Gedicht *Christi Höllenfahrt*, das zu den Texten der *spanischen* Zeit gehört. In die Begeisterung für Greco ist auch die Bewunderung für Tizian einzubeziehen. So wurde Venedig für Rilkes Kunst zum wesentlichen Ausgangspunkt, ja zur Metapher seines Kunstwillens. Venedig, zusammen mit Duino, gab einen wichtigen Anstoß für die Spanien-Erfahrung und war somit auch eine Basis für das 1922 in Muzot Vollendete.
Venedig kommt in Rilkes Werk tatsächlich immer wieder vor: Jener dreifach fließende Baum-Brunnen, den Rilke in einem Werk venezianischer Buchdruckkunst aus der italienischen Renaissance entdeckt hatte, wurde für ihn zum Zeichen seiner frühen dichterischen Intentionen; er wählte ihn als Vignette für das Titelblatt der ersten Ausgabe des *Stunden-Buchs.* 1907 schrieb er an Madeleine de Broglie, daß ihn eine *eigen-*

tümliche und fast unerträgliche Sehnsucht nach Venedig ziehe, und einen Monat später schaut er sich neben den für ihn so wichtigen Gemälden des gerade verstorbenen Paul Cezanne im »Salon d'Automne« Venezianisches im Louvre an. Noch im gleichen Jahr leiht er sich von Richard Beer–Hofmann Bücher über Venedig und verbringt dann die zweite Novemberhälfte in der Stadt. Zahllos sind die Hinweise und Anspielungen auf Venedig und seine architektonischen, künstlerischen und landschaftlichen Schätze. Venedig wurde für ihn zu einem äußerst umgrenzten Stück Erde, eben zu diesem immer wieder erwähnten Streifen Land.

Auf ihm bewegt sich Rilkes Dichtung. Zwischen jener *Lust, sich hinzugeben an die innern Zeichen* (*Die Darstellung Mariae im Tempel*), und jenem Willen, den wir getrost Kunstwillen nennen dürfen, der schon in dem Gedicht *Spätherbst in Venedig* vom Sommer 1908 *vom Grund aus alten Waldskeletten* aufsteigt, damit der General des Meeres die Galeeren verdoppeln kann, als müsse nicht nur eine ganze neue Flotte, sondern noch einmal eine solche Stadt wie Venedig geschaffen werden.

Dieser Wille durchdringt Rilke besonders in Venedig oder in Landschaften, die aus dem Nichts geschaffen scheinen, aufgeworfen oder überlang hinaufstrebend mit jener himmelfahrenden Grecoschen Geste, die Rilke als Emblem für seine ebenso aus dem Nichts schaffende Kunst in Anspruch nahm. An Gisela von der Heydt schrieb er in dem bekannten »Baedeker-Brief« vom 24. März 1908 von diesem aus den Lagunen durch schiere Willenskraft hinaufgehobenen Staat, der schließlich *über entfernten Städten wie ein Sternbild stand, voller Gesetz, unabwendbar und deutsam*. Er spricht davon, als meine er eine Qualität, die sich auch auf die venezianischen Maler übertragen habe, die immer wieder versuchten, Venedig zu werden, weil *Venedig-Sein* für sie *Sich-gefunden-Haben* bedeutete. Er summiert: [...] *in* allem *was Sie sehen und berühren wird Venedig sein*. Das Hinhören, das Sich-Hingeben war die abgewandte Seite dieses *Willens*-Zustandes, so wie für Rilke der Tod immer die abgewandte Seite des Lebens war, die vorübergehend unsichtbare

Hälfte einer Kugel. Es geht also in Venedig um jenen *Streifen Zwischen-Welt*, auf dem sich der ungeheure Kunstwille und das ebenso ungeheure Sich-allem-hingeben-Können trafen.
Hier, in Venedig, war diese grandiose Gestik verankert, das Hinaus-, Hinauf-, Hinüber-Reichen. Rilke hatte sie sich ein für allemal zu eigen gemacht. Er bestand auf ihr, wie Tizian mit seinem von Rilke so bewunderten *fecit fecit* dokumentiert hatte, daß die *Verkündigung* in der Chiesa San Salvatore **sein** Werk war. Diese beiden Bestrebungen begegnen sich auf sehr eindrückliche Weise in einem Taschenbuch-Eintrag Rilkes aus dem Jahr 1912: *Ich habe es nötig zu erfahren, daß Größe nicht Anstrengung ist, sondern Natur.* Bis zum endgültigen Hinschwinden wird also das *unerhörte Gewordensein* weiterbestehen – Rilkes Werk ebenso wie diese vom Grund des Meeres heraufgeholte Stadt Venedig.
Dieses *Gewordensein* vollzog sich trotz des Kunst-Willens nach natürlichen, nicht künstlichen oder künstlich induzierten Gesetzen. Rilke beschrieb Magda von Hattingberg diese Gesetze als *unwidersprechlich* und summierte: *Meine Kunst ist von einer Herrlichkeit wie nicht das Haus Davids herrlich war.* Damit führt er uns an den Beginn unserer Überlegungen zum *Streifen Zwischen-Welt* zurück, in die Zeit großer *secheresse d'âme*, jener Seelendürre in der Zeit zwischen der Arbeit am *Malte* und den *Neuen Gedichten* und dem Anfang des Spätwerks: *Hier bin ich rein, denn ich habe dagelegen, wenn ich unfruchtbar war, und habe nichts hervorgebracht.* Dieser Streifen Zwischen-Welt war deshalb so bedeutsam, weil er in Venedig auch geographisch, als Topos, existierte. Es ist nämlich die Rede von jenem Garten »Eden«, den er Gisela von der Heydt schon 1908 empfohlen hatte und der als Ort so verinnerlicht wird, daß er in der *Zweiten Duineser Elegie ein reines, verhaltenes, schmales / Menschliches, einen unseren Streifen Fruchtlands / zwischen Strom und Gestein* genannt werden kann. Diese Textstelle, die ihren äußeren Anstoß wahrscheinlich der Ägyptenreise von 1911 verdankt, geht aber auf das Urerlebnis des Gartens Eden zurück; dabei bleibt der Name immer bedeutend als Zustand zwischen Werden und Sein, zwi-

schen Werden und Vergehen. Es war verheißenes Land für den Dichter, und sein künstlerischer Wille trieb ihn diesem verheißenen Streifen Zwischen-Welt immer wieder zu.

Das Stehen auf dem *Streifen Fruchtlands / zwischen Strom und Gestein* war Rilke nicht in den Schoß gefallen! Jeder aufmerksame Leser mag an die Schreckens- und Angstvisionen des jungen Malte Laurids Brigge denken und ist deshalb vielleicht erstaunt, daß eines der bewegendsten, poetischen Zeugnisse zu diesem Zwischenland-Thema aus dem Dezember 1900, aus der Entstehungszeit des *Stunden-Buchs* stammt. Wir sollten, wenn wir es lesen, auch an den Beginn der *Ersten Duineser Elegie* denken, also an den Schnittpunkt des imaginären Kreuzweges, an welchem sich das Schöne und das Schreckliche begegnen. Dort steht der Engel, von dessen *stärkerem Dasein* der Mensch, der Dichter, vergeht. Die gerade erwähnte Aufzeichnung vom 13. Dezember 1900 lautet:

Wenn jedem Tod (wie jedem Leben) eine bestimmte begrenzte Frist zugemessen ist, so müssen mir Tage, wie die letzten, dann gezählt und abgerechnet werden. Denn sie sind Tage unter der Erde, Tage in Feuchtigkeit und Fäulnis. Aber das ist ein so christlicher Gedanke: alles Unerträgliche in etwas Tröstliches umzustülpen, dieses ist die älteste Philosophie des Christentums, – und ich fühle, daß ich nicht ernsthaft daran glaube. Ich fürchte, solche Tage gehören nicht dem Tode, wie sie auch dem Leben nicht gehören. Sie gehören . . . oh. Zwischenland, ist ein Zwischengeist, ein Zwischengott über dir, dann gehören sie ihm, diesem verheimlichten Unheimlichen. Das also ist das, was er will. Solche Hoffnungslosigkeiten, Atemnöte der Seele. [...] *Wenn man das »ich« nennen müßte, dieses unsäglich zusammenhanglose, ratlos vereinsamte, von den Stimmen der Stille abgeschiedene Bewußtsein, das in sich hineinfällt wie in einen leeren Brunnen* [...]. *Was ist man dann? Wer weiß, wie viele solche mit dem Zwischensem Behaftete in den Irrenhäusern leben und zugrunde gehen.* [...] *Man will ja, aber der Wille ist wie Rohr auf Stein gestoßen. Man versucht: Aufflüge, Aufstände, man will gehen, man steht eine Weile und kommt so weit, daß man liegt, liegt und glücklich ist, den Kopf so weit zu heben, um die Nahestehenden zu sehen – Menschen und Dinge.* [...] [*Man*] *kommt immer tiefer in Verworrenheiten und Wahnsinn, träumt, wacht auf, wünscht sich eine Erbschaft, einen Fürstentitel, Ruhm, Armut und Allmacht, alles zugleich, wertet alles bald wie ein Kind nach dem Goldschein, bald wie eine Dirne nach Genuß und Nacht* [...]. *Vergangenheiten fallen in unreines Feuer, Zukünfte verzehren sich im Schoß mißhandelter Stunden, sträuben sich, sterben. Und nur Unsägliches geschieht. Sintflut und Sündfluch.* [...] *Über dem Leben und über dem Tode ist Gott, aber über das Zwischenland hat er keine Macht, es ist trotz seiner Gewalt und Gegenwart, hat nicht Raum, nicht Zeit und nicht Ewigkeit* [...]

Unter die ganze Aufzeichnung setzte Rilke die Worte: *Dies mußte geschrieben sein mir zum Zeichen. Helfe mir Gott!*
Diese Sätze sind eine zentrale Aussage über die Geburt jenes Kunstwillens, dem wir in hohem Maße Rilkes Werk, besonders aber die Werke nach dem *Stunden-Buch,* verdanken. Es ist nicht abzustreiten, daß sich in ihnen (wie übrigens erneut und noch viel eklatanter im *Malte)* Ängste und Verzweiflungen konkretisieren, und zwar zu einem Grade, daß sich diese Stelle, wie auch vieles im *Malte,* als reine Pathographie lesen ließe, nämlich als die Pathographie eines Menschen, der an ein Ende gekommen ist.

Wer sich aber einen Dichter wie Rilke nicht krank vorstellen kann und will, für den sind solche nächtlichen Geständnisse praktisch nur »Krankengeschichte«, über die man hinweggehen möchte, um sich wieder unbehelligt über die »heilen« und »heilenden« Texte zu beugen. Dabei wird übersehen, daß dies ein ebenso kranker wie auch gesunder Zwischenzustand ist, und wie sehr die Gesundung schon im Niederschreiben, in der Ausformulierung des Zustandes liegt. Die beste, nicht nur philologisch und philosophisch zentrierte Rilke-Kritik, deren Dauerhaftigkeit bereits erwiesen ist, hat diesen Zustand zwischen »krank«

und »gesund« schon immer erkannt und gewürdigt. Ein herausragender Vertreter dieser Kritik war der Arzt und Psychiater Erich Simenauer, der Rilkes äußerst komplexe Seelenstruktur mit ihren enormen Möglichkeiten und Schwächen sowenig unterschätzte wie den poetischen Intellekt dieses Dichters, seine hochdifferenzierte Beobachtungs- und Kombinationsgabe – Fähigkeiten also, mit denen Rilkes Kunstwillen und künstlerischer Rechtfertigungsdrang über seine körperlichen Schwächen und sein oft Monate anhaltendes Nicht-Können triumphierten.

In dem langen nächtlichen Notat, ein Dutzend Jahre vor der Niederschrift des *Marien-Lebens* und den beiden ersten *Duineser Elegien*, begegnen wir dem Vokabular, dem Lexikon des Spätwerks. Rilkes Prosa, das wird allzuoft übersehen, war der zur gleichen Zeit geschriebenen Lyrik immer an »sophistication«, an intellektueller Differenziertheit voraus. Und Wörter wie *Unsägliches* lernen wir schon früh, doppelt zu lesen, ebenso wie wir gelernt haben, daß das *Schreckliche* für Rilke nicht das Gegenteil des *Schönen* ist, sondern dessen momentan abgewandte Seite. Der seelische Zustand nach Beendigung des *Malte* und der *Neuen Gedichte* war dem jener Dezembernacht des Jahres 1900 eng verwandt; manches hätte mit den gleichen Worten gesagt werden können – denken wir nur an die kurz vor Beginn der großen Schaffensperiode an Lou Andreas-Salomé geschriebenen Briefe. Nur hatte sich eben in den mehr als zehn Jahren die sprachliche Differenziertheit von Rilkes Lyrik enorm gesteigert. Wenn wir uns das Vokabular des *Marien-Lebens* genau ansehen, werden wir schnell verstehen, warum die immer wieder apostrophierte *Freude*, warum das an Grecos Gemälde erinnernde Hinaufgerissen-Werden der Gestalten so wichtig ist, warum der menschliche Schmerz davon aber nicht ausgelöscht werden kann, warum Maria, diese *Frau Himmels und der Erden* und mit ihr der Engel (die Engel!) in dieser vielleicht kleinen, aber so wichtigen Dichtung als Figuren eingesetzt werden, und warum Rilke sie mit so enormer seelischer Energie und geistiger Ausdruckskraft ausgestattet hat.

Rilke sah, das sei noch einmal betont, Venedig als eine Metapher seiner inneren Biographie, Venedig entsprach völlig und bis in die innersten Details seiner Anschauung von Kunst und seinem eigenen Kunstwillen: das gewaltsame Übersteigen der bescheidenen eigenen Anfänge, die wie in einem frühen Wasser liegen; Großartiges, das sich auf Gewöhnliches und Schwankendes stützt und immer herrlicher emporwächst. Ja, Venedig wurde zu einer Art Ur-Metapher des Könnens und Leistens, denn die Angst *nicht zu können*, verfolgte Rilke durch sein ganzes Leben. In den fast nichts verschweigenden Briefen an Magda von Hattingberg aus den ersten Monaten des Jahres 1914 spricht er dies beispielhaft aus, und zwar genau zwei Jahre nach dem Beginn der *Duineser Elegien*: *Früher, noch vor zwei Jahren, da genügte ein Vogelruf im Wald –, und ich fühlte mich gesund, stark, von der Seele herüber durch den willigen Leib. Seither, wie oft war ich in der Landschaft, am Meer, den wirkendsten Mächten gegenüber und war müde und schaute hinaus, nichts fühlend, als daß ich nicht könne.*

Im späten Juli 1920 legt sich ihm dieser Unmut des Nicht-Könnens sogar auf das Wiedersehen mit Venedig. Rilke spürte, daß nach dem verlorenen Krieg und angesichts des großen Elends alles genießerische und ästhetische Leben auf einmal für nichts galt und im Grunde verwerflich war. Schließlich sah er nur noch die Möglichkeit des *Noch einmal* und dessen *ganzer heilloser Unfruchtbarkeit* (an Marie Taxis). Im tiefsten Grunde hatte er das schon 1912 gespürt. Immer mußte er, wie er damals an Sidonie Nádherný schrieb, Gewalt und namenlose Anstrengung anwenden. Noch 1920 aber betont er wieder die Lautlosigkeit und Spiegelhaftigkeit Venedigs und verbindet damit mühelos das Bild, ja die Idee der venezianischen Gondel, genauer, ihrer wesentlich sinnlichen Leiblichkeit. In einem Brief vom 5. Juli 1920 schrieb er an Nanny Wunderly-Volkart: *Wie von der innersten Natur Venedigs ist dieses schlanke schwarze Schiff hervorgebracht, ein Geschöpf, ein Wesen* [...], *dessen ganzer Körper von Bedingungen gebildet ist, die weit aus dem Unsichtbaren und Unfaßlichen herüberreichen.* Und noch drei

Tage später spricht er von der Welt Venedigs, *deren ganze Atmosphäre den Glanz eines Auges hat und beinah sein Schauen* [...]. Die Leser des *Marien-Lebens* wissen, wie sehr die Bedeutung des Auges und des »Sehens« diesen Zyklus dominiert.

Am 24. Januar 1913 schrieb Rilke an Ilse Sadée ein paar bisher unveröffentlichte, außerordentlich wichtige Sätze über das damals ein Jahr alte *Marien-Leben*: *Fertig ist nichts als das kleine Marien-Leben, das die nächsten Monate wohl schon an den Tag bringen werden, ich schicke es Ihnen, sowie es zur Ausgabe kommt, damit Sie nicht im Gefühl sein müssen, es etwa zu versäumen. Trauriges und Banges, selbst Schreckliches, wird im Herzen des Künstlers wohl immer neben* dem *auftreten müssen, was ihm selber tröstlich und geneigt erscheint. Er tut am Besten, gar nicht zu unterscheiden, da in ihm die Dinge nicht nach ihrer Art, sondern nach ihrer Intensität allein abzuschätzen sind. So arg freilich wie im »Malte« wird es so bald nicht wieder werden, weil er wie eine große Abrechnung zu nehmen ist, in der auch längst ausgeglichene Schmerzensposten noch einmal einzustellen waren.*

Dieses Selbstzeugnis zum *Marien-Leben* entwirft den Rahmen des Vokabulars, aus dem die Sprache der späten Werke, vom *Marien-Leben* an, geschaffen wird. Als er diesen Zyklus schrieb, wurde längst nicht mehr am Primat der Kunst gerüttelt, es war ein mit Opfern – eigenen und fremden – gezeichneter Weg, der zu den *Sonetten an Orpheus* und zu den letzten Gedichten führte. Rilke, der im Grunde für seine ausgesuchte Höflichkeit bekannt war, handelte in diesen Jahren mit unbarmherziger Rücksichtslosigkeit gegen sich selbst und andere, wenn es um sein Werk, die *große Arbeit* ging.

Knapp zwei Jahre vor dem *Wiederbeginn* der *Duineser Elegien* machte er sich Notizen, die er im April 1921 unter dem Titel *Das Testament* zusammenfaßte. Darin war es ihm gelungen, anläßlich einer für ihn sehr bedeutsamen Beziehung zu einem anderen Menschen, zu Baladine Klossowska (der *Merline* der 1954 von Dieter Bassermann herausgegebenen *Correspondance),* etwas für ihn Lebenswichtiges und für seine Arbeit und Kunst Prinzipielles auszudrücken. Geborgenheit in der Liebe zu einem anderen Menschen (die *Kreuzung zweier Herzwege*) und die eine völlige Einsamkeit voraussetzende Geborgenheit in der Arbeit (*Tempel für Apoll*) schienen ihm, wie er der Freundin im Mai 1921 schrieb, *deux félicités extrêmes* (*zwei äußerste Glückseligkeiten*). An ihrer grundsätzlichen Unvereinbarkeit aber bestand für Rilke niemals der geringste Zweifel, und somit wußte er, welche der beiden *Glückseligkeiten* von einem, der arbeiten wollte, vorzuziehen sei.

Das Testament ist die äußerst bewegende und überzeugende Dokumentation eines sehr schmerzhaften Zwischen-Seins. Der Ernst, ja die Tragik dieses Zustandes teilen sich eindringlich mit: *Die Unlust des Nichtgeleisteten greift nun auch, wie ein Rost, meinen Körper an*, und *was, am Ende, wäre mir unbrauchbarer als ein getröstetes Leben?* Eines Abends, berichtet er, habe er so sehr an diesem Zwischen-Sein gelitten, daß er sich Reproduktionen berühmter Gemälde ansah und sich plötzlich in eine der Madonnen Jan van Eycks vertiefte, die sogenannte Madonna von Lucca, *die liebliche im roten Mantel: Und auf einmal wünschte ich, wünschte, oh wünschte mit aller Inbrunst* [...], *nicht einer der beiden kleinen Äpfel – im Bilde – zu sein,* [...] *Nein: der sanfte, der geringe, der unscheinbare Schatten des einen dieser Äpfel zu werden.* Und der letzte *Briefentwurf* des *Testaments,* datiert *ohne Datum: immer*, besiegelt noch einmal die erneut aufgebrochene alte Feindschaft *zwischen dem Leben und der großen Arbeit*, wie er es 1908, ein Jahr nach dem Tode der Malerin Paula Modersohn-Becker, gegen Ende des ihr nicht namentlich gewidmeten *Requiems für eine Freundin* formulierte. Rilke bestätigte Baladine Klossowska, was er anderen Menschen gegenüber immer wieder beteuert hatte: daß er sich zwischen den beiden großen Geborgenheiten, also zwischen Arbeit und Leben, immer für die Arbeit werde entscheiden müssen.

Auch hier war ein Kontinent für das Kunstwerk, wie für die Stadt Venedig, zu *zimmern*, und das gegen enormen Widerstand, wie manchmal Wirklichkeit aus Träumen entsteht. Thomas Mann hat das einmal recht prosaisch ausgesprochen: man müsse es nur nötig haben! Rilke hatte es nötig. Es war die große Mühe, ja die Gewaltsamkeit, die Überwindung des Widerstands, die Rilke – und nicht nur in Gedichten – *Aufwand* nennt, ein Begriff, dem er manchmal durchaus auch religiöse Bedeutung zuerkannte. *Aufwand* kommt in zwei Texten des *Marien-Lebens* vor, jeweils an sehr wichtiger Stelle. Rilke trifft eine solche Wortwahl nie von ungefähr. Neben einer besonders denkwürdigen Briefstelle und der zweimaligen Verwendung des Wortes im Zyklus selbst sind drei weitere bemerkenswerte Fälle zu verzeichnen: Im August 1907, in dem Gedicht *Die Parke* (SW I, 603), erwähnt Rilke den *souveränen Aufwand*, mit dem sich die Parke gegen das *zerfallende Vergehn* und die sie *überhäufenden Himmel* behaupten. Aus dem März 1910 stammt der sehr charakteristische Vers zu den *Liebenden*, von denen dann die beiden ersten *Duineser Elegien* ausführlich sprechen werden: *Sieh, Liebende: sie kommen einzeln fast / herüber durch das blumige Gras und langsam; / so fern ist Trennung ihnen, daß sie sich / den Aufwand tun, sich nicht umfaßt zu halten.* (SW II, 374f.) Auch hier das Überwinden eines kaum bewußten Widerstandes! Nun folgen die beiden Stellen im *Marien-Leben* selbst und, fast vier Jahre später, im Juni 1915, die uns aus der *Vierten Duineser Elegie* vertrauten Zeilen: *Uns aber, wo wir Eines meinen, ganz, / ist schon des andern Aufwand fühlbar. Feindschaft / ist uns das Nächste.* (SW I, 607)

Drei Monate, nachdem er die Vokabel in *Die Parke* eingesetzt hatte, schrieb er am 29. November 1907 an Sidonie Nádherný über einen Sonnenaufgang in Venedig: *Denken Sie, daß draußen Venedig ist, noch einen Tag lang; heute noch. Fühlen Sie, daß es noch vor einer Weile im Morgen schwankte, und daß plötzlich derselbe Nebel, der es verbarg, nur dazu da scheint, es mit Licht zu durchdringen, seit die rote Sonnenkugel im Steigen zersprungen ist in Millionen winzige Splitter. Diesem Aufwand gegenüber fängt jeder Tag wie ein Jahrhundert an* [...]. Rilke spricht dann noch von den *Bildern* dieser Stadt, zum Beispiel von der *kleinen steigenden Gestalt der Maria.* Wir wissen, wo er sie gesehen hatte: in der Kirche Santa Maria del Orto und in der Accademia – sie ist es, die dann im Januar 1912 in ihrer *Darstellung im Tempel* dem *Aufwand* zu-steigt – ruhig, voller Selbstvertrauen – und dann *durch alle* geht. So bewegt sich die Gestalt der Maria in diesem Zyklus, und so bewegt sich Rilke, ihr Erschaffer, durch sein Leben – so gelangt er zu seiner Kunst.

Im Kern des Zyklus liegt die Thematik von Leben und Tod, genauer: von Gebären und Nicht-mehr-gebären-Können. Schon an Franz Xaver Kappus, den Adressaten der *Briefe an einen jungen Dichter* (die Nummer 406 der Insel-Bücherei, 1929 erschienen und inzwischen weit verbreitet; über 40 Auflagen, eine halbe Million Exemplare!), hatte er 1903 geschrieben, was er später in der so bedeutenden Korrespondenz mit Lou Andreas-Salomé immer aufs neue hervorheben wird, daß *alles austragen und gebären* ist. *Jeden Eindruck und jeden Keim eines Gefühls ganz in sich, im Dunkel, im Unsagbaren, Unbewußten, dem eigenen Verstande Unerreichbaren sich vollenden lassen und mit tiefer Demut und Geduld die Stunde der Niederkunft einer neuen Klarheit abwarten: das allein heißt künstlerisch leben: im Verstehen wie im Schaffen.*

Dies an einen Mann! Und an eine junge Frau, eine Freundin Ellen Keys, Emmi Hirschberg, anderthalb Jahre später: es sei so natürlich für ihn, ***Mädchen und Frauen zu verstehen*** [RMRs Hervorhebung], *das tiefste Erleben des Schaffenden ist weiblich –: denn es ist empfangendes und gebärendes Erleben.*

Auch der oft zitierte und apostrophierte Engel des Rilkeschen OEuvre ist eine androgyne Gestalt. Man kann mit gutem Grund von Rilkes eigener androgyner Geistigkeit sprechen und damit seinen sehr ausgeprägten Platz **zwischen** den Geschlechtern andeuten. In einer Rezension von Anna de Noailles *Die Bücher einer Liebenden,* an der er 1907 und 1909 arbeitete, steht die für Rilkes androgyne innere Verfassung so bezeichnende Formulierung: [...] *denn es ist nur ein Schritt von der Hingabe der Liebenden zum Hingegebensein des lyrischen Dichters.* Wen dies fremd anmutet, der lese in den Briefen Lou Andreas-Salomés über Rilke nach.

Rilke sah sich innerlich durchaus als bisexuell. Brief-Werk und Werk selbst liefern reichlich Beweise. Denken wir nur an das Gedicht *Wendung* vom 20. Juni 1914, das mit der Aufforderung schließt: *Siehe, innerer Mann, dein inneres Mädchen, / dieses errungene aus / tausend Naturen, dieses / erst nur errungene, nie / noch geliebte Geschöpf* (SW II, 84). Ein weiterer, sehr überzeugender Beweis war eine zwei Jahre zuvor brieflich an Lou übermittelte Äußerung aus dem Februar 1912. Er spricht von Rudolf Kassner und sagt, dieser sei *eigentlich der einzige Mann, mit dem ich etwas anzufangen weiß, – vielleicht besser so: der Einzige, dem es einfällt, aus dem Weiblichen in mir ein klein wenig Nutzen zu ziehen.*

So schafft der Künstler das Werk mit der ihm innewohnenden Femininität, mit seiner eigenen Weiblichkeit: An dieser Doppelgeschlechtlichkeit zweifelte Rilke nie. Das hatte für seinen im Werk und in den Briefen gleichermaßen zeitlebens hervortretenden seelischen Zustand unumstößliche Folgen. Zum einen führte es in jene von ihm so oft gepriesene wie monierte, ja zuweilen eingeklagte Einsamkeit. Das las sich dann so: *O Lou, in einem Gedicht, das mir gelingt, ist viel mehr Wirklichkeit als in jeder Beziehung oder Zuneigung, die ich fühle.* Zum anderen rührte diese Überzeugung von der Weiblichkeit des künstlerischen Schaffens zu seiner Ansicht, Frauen, denen das wirkliche Gebären Natur und natürlich sei, wären als Künstler im Grunde kaum vorstellbar. Rilke erachtete das Kunst-Machen als etwas im wesentlichen Unnatürliches. So schrieb er am 12. Januar 1912 – der Elegien-*Sturm* auf Duino hatte gerade begonnen! – an Manon zu Solms-Laubach: [...] *ich kann mir kaum denken überhaupt, daß eine Frau Kunst betreiben könnte, ohne ihrer Natur Unrecht zu tun; wir sind schon eine Kleinigkeit entfernter, entfremdeter, abgeleiteter* [...] *Nur auf einem sehr gro-*

ßen Umweg kann wahrscheinlich Kunst aus der Natur hervorgehen, – nicht ohne Verzweiflung, möcht ich sagen, nicht ohne Sündenfall. Gottfried Benn, ein – wie Richard Dehmel – eher verzweifelt männlicher Dichter, der Rilke als Künstler schätzte und als Person belächelte, meinte dasselbe, als er auf seine Art unmißverständlich äußerte, das Gegenteil von Kunst sei nicht Natur, sondern gut gemeint. Rilkes Sätze aber, das wissen seine Leser, wurden ohne jenes männliche Bewußtsein niedergeschrieben, das man heute zu Recht phallokratisch nennt.

Und natürlich war es wieder Venedig, das ihm immer wieder vor Augen führte, was man als die Gewaltsamkeit des Kunst-Machens bezeichnen könnte. Diese *Spiegelungen*, die er in Venedig und an Venedig ständig pries, sind eben Manifestationen jener im *Marien-Leben* gleichsam verewigten Formulierung: *Schaun und Geschautes, Aug und Augenweide.* Sie schenken ihm den wiederholt heraufgerufenen *Streifen Zwischen-Welt*; sie sind nichts anderes als eine Art Transkription: der Engel, sprich: der Künstler, sprich: das projizierte Ich des Künstlers, rettet das Vergehende – und vergeht, langsam vielleicht, aber vergeht. Der Künstler sinkt wie die spiegelnde Stadt. Dieses Sinken und Verschwinden hinauszuzögern (*Uns überfüllts. Wir ordnens. Es zerfällt. / Wir ordnens wieder und zerfallen selbst.* [aus der *Achten Duineser Elegie*]), wird ständig zur Aufgabe erhoben. Dieses *Ordnen*, es ist die *große Arbeit* des Künstlers, der seinen Kunst-Willen einsetzen und auch nur dann einsetzen kann, wenn er Mann und Frau in einem ist.

Nur so hebt er Eindrücke und Gefühle in die dauernde Präsenz der Dinge und ein-verleibt und ein-verseelt sie sich. Wir wissen aus zahllosen Texten Rilkes, wie menschliches Geschehen zum Kunst-Ding wird, wie Rilke die ursprüngliche mythische platonische Kugelförmigkeit und Heilheit des Menschen (also den Zustand der Ungetrenntheit, sprich: Zwei- oder Doppelgeschlechtlichkeit) nicht nur auf Kosten jeder zwischenmenschlichen oder gar gesellschaftlichen Akkommodation anstrebt, sondern sie zur unerläßlichen Voraussetzung des Kunstschaffens ausruft. Künstlerinnen – wirklichen, wie Clara Westhoff, und fingierten, wie Abelone im *Malte* – wird Männlichkeit zugesprochen, und selbst der Schauspieler (in diesem konkreten Fall: George Pitoëff) wird in einem Stammbuch-Eintrag für Hans Reinhart im November 1919, also zwischen der frühen und der späten *Elegien*-Zeit, apostrophiert als *der kühne Spieler, / der fraulich fühlt, Kind, Dämon ist und Mann* [...] (SW II, 240). Er umschrieb dieses Spieles Spiel epistolarisch an Theodora von der Mühll am 20. August 1920: *Spiel über spiegelnder Tiefe und unerschöpflicher Schwebe gehalten von der einen seeligen Kraft, aus der alle Schöpfung kommt.* Der Künstler, sagt Rilke, hier und überhaupt, hat nur eine einzige Aufgabe, die er auf eigene Kosten und auf die seiner Mitmenschen zu leisten hat: sich selbst zu vollenden, **ganz** zu werden und, zumindest während er schafft, **ganz** zu bleiben.

Die Risiken und Gefahren einer solchen *Vollendung* sind mit Händen zu greifen. Der Künstler wird absolut gesetzt und dem Alltag und damit jedem Literaturbetrieb entzogen. Wir stehen mitten im Minenfeld eines Narzißmus, wie Rilke ihn empfand und praktizierte und damit Kritik und Unwillen aller derjenigen auf sich zog, die ihn gerne anders gesehen hätten – und dies seit eh und je. Rilke ver-äußerte, im wahrsten Sinne ver-öffentlichte, mit enormer Willenskraft und mit starkem Kunstsinn das aus sich heraus, was in vielen seiner Leser gefangen und in Ketten lag. Es muß uns also nicht verwundern, wenn er oft so therapeutisch, ja ganz einfach als Lebenshilfe gelesen wird. Dies feststellen heißt nicht, er werde nur deshalb so viel gelesen. Der schon erwähnte, gelegentlich mit Unwillen und Verdacht zitierte Erich Simenauer bemerkte einmal, es könne immerhin sein, daß man Rilke als einen stellvertretenden Vollstrecker der eigenen unbewußten Triebregungen empfunden und dadurch unbewußt das Bedürfnis nach Vergebung für die mit gesellschaftlichen und selbst-auferlegten Strafen bedrohten Wünsche gestillt habe. Das hieße also, der Genuß einer Dichtung, eines Kunstwerks vermöchte uns zumindest eine zeitlich begrenzte Befriedigung dieser Triebregungen gewähren. Die damaligen Attacken auf solche Ansichten – Simenauers ausführliche Studie erschien vor 45 Jahren! – und das heutige weitgehende Ignorieren seiner Argumentation beweisen, daß er mit diesen und ähnlichen Schlüssen ins Schwarze getroffen hatte.

Rilke schrieb einmal an Magda von Hattingberg: [...], *denn darin liegt ja auch meine Macht, daß ich den heimlichsten Kräften in mir nicht Einhalt tue.* Es gehört zu den Merkwürdigkeiten der Wirkungsgeschichte bekannter Dichter, daß gerade Künstler wie Rilke zahlreichen Lesern unabsichtlich »Lebenshilfe« spenden und daß man sich immer weiter ihrer Werke bedient, um sich aus eigenen Wirren und Verirrungen herauszuarbeiten.

Es hat etwas Absurdes, wie Rilke, mit einer in den Werken zuweilen ans Autistische grenzenden Haltung, die ja in der modernen Kunst, in der es von Einzelgängern wimmelt, keineswegs ungewöhnlich ist, zu einem Orientierungspunkt wurde. In den *Cezanne-Briefen* an seine Frau bemerkt Rilke einmal, es wäre sicher furchtbar für den Maler gewesen, wenn er seine Visionen, ehe er sie malte, mit jemandem hätte teilen müssen. Dabei fallen an Rilke selbst nicht nur einzelne autistische Züge auf; als er seine großen Zyklen schuf, war er Narziß in fast lupenreiner Form. Und wir können in diesen Zyklen und in einzelnen Gedichten des Spätwerks nachlesen, wie großartig und intensiv dieses Sich-in-sich-selbst-Spiegeln war. Ebenso großartig und intensiv waren aber auch die Pein und die Strafen, die ihm dieser Narzißmus bescherte. In dem lyrischen *Briefwechsel in Gedichten mit Erika Mitterer* – er wurde vom Mai 1924 bis zum August 1926 geführt – stehen erschütternde Zeugnisse und Bekenntnisse des geschundenen Dichters. Einmal heißt es: *Komm an den Brunnen, der ich bin; ich gebe / die Wasser weiter, selber nicht gespeist* (SW II, 316).

In der modernen Kunst begegnen uns Parallelen und Approximationen, auf die wir oft nicht gefaßt sind. Welche Nähe besteht doch zwischen Rilke und Franz Kafkas Junggesellen, deren Welt am Ende so eng geworden ist, daß der Sarg genau dem entspricht, was von ihnen übrigblieb.

Wie fragwürdig muß Rilke am Ende des Lebens seine ganze Wirkung, soweit er sich ihrer bewußt war, manchmal vorgekommen sein? Wie hätte er sonst in seinen letzten Strophen, im Dezember 1926, fragen können: *Bin ich es noch, der da unkenntlich brennt? / Erinnerungen reiß ich nicht herein. / O Leben, Leben: Draußensein. / Und ich in Lohe. Niemand der mich kennt.*
Dies war, will mir scheinen, seine private »Übertragung« der ovidischen Zeilen: *Iste ego sum! Sensi nec mea fallit imago / Uror amore dei, flamma moveoque ferroque.* (*Du bist Ich, ich fühl es, mein Bild betrügt mich nicht länger. Liebe für mich rührt sich in mir. Ich nähre und leide die Flamme.*) *Niemand, der mich kennt*, weil nur ich selbst mich kenne. Und das nach einem Leben, in dem er eigentlich nie den Zauber- oder Höllen-Kreis der Einsamkeit durchbrechen konnte, die er um so verschwenderischer pries, je mehr er sich – wortwörtlich – in sie verstieg. Das hat freilich mit gewöhnlichem intermittierendem gesellschaftlichem Leben gar nichts zu tun. Es geht um bleibende Ich-Du-Beziehungen. Rilkes Ausbruchsversuche waren so tragisch wie denkwürdig, am beispielhaftesten wohl jener, den er zunächst mit der Hilfe Magda von Hattingbergs unternahm. Es wäre gut, hier an jenen *offenen* Brief Lou Andreas-Salomés zu Sigmund Freuds, ihres verehrten Lehrers, 75. Geburtstag zu erinnern. Fünf Jahre nach Rilkes Tod sprach sie darin von seiner möglichen *Rettung*. Diese sah sie damals in den ersten beiden *Elegien* und in einigen der *spanischen* Gedichte. Rilke hatte sicher damals auch empfunden, daß er alle Ängste und Sehnsüchte reifizieren, Ding werden lassen müßte. Lou Salome hatte an Freud geschrieben, Rilkes Leben sei *eine Abwandlung des Menschenschicksals in der Kunst* gewesen. Und, noch viel wichtiger: *Die Existenz des Engelbereiches wird in eigene Existentialität hineingerissen* [...].
Am 28. Dezember 1911 hatte Rilke eine längere Passage über den *Malte* an Lou geschrieben, die damit endete, er habe die längste Zeit den *Malte* nicht so sehr als einen Untergang gesehen, *vielmehr als eine eigentümlich dunkle Himmelfahrt in eine vernachlässigte abgelegene Stelle des*

Himmels. Wieviel deutlicher könnten sich innerlich und äußerlich die ersten *Elegien*-Verse an das *Marien-Leben* anschließen, als mit dieser, in ihrem Text schließlich doppelten – von ihm zweimal komponierten und zelebrierten – Himmelfahrt?
Das *Marien-Leben* wurde mit dem ersten Aufwind eines großen schöpferischen Atems geschrieben, der den Bogen schlägt vom Januar 1912 zum Februar 1922 und noch zu den späten und letzten Gedichten vor Rilkes Tod im Dezember 1926. Der Zyklus ist das Kunstwerk eines Menschen, der mit den Jahren immer hörender wurde. Es ist zudem ein spirituelles Werk, eine Dichtung, die narrative und thematische Grenzen überschreitet. Wir wollen noch einen kurzen Blick auf Rilkes Sprache werfen.

Rilke kümmerte sich wenig um literarische und akademische Kritik an seinen Werken und unterschied sich darin deutlich von vielen seiner Zeitgenossen. Er hat in seinen zahllosen Korrespondenzen häufig seine Anschauungen vom künstlerischen und seelischen Leben detailliert. Es ging meist um persönliche Probleme seiner Adressaten, auf die er mit Freundlichkeit und überzeugender Eindringlichkeit antwortete. Er erhob aber keinen Einspruch, wenn jemand seine Texte als Lebensphilosophie oder Religionsersatz anwandte oder mißbrauchte.
Diese Toleranz hatte, ähnlich wie bei Thomas Mann, nur bedingt mit allgemeiner Menschenfreundlichkeit zu tun als vielmehr mit dem Wunsch, sich auf Fragen zu konzentrieren, die auch ihm selbst wichtig waren. Und so schrieb er, innerhalb einiger Korrespondenzen, die er gewissenhaft pflegte – darunter die schon erwähnte mit dem *jungen Dichter*, mit Magda von Hattingberg und selbstverständlich mit Lou Andreas-Salomé –, oft ganz ohne Bezug auf den jeweiligen Adressaten lange Passagen zur Psychogenese des Schöpferischen und auch das, was man als eine Poetik in mehreren Ansätzen bezeichnen könnte.
Rilke war ein brillanter Künstler. Nach anfänglicher Passivität beobachtete er immer genauer und wurde immer sensibler, er übte seine Sprache

auch an anderen Sprachen: Er übersetzte nicht nur meisterhaft von einer in die andere, besonders aus dem Französischen ins Deutsche (Paul Valéry), sondern übersetzte auch im übertragenen Sinne aus dem Sprachlosen und aus den psychischen Grenzbereichen – einen dieser Bereiche nannte er in den *Sonetten an Orpheus* einmal die *Sprache der Fische*. In der Ausübung dieser Sprachkunst übertraf er als Lyriker alle seine Zeitgenossen. Er schuf aus der Sprache seiner Vor-Kindheit, seiner Kindheit, seiner Ängste und seiner eigenen Zeit eine außerordentlich flexible lyrische Grammatik und Syntax, mit denen er wie kein zweiter umzugehen verstand.

Eine weitere Eigenheit seines lyrischen Komponierens war die Vorliebe für zyklische Dichtung. Das *Marien-Leben* fällt in die Zeit, in der Rilke erneut mit dem lyrischen Zyklus als literarische Kunstform zu arbeiten begann. Im Zyklus läßt sich thematisch und metaphorisch bündeln, was sonst nur allzu leicht zerstiebt. Der Zyklus erlaubt es dem Lyriker auch, prosodisch und rein formal zu experimentieren. Der Versuchung, irgendein Thema ein für allemal abzuhandeln, erlag Rilke sehr selten. Ebenso selten aber *öffnete* er einen bereits abgeschlossenen Zyklus. Was ihm zum Thema noch einfiel – oft waren es nicht nur fertige Gedichte, sondern auch lyrische Passagen, Entwürfe oder Elegien-Fragmente und zusätzliche Sonette –, wurde dann mit den gesammelten Gedichten der jeweiligen Periode veröffentlicht. Daß er, wie im Falle des *Marien-Lebens,* einem Zyklus thematisch und formal noch zwei Gedichte wie *Himmelfahrt Mariae* I und II zuordnete, ist ein Sonderfall, eine Ausnahme, die in dieser Neu-Ausgabe des *Marien-Lebens* berücksichtigt wurde.

Rilkes lyrische Zyklen sind von der Art, wie Goethe sie einst charakterisierte, als sich sein Berliner Freund Karl Friedrich Zelter im Mai 1815 in Sachen des *West-östlichen Divans* mit der Bitte an ihn gewandt hatte, er möge ihm doch, wenn möglich, das eine oder andere Gedicht aus einem der *Divan*-Zyklen zur Komposition überlassen. Goethe schlug Zelter trotz mehrerer von ihm sehr geschätzter Vertonungen diese Bitte rundweg ab. Diese Dichtungsart, antwortete er, treibe einen eher zur Reflexion als zu geselligem Gesang, und er könne im *Divan* nichts finden, was sich dazu eigne. Goethe charakterisiert vielmehr die Stücke aus diversen Zyklen des Werkes: *Jedes einzelne Glied nämlich ist so durchdrungen von dem Geist des Ganzen, ist so innig orientalisch, bezieht sich auf Sitten, Gebräuche, Religion und muß von einem vorhergehenden Gedicht erst exponiert sein, wenn es auf Einbildungskraft oder Gefühl wirken soll.* Von solcher Art sind auch die 13, ja 15 (*Vom Tode Mariae* ist ja ein eigener dreiteiliger Zyklus) und – mit der Neu-Ausgabe – 17 Gedichte des *Marien-Lebens.*

Rilke, das darf nicht vergessen werden oder in allgemeinen Bemerkungen über seine frühen, preziösen, übermäßig reimenden Gedichte untergehen, begann in seiner Prosa, sehr genau, ja fast grausam genau zu beschreiben. Die *Aufzeichnungen des Malte Laurids Brigge* sind an sprachlicher Dichte nicht nur manchen Texten der *Neuen Gedichte* (1907, 1908) ebenbürtig, sondern auch viel späteren, den *lyrischen Summen* der Elegien und Sonette. Früher und viel erbarmungsloser als Thomas Mann entwickelte Rilke in der Prosa einen bösen Blick auf den Alltag, der ihn umgab. Da ist die Rede von jemandes Stimme, die durch Speichel watet, von Gegenständen *von unglaublicher Glätte, und die Worte fallen von ihnen wie satte Blutegel*, von einer alten Frau, deren Finger sich sacht im Schoß regen, *als wickelte sie die endlose Langeweile sorgsam zu einem Knäuel auf* (*Ewald Tragy,* 1898 geschrieben, 1929 veröffentlicht). Am 2. Dezember 1900 zeichnete Rilke im Tagebuch ein Porträt von Gerhart Hauptmann, das sich wie Vorahnung und Rechtfertigung der viel späteren Figur des Pieter Peeperkorn in Thomas Manns *Zauberberg* liest.

Mit Recht sprach Friedrich Gundolf einmal von Rilkes *neuer Mikroskopie der Seelenwahrnehmung*. Wer dabei auch an Hugo von Hofmannsthals *Brief des Lord Chandos* denkt, berührt damit nicht nur die Verwandtschaft zweier bedeutender Prosaisten, sondern auch eine Art österreichischer Tradition: Bereits mit Adalbert Stifter begann jene Beses-

senheit des ständigen Vermessens, begann die Metaphysik des Detaillierens, der Stifter, der Kafka, der Hofmannsthal und – zu einem gewissen Maße – auch Rilke frönte. Es mag sein, daß dies eine Art tragischer Spät- und Endform eines relativ unbeschwerten Aneinanderreihens und Aufzählens von Weltinhalten ist. So wurde eine neue Kunst geschaffen, so wurde die literarische Sprache nach innen und nach außen hin gedehnt. Aber, und das scheint mir heute so wichtig wie vor Jahren: Nicht nur die Ängste schärften seinen Blick, sondern auch deren Kehrseite, das Hingerissen-Sein und die Ekstase, schärften ihn. Es gelangen ihm, schon vor dem Spätwerk, jene genauen *objective correlatives*, also Ein-Bildungen, sprachliche und metaphysische ins Objektive übertragene Konkretisierungen einer ans Äußerste getriebenen Existenz. So entsiegelte er Bereiche und Erfahrungen, deren Verbalisierung man tabuisiert hatte, die man gemeinhin für *unsäglich* hielt. Rilke war bei der Betrachtung der Gemälde Paul Cézannes aufgefallen: *Kunstdinge sind ja immer Ergebnisse des In-Gefahr-gewesen-Seins, des in einer Erfahrung Bis-ans-Ende-Gegangen-Seins* [...]. Schließlich sei das Kunstding *die notwendige, ununterdrückbare, möglichst endgültige Aussprache dieser Einzigkeit* (an Clara Westhoff).
Rilke sah sich nie als Sprachkünstler, nicht als verbalen Pyrotechniker, nicht als Magier. Das wird leicht verkannt, und wo ein Selbstzeugnis vorliegt, wird es oft nicht aufmerksam genug gelesen. Er verzichtete, wie er einmal an Magda von Hattingberg schrieb, mit Absicht auf stimulierende Substanzen oder Drogen, die sein Bewußtsein verfälscht hätten: *Ich wollte nie zaubern* [...], *wo* [...] *mein Herz stieg, da stieg es nach den unwidersprechlichen Gesetzen der Meerflut – und wo ich begeistert war, da war ichs durch den unfaßbaren herrlichen Geist, der sich nicht rufen noch erbitten läßt.* Das ist kein Selbstlob, das ist eine außerordentliche Aussage, heutzutage außerordentlicher als damals. Man mag es lesen als einen Versuch, die ganz besonders ihm eigentümliche Inspiration zu beschreiben. In seinen späten Gedichten (und sie begannen mit dem *Marien-Leben,* dem ersten Schub der *Duineser Ele-*

gien und den *spanischen* Gedichten) ging es ihm wohl nicht mehr darum, Vision von Nicht-Vision zu unterscheiden, sondern darum, das Gesehene, ob es dem Irdischen oder der Vision entstammte, möglichst genau und überzeugend sprachlich darzustellen. Wem das fremd erscheint, der denke an den Prototyp unter den europäischen Dichtern, an das große Beispiel des Dante Alighieri, dem es auferlegt war, die *invisibilia*, die Unsichtbarkeiten, sichtbar zu machen.

Machen wir zum Schluß die Probe aufs Exempel und schauen wir uns noch einmal den Zyklus an, besonders zwei Texte: *Mariae Verkündigung* und *Stillung Mariae mit dem Auferstandenen.* Es handelt sich um die Texte, die Marias gesamte Existenz umgreifen: der Sohn wird empfangen und nimmt am Ende seines Lebens, das in dem Zyklus nur an wenigen Stellen dem seiner Mutter *vor-gezogen* und *vor-gezeigt* wird, endgültigen, kaum noch irdischen Abschied von ihr. Liest man genau, so beginnt mit der *Verkündigung* eine Verwundung, die zunächst durch die Freude an der Geburt des Sohnes verdeckt wird und später durch die Freude an seinen Taten, die ihr schließlich aber zu viel größerer Verwundung und zum Leiden ausschlägt. Im Gedicht *Stillung Mariae mit dem Auferstandenen* heilt die Verwundung, Mutter und Sohn heilen beide; sie heilen selbst, jeder für sich, und sie heilen einander. Zu Beginn eine Vorwegnahme des Lebens, am Ende eine Vorwegnahme ihres eigenen Todes und der Ewigkeit. Beide Texte sind von großer Dichte und Komplexität, beide beschreiben unterschiedliche Formen, auch wortlose, der Verständigung: in keinem der Gedichte wird gesprochen. Die Begegnung im einen geschieht schweigend, und im anderen herrscht Stille: *Sie hatten nicht nötig, / sich stark zu berühren.* Der Engel und Maria wissen, der Auferstandene und seine Mutter wissen, sie sind aufeinander bezogen, das Band reißt nicht mehr ab. Die Verweisungen, inneren Verbindungen und Spiegelungen dieser beiden, ja, aller Gedichte dieses Zyklus – eingeschlossen die beiden Stücke *Himmelfahrt Mariae I* und *Himmelfahrt Mariae II* –, sind so dicht und so vieldeutig, daß sich jede literarische Geringschätzung des Zyklus verbietet.

Rainer Maria Rilke war ein radikaler Sprachgestalter, ein Sprach-Erneuerer, der uns ein Erbe an Worten und Zeichen hinterließ, das aus der deutschen Sprache nicht mehr wegzudenken ist. Der einzige moderne Nach-Rilkesche Lyriker, der sich nicht epigonal, sondern zeichenhaft und existentiell dieser im Grunde unhistorischen und unbedingten Sprache bediente und sich bewußt und deutlich auf Rilke bezog (besonders in seinen Bänden *Die Niemandsrose,* 1963, und *Atemwende,* 1967), war der aus ähnlich zeitgebundenen Anfängen zu einem radikal-expressiven Lyriker gewordene Paul Celan. Er übernahm das Instrumentarium von Rilkes Sprache, soweit es für seine, durch historische Gegebenheiten geprägten Erfahrungen übernommen werden konnte, und ließ es in den letzten Bänden seiner Gedichte wieder hinter sich. Diese führten nämlich aus der Sprache hinaus in eine Verstummung, eine Stumm-Schrift, deren tragische Geschichte ihm auf den Leib geschrieben war. Die Überlebenden und Verschonten dieser Epoche dürfen vielleicht aus dem letzten Text des *Marien-Lebens,* nämlich *Mariae Himmelfahrt II,* dem wahrscheinlich zuerst geschriebenen der beiden in Ronda konzipierten Gedichte aus dem Januar 1913, eine sehr vielschichtige Botschaft entnehmen. Wir bleiben als Leser, als Zuschauer, als Gläubige oder Ungläubige zurück, als Bewunderer dieses *Marien-Lebens,* dieses Lebens einer Frau, einer Menschenfrau, die zugleich eine *Frau Himmels und der Erden* war:

Denn wir bleiben, wo du fortkamst.
Jede Stelle unten will getröstet sein.
Neig uns Gnade, stärk uns wie mit Wein.
Denn vom Einsehn ist da nicht die Rede.

Jeder Leser liest das, in jedem Sinne, für sich. Rilkes Gedichte im *Marien-Leben* sind von unterschiedlicher sprachlicher Dichte, von unterschiedlicher narrativer Struktur und sehr verschieden in der Rollen- und Stimmenverteilung. Ihr Zusammenhalt untereinander bleibt außerordentlich stark. Wir erkennen, wie viele komplexe erzählerische und visuelle Vorgänge in sehr einfachen Bildern dargestellt sind, in verräterisch und geradezu trügerisch einfachen Bildem, die wirklich jeder »verstehen« kann, ohne sie unbedingt »deuten« oder »einsehen« zu müssen. Die gerade zitierte letzte Strophe von *Himmelfahrt Mariae* ist von dieser beunruhigenden Einfachheit, die sehr verschieden wirken kann. Die Lösung scheint so simpel zu sein. Trost und Gnade werden uns doch geschenkt, und wir meinen, gestärkt zu sein *wie mit Wein*. Wer aber mit höchster Aufmerksamkeit liest, weiß nicht, ob er dieser einfachen Lösung wirklich vertrauen darf. Hat sich zwischen der aufgefahrenen Maria, dieser *Frau Himmels und der Erden*, und uns nicht schon eine zu große Kluft aufgetan, als daß sie durch Gnade oder wie im Abendmahl durch Brot und Wein überbrückt werden könnte? Selbst wenn dies geschähe, wären wir dann *in Heilung* wie der Auferstandene und seine Mutter, wären wir *unendlich zugleich*, wie die Bäume im Frühling die neue Jahreszeit beginnen (*Stillung Mariae mit dem Auferstandenen*), *zugleich* wie der Goldschmied und das Gold, das ihn schließlich vernichtet? Oder wären wir wie die Zugvögel *verständigt* (SW I, 697)? Die Vokabel *verständigt* gebraucht Rilke von Zeit zu Zeit und gleich dreimal in den beiden auf das *Marien-Leben* und den Beginn der *Elegien* folgenden Jahren, und nie hat dieses *Verständigt*-Sein etwas mit Absprache oder üblicher Kommunikation zu tun. Es sind immer Überbrückungen, die wir selbst nicht *leisten* können. Unsere Vernunft erwartet und erzwingt sie nicht. Sie liegen im Grunde außerhalb der uns in diesem Leben zugebilligten Einsicht.

Wenn aber, wie es in der vorliegenden Strophe heißt, vom *Einsehen* wirklich nicht die Rede sein kann, können wir dann noch so sicher sein, wie wir beim ersten oder auch zweiten Lesen der Gedichte waren? Werden die Bitten der vier Verse erfüllt, oder bleiben sie schiere Hoffnungen derer, die noch nicht *fortgekommen* sind? In diesem Zusammenhang ist *fortkommen* ein außerordentlich schillerndes Wort. Und damit sind die letzten Zeilen dieses durch zwei wesensverwandte Gedichte erweiterten Zyklus ebenso gewährend wie verweigernd.

Nachwort

I

Der wirkliche Grund, der seinerzeit (1997/1998) zur Entstehung meines Buchs *Rainer Maria Rilke: Das Marien-Leben*, führte, war mein Wunsch, den Gedicht-Zyklus *Das Marien-Leben* einmal in der Form darzustellen, in der Rilke ihn wohl selbst gerne publiziert gesehen hätte. Außerdem wollte ich dieses Werk wieder ins literarische Gespräch bringen und es dem gönnerhaften Übersehen- oder Nicht-ernst-genommen-Werden entreißen und so verhindern, daß der Zyklus über die Jahre als »Nebenwerk« zu einer christlich-katholischen Devotionalie absinkt.
Man kann gar nicht genug darauf insistieren, daß dieses Rilke selbst manchmal etwas kurios erscheinende Werk nicht nur mit großer Aufmerksamkeit, sondern mit geradezu philologischer Akribie gelesen werden muß, und zwar bis in die Zeichensetzung hinein (Rilke war ein äußerst penibler und akkurater Text-Gestalter!). Man darf sich weder von des Dichters mehrfach bezeugter Unsicherheit, ja Diffidenz diesem Zyklus gegenüber ablenken, noch durch die in meinem Buch angeführten »Gedichte aus dem Umkreis des *Marien-Lebens*« irreführen lassen. Rilke selbst stand, wie aus der abgedruckten Korrespondenz mit dem Insel-Verleger Anton Kippenberg hervorgeht, den frühen »Illustrationen« Heinrich Vogelers *und* seinen eigenen frühen Maria-Gedichten höchst kritisch gegenüber.

II

Der Leser muß sich immer wieder klar machen, daß ein Teil von Rilkes eigener »Diffidenz« vor den Texten des Zyklus aus seiner nachhaltig betonten Überzeugung stammt, die Wirkung aller seiner (anderen) Werke beruhe nicht auf der zusätzlichen Wirkung irgendeiner anderen Kunst (etwa der Musik oder Bildenden Künste). Diese Vorbehalte dürfen natürlich nicht immer und nicht rigoros angewandt werden. Es gibt eine große Anzahl von Rilke-Gedichten, besonders unter denen des

Buchs der Bilder und der *Neuen Gedichte,* die nur mit dem Blick auf eine Inspirations-Vorlage völlig zu erschließen sind.

III

Unendlich wichtig ist der Bindestrich im Titel! Er allein zeigt, daß hier nicht nur von der traditionellen Maria, der Muttergottes, gesprochen wird. Dürers *Marienleben* zum Beispiel »bespricht« und zeichnet nur das Leben der Muttergottes!
Das *Marien-Leben* Rilkes ist aber zugleich eine sehr weltliche und eine sehr metaphysische Dichtung. Wie in den meisten Werken Rilkes geht es hier um nichts geringeres als um die Umsetzung des künstlerischen Prozesses in Sprache. Und damit ist der Leser dieses Zyklus aufgefordert, sich selbst, seine eigene Familie einzubeziehen, ja: jede Mutter, die ein Teil des Schicksals ihres Sohnes ist, seiner Errungenschaften und seiner Leiden. Maria wird gleichsam säkularisiert, aber auch spiritualisiert, also vergeistigt und vom göttlichen in den menschlichen Bereich zurückgenommen. Ihre Zwischen-Existenz – im Irdischen gelebt und am Himmlischen teilgehabt (diese *Frau des Himmels und der Erden*) – wird bei Rilke nie nach der einen oder anderen Seite hin »entschieden«. Im Zyklus ist nicht der Sohn *der Held*, sondern die Mutter, die sonst nichts ist als das Tor, durch das der Held in die Welt tritt. Sie erschrickt vor einem Engel, der sie überrascht (einer männlichen Gestalt), der zwischen ihrer Menschlichkeit und Göttlichkeit existiert. Es ist im Grunde und letztlich immer das »wir« zwischen uns Menschen, auf das alles ankommt. Und das bei dem Sohn einer erz-katholischen, ja: Maria-süchtigen Mutter!

IV

Rilke hat sich nie von der Figur, von der Gestalt, dem Begriff der »Maria« trennen wollen. Er schrieb bereits Ende der neunziger Jahre des 19. Jahrhunderts über sie. Und *Shawl*, ein außerordentlich wichtiges Maria-Gedicht, entsteht nur drei Jahre vor seinem eigenen Tod.

Obwohl Rilke sich niemals von Maria losgesagt hat, sieht er diese Gestalt radikal anders als die meisten katholischen oder evangelischen Christen. Es verblüfft, daß er von seinen vielen Vornamen außer dem Taufnamen René (später: Rainer) nur »Maria« beibehält – nicht ungewöhnlich in katholischen Gegenden, aber doch bedeutend in diesem besonderen Fall.

V

Man müßte dieses kleine Werk einmal so lesen können, als wäre uns die gesamte christliche Ikonographie völlig fremd. Rilke zeigt ja auch in diesem Zyklus die Umkehrung, wenn nicht gar die Kehrseite der religiösen Überlieferung. Er selbst sprach nie von »Männern« und »Frauen«, sondern von weiblichen oder männlichen Menschen. Jeder von uns, meinte er, verkörpere beides. Das bezog Rilke auch in hohem Maße auf sich selbst. Nicht umsonst hob er, um nur ein Beispiel zu nennen, an dem Gelehrten und Freund Rudolf Kassner hervor, dieser habe eigentlich als einziger Mann etwas mit dem Weiblichen in ihm, Rilke, anzufangen gewußt.
In ihrer von einem Kommentar begleiteten, 1998 in Helsinki erschienenen finnischen Übersetzung des Zyklus bekräftigt Liisa Enwald bis in den Titel *Marias Leben* hinein meine hier beschriebene Lesart (*»der weibliche Mensch«: Rilkes Marienerzählung und die Kehrseite des Mythos*, in: *Rainer Maria Rilke, Das Marien-Leben / Marian Elämä).*
Schließlich muß man auch die Möglichkeit bedenken, daß das sprachliche, das bildliche und symbolische, das intra (inner)- und inter-textliche Raffinement der einzelnen Gedichte des *Marien-Lebens* bis zu einem gewissen Grade unbeabsichtigt war und – dies ist im Manuskript sehr leicht nachzuweisen – auf der zeitlichen Nähe der Texte zu den ersten Anfängen seiner Arbeit an den *Duineser Elegien* beruht.

Juni 2005

Giselher Schubert

Zufall und Notwendigkeit

Zur Genese der neusachlichen Ausdrucksgestaltung in Hindemiths frühen Liedern

Für David Drew zum 19. September 2005

Musiktheorie und musikalische Poetik

Hindemith hat die Jahre von etwa 1917 bis 1921, in denen er seinem Kompositionstalent zu trauen begann[1] und erste spektakuläre kompositorische Erfolge erzielte[2], als eine Zeit erlebt, die nach seinen Worten *sinn- und maßlos lebte* und als *einzige Bewegungsform den Taumel* kannte[3]. Im theoretischen Teil seiner *Unterweisung im Tonsatz* bekannte er ausdrücklich: *Ich habe den Übergang aus konservativer Schulung in eine neue Freiheit vielleicht gründlicher erlebt als irgendein anderer. Das Neue mußte durchschritten werden, sollte seine Erforschung gelingen; daß diese weder harmlos noch ungefährlich war, weiß jeder, der an der Eroberung beteiligt war. Weder wurde die Erkenntnis auf geradem Wege errungen, noch ging es ohne Störungen ab.*[4]
Die *Erkenntnis*, die Hindemith allerdings nicht näher spezifiziert, hängt offenbar in letzter Instanz mit der Stellung der Modi des Zufälligen und

---

[1] Vgl. Paul Hindemith, *Komposition und Kompositionsunterricht*, in: ders., *Aufsätze, Vorträge, Reden*, hrsg. von Giselher Schubert, Mainz 1994, S. 64f.: *Ich hatte wohl immer geschrieben, aber erst nachdem ich neben meiner Tätigkeit als Instrumentalist Berge von Notenpapier verbraucht hatte und nachdem einige meiner Versuche im Druck erschienen waren, begann ich etwa mit 24 Jahren an mein Kompositionstalent zu glauben.*

[2] Uraufführung der Einakter *Mörder, Hoffnung der Frauen* op. 12 sowie *Das Nusch-Nuschi* op. 20 am 4. Juni 1921 in Stuttgart und des *3. Streichquartetts* op. 16 am 1. August 1921 in Donaueschingen.

[3] *Aufsätze* (wie Anm. 1), S. 56.

[4] Paul Hindemith, *Unterweisung im Tonsatz. Theoretischer Teil*, Mainz 1937, S. 22.

des Notwendigen in seinem Musikverständnis zusammen und führt zu ebenso überraschenden wie ungewöhnlichen Akzentuierungen. Zudem widersprechen sie den gängigen Auffassungen und sind auch nur schwer verständlich zu machen. Die gängige Auffassung der genannten Modi hat für die Musik der ersten Hälfte des 20. Jahrhunderts ganz gewiß Theodor W. Adorno geprägt und weithin auf der Folie der Schönberg-Schule durchgesetzt. Er suchte sie im Bereich der Kompositionstechnik, in den nicht nur musikhistorisch, sondern vielmehr auch »geschichtsphilosophisch« grundierten kompositionstechnischen Entscheidungen auf und beschrieb sie als rigide kompositorische *Disziplin*, der sich alle Musik zu stellen habe, die nicht dem – von ihm so genannten – *Fluch der Kontingenz* verfallen wolle[5]. Der Modus der kompositorischen Notwendigkeit, das so-und-nicht-anders-Sein der Werke, fällt für Adorno mit der *musikalischen Technologie* zusammen, die er als *Schauplatz aller geschichtlichen Entscheidungen des Schönbergschen Werkes* darstellte[6]. Und Schönberg selbst komponierte nach eigenem Eingeständnis sogar mit dem Bewußtsein, daß jeder, der anders komponiere als er, *Unrecht* tue[7].

Hindemiths genannte *Erkenntnis* schließt hingegen nachgerade gegensätzliche Überzeugungen ein. Für ihn besaß die kompositorische Disziplin, der sich ein Komponist selbstverständlich zu unterwerfen habe, als Einengung und vorgegebene Regulierung immer etwas unvermeidlich Zufälliges[8]. Mehr noch: je disziplinierter ein Komponist arbeite und kompositionstechnische Entscheidungen womöglich auch noch im Sinne der Erfüllung einer vorgeblichen »Tendenz des Materials« oder doch

---

5 Theodor W. Adorno, *Philosophie der neuen Musik*, Frankfurt/Main 1958, S. 111.

6 Vgl. Theodor W. Adorno, *Der dialektische Komponist*, in: ders., *Impromptus*, Frankfurt/Main 1968, S. 43, sowie ders., *Stilgeschichte in Schönbergs Werk*, in: *Gesammelte Schriften*, Band 18, hrsg. von Rolf Tiedemann, Frankfurt/Main 1984, S. 386.

7 Zitiert nach Mathias Hansen, *Arnold Schönberg. Ein Konzept der Moderne*, Kassel 1993, S. 190.

8 Vgl. hierzu Hindemiths Einschätzung der Musikentwicklung nach dem Ersten Weltkrieg, in: *Aufsätze* (wie Anm. 1), S. 57f.

einer »Problemgeschichte des Komponierens« als »Gehalt« von Musik akzentuiere, je zufälligere, partikularere, willkürlichere Züge müsse die Werkgestalt gewinnen; und als Inbegriffe solcher willkürlichen, zufälligen Werke galten ihm die dodekaphonen Kompositionen Schönbergs, denen er Sinn und Bedeutung nicht wegen, sondern trotz ihrer Zwölftontechnik zuerkannte[9]. Den Modus der Notwendigkeit, der solche unvermeidliche Zufälligkeit der kompositorischen Maßnahmen ausgleicht, ohne sie aufheben zu können, suchte Hindemith in einem ganz anderen Bereich auf: in dem der musikalischen Poetik, die er um Fragen zentrierte, wie, was und für wen zu komponieren sei[10]. Die *Erkenntnis*, zu der Hindemith unter Mühen gefunden hatte, umschrieb er in weiteren Texten mit den Worten: *Früher schlug man sich mit technischen Fragen herum, beschimpfte sich wegen irgendwelcher Nebensächlichkeiten, gründete Kunst- und Weltanschauungen auf Klänge und Akkordverbindungen. Es gibt in der Musik kaum technische Aufgaben, die wir nicht bewältigen könnten. Die technischen und rein künstlerischen Fragen rücken ein wenig in den Hintergrund. Was uns Alle angeht, ist dies: das alte Publikum stirbt ab; wie und was müssen wir schreiben, um ein größeres, anderes, neues Publikum zu bekommen; wo ist dieses Publikum?*[11] Oder eine andere Paraphrase seiner *Erkenntnis* lautet: *Fast alle Probleme, die in der Musik nach dem* [1. Welt-] *Krieg auftauchten, betrafen nur die Technik des Komponierens, und die geht den Hörer kaum etwas an. Wir trachten aber danach, die Probleme auf anderen Gebieten zu lösen.*[12] Diese *anderen Gebiete*, in denen die Werke eine die Zufälligkeit ihrer Erscheinung ausgleichende Notwendigkeit gewinnen könnten, steckte Hindemith im Kontext der musikalischen Poetik ab,

[9] Vgl. hierzu David Neumeyer/Giselher Schubert, *Arnold Schoenberg and Paul Hindemith*, in: *Journal of the Arnold Schoenberg Institute* (13) Nr. 1, 1990, S. 43ff. mit einem Abdruck der Notizen Hindemiths zu seinem Kurs über Schönbergs Streichquartette vom Dezember 1957 an der Universität Zürich.

[10] *Aufsätze* (wie Anm. 1), S. 107ff.

[11] *Aufsätze* (wie Anm. 1), S. 37.

[12] *Aufsätze* (wie Anm. 1), S. 58f.

keinesfalls aber im Kontext von Musiktheorie oder Musikästhetik. Ich möchte zur Genese dieser Hindemithschen *Erkenntnis* zurückführen, die – so lautet die hier vertretene These – mit der Ablösung des expressionistischen Ausdruckskonzeptes durch das der Neuen Sachlichkeit weitgehend zusammenfällt. Und diese Ablösung vollzieht sich zunächst im Genre der von wenigen Instrumenten oder vom Klavier begleiteten Vokalmusik, einem Genre, das Hindemith immerhin mit der Sphäre des Intimen und Privaten identifizierte[13]. Das Hindemithsche Verständnis von musikalischer Poetik erwächst aus einer besonderen Konfiguration von Gattungswahl, Gattungsverständnis und den Modi des Zufälligen und des Notwendigen in einer bestimmten historischen Situation.

Das »intime« Genre

Das Intime und Private des Genres der von wenigen Instrumenten begleiteten Hindemithschen Vokalmusik in den frühen 1920er Jahren geht schon aus der Publikationsgeschichte der Werke hervor. Von den bis 1923, bis zu *Das Marienleben* op. 27 komponierten Liedern erschienen zu Hindemiths Lebzeiten lediglich die Klavierlieder op. 18. Unveröffentlicht blieben die *Lieder in Aargauer Mundart* op. 5 von 1916, zwei Lieder für Alt und Klavier nach Gedichten von Guido Gezelle und Else Lasker-Schüler von 1917 und vor allem die *3 Hymnen von Walt Whitman* für Bariton und Klavier op. 14 von 1919. Die mittlere dieser drei Hymnen war Hindemith immerhin so wichtig, daß er die verschollene Reinschrift 34 Jahre später, 1953, durch eine neue Reinschrift der Hym-

[13] Die Überzeugung, daß *alles Feinste privat* bleibe (*Aufsätze*, wie Anm. 1, S. 110), übernahm Hindemith von Morgenstern. In seinem Werk hat sich das musikalische Genre dieses *Feinsten* sicherlich vielfach verändert. Gegen Ende seines Lebens komponierte er dieses *Feinste* in der a cappella-Musik, um 1920, 1933 und 1942 hingegen zweifellos im von wenigen Instrumenten begleiteten Gesang bzw. im Klavierlied.

[14] Vgl. Paul Hindemith, *Sämtliche Werke*, Band VI, 1: *Klavierlieder I*, hrsg. von Kurt von Fischer, Mainz 1983, S. 170.

ne nach den erhaltenen Skizzen ersetzte[14]. Das blieb die einzige frühe Komposition, die Hindemith in späteren Jahren noch einmal unverändert niederschrieb. Allerdings hat er diese Whitman-Hymnen auch nach 1953 nicht veröffentlicht. Unter den Sologesängen mit Instrumentalbegleitung[15] wurde lediglich *Die Junge Magd* für Mezzosopran, Flöte, Klarinette und Streichquartett op. 23 Nr. 2 nach den gleichnamigen Trakl-Gedichten gleich nach der Komposition 1922 publiziert. Den Zyklus *Des Todes Tod* für Alt, 2 Bratschen und 2 Celli auf Gedichte Eduard Reinachers op. 23a von 1922 gab Hindemith erst 1953 heraus, die *Serenaden* für Sopran, Oboe, Bratsche und Cello op. 35 konnten 1925 nur erscheinen, weil Hindemiths Frau, der das Werk gewidmet ist, in den Publikationsplan des Verlages einwilligte, und die *Melancholie* für Gesang und Streichquartett op. 13 auf Gedichte von Christian Morgenstern von 1918 wurde erst 1994, 31 Jahre nach Hindemiths Tod, veröffentlicht. Die Entstehung fast aller dieser Werke ist privat motiviert: Die *Melancholie* widmete Hindemith dem Andenken seines gefallenen Freundes Karl Köhler, die Whitman-Hymnen dem Freund Fried Lübbecke, der ihn offenbar als erster mit der Kunst des Matthias Grünewald bekannt gemacht hatte[16]; *Des Todes Tod* ist ein Werk der ideellen Solidarisierung mit seinem Dichter-Freund Reinacher, und *Die Serenaden* schenkte Hindemith seiner Frau zur Hochzeit: Es ist ein Werk voller privater Anspielungen, die sich vor allem denen erschließen, die es spielen[17].

---

[15] Vgl. Paul Hindemith, *Sämtliche Werke*, Band VI, 4: *Sologesänge mit Instrumenten*, hrsg. von Reinhard Gerlach, Mainz 1994; der *Einleitung* bzw. dem *Kritischen Bericht* in dieser Edition sind alle folgenden Angaben entnommen.

[16] Fried Lübbecke hielt während eines Konzertes vom 8. Dezember 1915 in Frankfurt/Main, bei dem Hindemith mitwirkte, einen Vortrag mit Lichtbildern über Grünewald (Programmzettel im Nachlaß Hindemiths, aufbewahrt im Hindemith-Institut, Frankfurt/Main).

[17] Vgl. hierzu Luitgard Schader, »*So wünsch ich ihr ein gute Nacht*«. *Paul Hindemiths Liebesgrüße an seine Frau*, in: *Intime Textkörper. Der Liebesbrief in den Künsten*, hrsg. von Ute Jung-Kaiser, Bern 2004, S. 261ff.

In diesen genannten Werken entwickelt Hindemith zwischen 1920 und 1923 ebenso unmerklich und kontinuierlich wie drastisch die musikalische Ausdrucksgestaltung im Sinne eines musikalischen Expressionismus in diejenige der Neuen Sachlichkeit. Das mag umso erstaunlicher wirken, als es zunächst kaum vorstellbar scheint, wie ausgerechnet im »intimen« und »privaten« Genre des Liedes der möglichst unmittelbare, direkte, identifizierende und gleichsam »authentische« musikalische Ausdruck des Expressionismus in die indirekte, vermittelte, maskenhafte, in gewissem Sinn fast schon »unauthentische« oder zitierende Ausdrucksgestaltung der Neuen Sachlichkeit zu verwandeln ist.

Zum Expressionismus Hindemiths

Das auf den 7. April 1920 datierte Klavierlied *Trompeten* op. 18 Nr. 8 auf das gleichnamige Gedicht von Georg Trakl kann als ein Paradigma eines Hindemithschen musikalischen Expressionismus gelten. Hindemith fand das Gedicht im Georg Trakl reservierten Heft der zentralen Publikationsreihe expressionistischer Dichtung *Der jüngste Tag*, der er übrigens zahlreiche Texte entnahm, die er vertonte – etwa auch Kokoschkas Drama *Mörder, Hoffnung der Frauen* oder Trakls Gedichte *Die Junge Magd*[18]. Hindemith schmiegt seine Vertonung[19] denkbar eng und unmittelbar dem Traklschen Gedicht an. Die Harmonik arbeitet er in der für ihn damals ungemein charakteristischen Technik des Klangzentrums[20] aus – hier handelt es sich um einen aus zwei Quint- und zwei Quartintervallen gebildeten Klang –, welches die harmonische Entwicklung wohl relativ einheitlich und kontinuierlich, aber keinesfalls zwingend und formbildend wirken läßt:

[18] Vgl. hierzu den aufschlußreichen Vergleich des Sujets der *Jungen Magd* bei Hofmannsthal und Trakl durch: Walter Muschg, *Von Trakl zu Brecht*, München ²1963, S. 111f.

[19] Das Gedicht *Trompeten* vertonte auch Oliver Knussen als op. 12 (1975) für Sopran und 3 Klarinetten.

[20] Begriff nach Hermann Erpf, *Studien zur Harmonie- und Klangtechnik der neuen Musik,* Wiesbaden ²1969, S. 122.

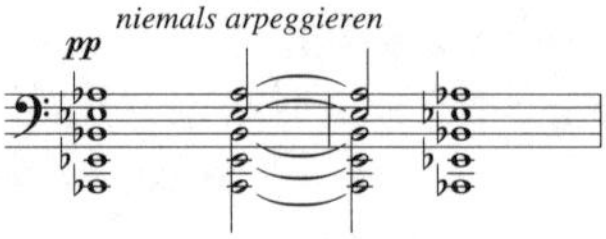

Notenbeispiel 1: P. Hindemith, *Lieder mit Klavier* op. 18, Nr 8: *Trompeten*, T. 1–2

Die melodisch-motivischen Ereignisse vereinheitlicht Hindemith hingegen durch das Intervall der Quarte, über das dann noch ein Terzschritt hinausführen kann, so daß melodisch ganz konventionell häufig der Quart-Sext-Akkord ausgeschritten wird, der harmonisch freilich vollständig ausgespart bleibt:

Notenbeispiel 2: P. Hindemith, *Lieder mit Klavier* op. 18, Nr. 8: *Trompeten*, T. 7

Das Intervall der Quarte, das gleich im ersten Takt im Klavier ausdrücklich *wie ein Signal* zu intonieren ist, spielt selbstverständlich auf die Trompeten des Gedichtes an und mag als musikalisches Signet allzu direkt wirken; doch scheint es Hindemith gerade um diesen unmittelbaren Anschluß an ein drastisch-bekanntes Signal gegangen zu sein. Es wirkt wie ein musikalischer Anschluß an Wirkliches und Reales, das sich nun in engster Anlehnung an die Traklschen Verse gänzlich zu verrätseln scheint: Die Quarte hallt in den *Friedhofsschauern* nach, grundiert das Geräusch der vorbeiziehenden *Reiter*, klingt im Gesang der *Hirten* wider, scheint im Licht des *Feuers* auf oder tönt in der Musik der *Tanzenden* mit. Es entsteht ein Kaleidoskop von Stimmungen, die das Vertraute, Direkte rätselhaft, fremd und fast schon unheimlich einfärben. Die Vertonung artikuliert sich harmonisch und motivisch in der paradoxen Bewegungsform eines musikalischen Werdens, in welchem aber nichts wird[21]. Die Musik kehrt wohl zu ihrem Anfang zurück[22],

---

[21] Formulierung von Theodor W. Adorno, *Musikalische Schriften IV* (= *Gesammelte Schriften* 17), Frankfurt/M. 1982, S. 246; unverständlicherweise dient die Formulierung Adorno als Einwand gegen Hindemith; in Wirklichkeit benennt sie gerade die Authentizität und Modernität der Hindemithschen Verfahren.

[22] Takt 33ff.

doch trägt dieser Teil keinesfalls den Charakter einer formal abrundenden Reprise. Vielmehr öffnet sich die Musik zu ihrem Anfang hin und könnte stets weiter klingen, ohne an irgend ein Ziel zu gelangen. Die Musik schließt auch nicht, sondern entschwindet oder verhaucht im Unhörbaren. Die Dynamik ist zudem grundsätzlich gänzlich ins Piano zurückgenommen; das angespannteste Intervall in der Melodieführung der Singstimme, die fallende None[23], soll sogar im dreifachen Piano intoniert werden.

Konzentration und Reduktion

Im Gegensatz zum musikalischen Expressionismus der Schönberg-Schule äußert sich Hindemiths Expressionismus überhaupt nicht mit einer Anhäufung und Entfesselung der gewissermaßen von jeglicher Konvention losgelösten musikalischen Ausdrucksmittel, sondern vielmehr mit ihrer Reduktion und Konzentration gewissermaßen auf »Elementares« – also hier in der Konzentration der harmonisch-tonalen Vorgänge auf ein oftmals wiederholtes Klangzentrum, in der Reduzierung von Motivik auf ein bekanntes prägnantes Signal, in der weitgehenden Ableitung der Rhythmik aus dem Sprechrhythmus des Gedichtes oder in der Auflösung der Formgestaltung im Prozeßhaften des musikalischen Ablaufs. Und diese Konzentration und Reduktion musikalischer Mittel, die fast schon wie ein Verzicht auf eingreifende, souverän verfügende musikalische Gestaltung wirkt, verfolgt Hindemith weiter. Sie erreicht in der Vertonung der 6 Gedichte der *Jungen Magd* im Februar 1922 wohl ihren Höhepunkt. Im fünften Lied *Schmächtig hingestreckt im Bette wacht sie auf* vom 17. Februar 1922 reduziert Hindemith seine musikalischen Mittel auf nur noch vier Ton-Konfigurationen: auf das Intervall der fallenden Sekunde, auf das Fragment eines homophonen Streichersatzes ohne melodisches Profil, auf den H-Dur-Dreiklang mit hinzugefügter großer Sext, sowie auf eine von den Strei-

[23] Takt 36f.

chern mit Tremoli am Steg zu spielende Harmonie im Pianissimo, die wie ein unbestimmtes Geräusch wirkt. Diese vier Ton-Konfigurationen sind genau dem Gedicht zugeordnet, das in der Singstimme, musikalisch überhöht, deklamiert wird: Die fallenden kleinen Sekunden in der Flöte, welche die Vertonung eröffnen, sind sogleich als ein seufzendes, aufstöhnendes Atmen zu identifizieren, der Klang des fragmentarischen homophonen Streichersatzes repräsentiert das »Subjekt« des Gedichtes, die »Junge Magd«, der H-Dur-Akkord mit sixte ajoutée versinnbildlicht den blauen hellen Himmel, der hinter den Blumen unerreichbar in das Fenster der dumpfen Kammer leuchtet, und die Tremoli am Steg in den Streichern drücken die Schatten aus, die über das Kissen gleiten. Der letzte Teil der Vertonung greift wieder auf den Anfang zurück[24], führt nun jedoch Gesangs- und Flötenstimme ineinander, sodaß sie sich unmittelbar anzugleichen scheinen: Die Gesangsstimme verliert gewissermaßen etwas von ihrer Körperlichkeit, während die Instrumentalstimme zu sprechen scheint.

Diese Art von Vertonung überrascht – etwa im Vergleich mit den Trakl-Vertonungen Weberns, die übrigens durch Hindemiths Initiative 1924 in Donaueschingen uraufgeführt wurden – durch einen Verzicht auf aufwendige musikalische Gestaltung. Im Expressionismus der Schönberg-Schule drückt sich im und mit dem aufwendigen, in gewissem Sinn »überschüssigen« musikalischen Gestalten immer auch der Komponist aus, während im Expressionismus Hindemiths die Musik sich gewissermaßen selbst auszudrücken scheint, jedenfalls nichts vom Komponisten preis gibt[25]. Die genannten Ton-Konfigurationen werden, von jeder musikalischen Tendenz befreit, beziehungslos nebeneinander gestellt. Doch gibt ihnen diese Tendenzlosigkeit jeweils ein ganz besonderes Gewicht, so daß eben ein konventioneller H-Dur-Dreiklang mit sixte

[24] Takt 25ff.

[25] Vgl. Rudolf Stephan, *Aufzeichnungen zu Hindemith*, in: *Hindemith-Jahrbuch* 1991/XX, S. 14.

Notenbeispiel 3: P. Hindemith, *Die junge Magd* op. 23 Nr. 2, V: *Schmächtig hingestreckt im Bette*

Wieder ganz ruhig
Fl.
Ges.
und den bläu - lich hel-len Him - mel.
1. Vl.
2. Vl.
Br.
Vcl.
Dämpfer nehmen
nicht eilig, frei
Manch-mal trägt der Wind ans Fen-ster ei-ner Glok-ke zag Ge-bim - mel.
Sehr ruhig
Schat-ten glei - ten übers Kis - sen, langsam schlägt die Mittags-stun-de
am Steg
und sie at-met schwer im Kis - sen und ihr Mund
gleicht ei-ner Wun - de.
poco
Ohne Pause weiter

ajoutée wie ein suggestives, unerhörtes musikalisches Ereignis zu wirken vermag.

Musikalischer Ausdruck und Gestaltung

Hindemiths musikalischer Expressionismus konzentriert nicht nur die musikalischen Mittel, sondern schränkt auch im Namen einer Authentizität des rein musikalischen Ausdrucks die verfügende, demonstrative musikalische Gestaltung ein. Es entsteht der Eindruck, als werde ohne jedwede aufwendige oder aufdringliche kompositorische Maßnahme eine imaginäre Musik des Gedichtes bloß hörbar gemacht. Diese Art von Textvertonung war für Hindemith offenbar dann nicht mehr weiterzuführen oder zu entwickeln, sondern nur noch zu wiederholen. Und solch eine Wiederholung analoger Kompositionsprinzipien – vor allem derjenigen des Klangzentrums – weist denn auch die Vertonung des Liedes *Pietà* auf, das erste Lied, das Hindemith aus dem 15 Gedichte umfassenden *Marienleben* von Rainer Maria Rilke am 27. Juni 1922, also vier Monate nach der *Jungen Magd* vertonte[26]. Doch mit den folgenden Vertonungen der Rilke-Gedichte beginnt sich Hindemiths Ausdrucksgestaltung dann in engem Anschluß an die Dichtung entscheidend zu verändern: Ein – pointiert formuliert – Hörbarmachen der imaginären Musik der Verse verwandelt sich in ein Ausdrücken der Dichtung durch nachdrückliche musikalische Gestaltung. Die Stationen dieser Verwandlung lassen sich unmittelbar mit der Chronologie der Liedvertonungen verdeutlichen[27], die nicht der Reihenfolge der Gedichte des Rilkeschen Zyklus' entspricht.

---

[26] Eine hervorragende Analyse des Liedes *Pietà* bietet Andreas Meyer in: *Musikalische Lyrik*, hrsg. von Hermann Danuser, = *Handbuch der musikalischen Gattungen*, Band 8,2, Laaber 2004, S. 231ff.; freilich unterschätzt Meyer ein wenig die »Dialektik« der »Distanz«, die »Emotionalität« als Komplement der »Objektivierung« stets mit sich führt. Gerade Meyers Analyse zeigt, daß mit der »Objektivierung« Emotionalität weniger »verdrängt«, als vielmehr »benannt« wird.

[27] Alle folgenden Daten nach dem *Kritischen Bericht* in: Paul Hindemith, *Sämtliche Werke* Band VI, 1: *Klavierlieder I* (wie Anm. 14), S. 176f.

1). Am 29. Juni 1922, zwei Tage nach *Pietà*, vertont Hindemith das Gedicht *Argwohn Josephs*. Hindemith folgt hier unmittelbar der sich *zurückfühlenden Haltung* der Rilkeschen Gedichte, die sich ihrerseits, wie Rilke bekannte, an das Malerbuch vom Berge Athos mit seinen Bild-Vorschriften anlehnen[28]. Hindemith schließt also seinerseits an ein Stilmittel Rilkes an und stilisiert oder maskiert seine Vertonung erstmals rhythmisch-motivisch und satztechnisch als »historische« Musik: hier im Sinne eines musikalischen »Neobarocks«.

Notenbeispiel 4: P. Hindemith, *Das Marienleben* op. 27: *Argwohn Josephs*, T. 1–4

2). Im dritten der vertonten *Marienleben*-Gedichte, in der einen Tag nach *Argwohn Josephs* am 30. Juni 1922 komponierten *Geburt Mariae*, beginnt Hindemith, seine Vertonung an der Art des dichterischen Sagens oder Sprechens zu orientieren und folgt von nun an den Mitteilungsformen etwa der Erzählung, des Berichtes, der Klage, des Geständnisses, der Anrede, des Hymnus' oder des Bekenntnisses, für die er Äquivalente im Tonfall der Musik ausbildet. Hindemith entwickelt nun einen musikalischen Gestus, der wohl grundsätzlich an das dichterische Sprechen anschließt, aber nicht mehr unbedingt die Nuancen der Worte beachtet. So gibt Hindemith der *Geburt Mariä* den musikalischen Gestus eines pastoralen Wiegenliedes in der konventionellen dreiteiligen Liedform[29]:

[28] Vgl. Hans Egon Holthusen, *Rilke*, Reinbek bei Hamburg 1958, S. 107f.
[29] Eine harmonische Analyse des Liedes bietet Erpf (wie Anm. 20), S. 189ff.

Notenbeispiel 5: P. Hindemith, *Das Marienleben* op. 27: *Geburt Mariä*, T 1–7

Die traditionelle Form des schlichten dreiteiligen Wiegenliedes wird damit keinesfalls als solche restauriert, sondern gewissermaßen vergegenwärtigt, weil sie dem Ausdruck des Rilkeschen Gedichtes entspricht. Zugleich ermöglicht sie Hindemith, seine Vertonung konsistent zu gestalten und sie im nachdrücklichen Sinne zu formen. Musikalische Gestaltung und musikalischer Ausdruck, oder genauer: ausdrücken – als sagen, benennen oder mitteilen – und formen – als nachdrückliches musikalisches Gestalten – werden unmittelbar aufeinander bezogen.

3). Den Vorgang von musikalischem Gestalten als Ausdrücken demonstriert auf einem anderen Niveau das vierte der vertonten *Marienleben*-Gedichte: *Rast auf der Flucht* vom 2. Juli 1922. Das Gedicht schildert im zweiten Teil die Episode mit dem Baum, der sich über die ruhende Christusfamilie neigt. Diesen zweiten Teil gestaltet Hindemith sinnfällig als basso ostinato, über den sich eine auf Klavier und Gesang aufgeteilte, weit ausschwingende Melodie spannt. Hindemith schmiegt nicht mehr seine Vertonung möglichst eng den Worten an, sondern drückt den dargestellten Vorgang mit der grundsätzlichen Anlage des musikalischen Satzes aus: Basso ostinato als Verweilen und Ruhen und verströmende Melodik als sich nach außen kehrende, erhebende innere Bewegung.

4). Mit dieser Vertonung hat Hindemith grundsätzlich zum Prinzip der musikalischen Ausdrucksformung durch eingreifende kompositorische

Gestaltung gefunden, das dann seit seiner Komposition des Gedichtes *Darstellung Mariä im Tempel* vom 27. April 1923 seine Vokalmusik weithin beherrscht. Das satztechnische Prinzip, das Hindemith zur Vertonung dieses Gedichtes wählt, erwächst offensichtlich aus der Aufforderung des dichterischen Ichs, sich in die mächtige Tempelhalle mit Mauern, Stufen und Wölbungen hineinzufühlen, die das Kind Maria durchschreitet. Hindemith nimmt diese Aufforderung musikalisch unmittelbar auf und gestaltet seine Vertonung als eine ausgedehnte Passacaglia: ein denkbar sinnfälliges Äquivalent für den mächtigen Tempelbau:

Notenbeispiel 6: P. Hindemith, *Das Marienleben* op. 27: *Die Darstellung Mariä im Tempel*, T. 1–10

Diese Passacaglia der *Darstellung Mariä im Tempel* kann als Paradigma der Prinzipien von Textvertonungen gelten, zu denen Hindemith seit Juni 1922 über den folgenden kompositorischen Maßnahmen gefunden hat:

- historische Stilisierung der Musik im Anschluß an eine Stilform der Dichtung;
- Koordinierung des musikalischen Gestus oder des musikalischen Tonfalls mit der Art des dichterischen Sagens und Sprechens;
- Wahl einer bestimmten musikalischen Form als Ausdrucksform in engem Anschluß an die Dichtung;
- Ausgestaltung dieser Form durch durchaus aufwendige kompositorische Arbeit, die oft auch die angewandten Techniken, Mittel, Satzanlagen und Formprozesse als musikalisches Äquivalent der Dichtung kennbar nach außen kehrt.

Alle diese Kriterien kehren dann in der Neuen Sachlichkeit etwa der *Serenaden* op. 35 von 1924 mit bestimmten Akzentuierungen wieder, nämlich:
- auffällige historische Stilisierung als musikalische Ausdrucksform des Indirekten, Vermittelten, Maskenhaften;
- aufwendige kompositorische Formung als Mittel der Typisierung, Verallgemeinerung und »Objektivierung« und
- nachdrückliches Gestalten als Hervorkehren einer rein musikalischen »Aura der Mittel«[30].

Über dieser Entwicklung bleiben allerdings die knapp skizzierten Verfahren des Hindemithschen Expressionismus stets noch präsent und kehren wieder, wenn es die Ausdrucksgestaltung erfordert. Das zeigt sich eindringlich in der Vertonung *Von der Hochzeit zu Kana*, die einen Tag nach *Darstellung Mariä im Tempel* am 28. April 1923 entstand. In Rilkes Darstellung ist es Maria, die eitel ihren Sohn auf der Hochzeit zu Kana in die Rolle des Wundertäters drängt und damit sein Schicksal vorherbestimmt[31]. Hindemith eröffnet die Komposition mit einem ro-

[30] Theodor W. Adorno, *Reaktion und Fortschritt*, in: *Moments musicaux*, Frankfurt/M. 1964, S. 158.
[31] Vgl. Werner Oehlmann, *Reclams Liedführer*, Stuttgart 1973, S. 851.

busten Fugato, welches unverkennbar das turbulente Hochzeitslärmen ausdrückt. Das Fugato zerrinnt durch die Verlangsamung des Vortragstempos, das Abschwellen der Dynamik, die Veränderung der Phrasierung und die Vereinfachung des Tonsatzes. Zugleich gewinnt die Führung der Gesangsstimme an melodischer Intensität, bis schließlich im letzten Teil des Liedes mit seiner Vision der Passion Christi die expressive Melodik nur noch vom augmentierten, fragmentierten und gestenhaft verselbständigten, mehrfach wiederholten Themenkopf des Fugatothemas begleitet wird:
Es entsteht jene rein musikalische Expressivität, wie sie die Vertonung von *Pietà* im Anschluß an die *Junge Magd* prägt.

Notenbeispiel 7: P. Hindemith, *Das Marienleben* op. 27: *Von der Hochzeit zu Kana*, T. 1–3 und T. 76–82

Das Marienleben hat Hindemith ohne einen äußeren Anlaß komponiert. Bereits jahrelang mit der Rilkeschen Dichtung vertraut, soll er erst durch das Erlebnis der *Stuppacher Madonna* des Matthias Grünewald den Mut gefaßt haben[32], die Vertonung aufzunehmen, die er selbst als ein *Herumschlagen mit einem Unbekannten, das zu bewältigen war* empfand[33] und an der er für seine Verhältnisse ungewöhnlich lange arbeitete. Unter das zuletzt komponierte Lied *Vom Tode Mariä II* schrieb er ein Zitat aus *Argwohn Josephs*: *Dann sang er Lob*. Wiederholt wies er auch in Briefen aus der Zeit darauf hin, daß das Werk das beste seiner bislang fertig gestellten Arbeiten sei[34]. In nahezu jeder Hinsicht entspricht es dem Intimen und Privaten, mit dem Hindemith das Genre der von wenigen Instrumenten oder vom Klavier begleiteten Vokalmusik identifizierte. Hindemith schrieb das Werk gewissermaßen für sich selbst und betonte ausdrücklich, von seiner Aufführung *gar nichts* erwartet zu haben[35]. Umso mehr überraschte ihn der spektakuläre Erfolg, den es erzielte und seine Einschätzung als einen *Wegstein* in der Geschichte des Klavierliedes schlechthin[36]. Und diese überraschende Be-

---

[32] So die Erinnerung von Erika Heinisch, mitgeteilt in einem Brief vom 15. Oktober 1974 an Andres Briner; in Kopie aufbewahrt im Hindemith-Institut: *Sie* [gemeint sind Rudolf Heinisch und Paul Hindemith] *machten viele Touren zusammen; Rudi erzählte von einer Fahrt, die auf Paul einen überwältigenden Eindruck damals gemacht hatte. Es ging den Main entlang über Kloster Banz und die schöne Barock-Kirche von Vierzehn Heiligen bis zur Kapelle der Stuppacher Madonna. Dieses herrliche Bild von Grünewald muß wohl den Anstoß zum »Marienleben« gegeben haben. Ich erwähne dies nur, weil R. diesen denkwürdigen Tag miterlebt hat. Er sprach oft davon.*

[33] Paul Hindemith, Vorwort zur Neufassung des *Marienlebens*, hier zitiert nach den von Susanne Schaal-Gotthardt herausgegebenen *Werkeinführungen und Vorworte*, in: *Hindemith-Jahrbuch* 2000/XXIX, S. 150.

[34] Vgl. dazu die *Einleitung* von Kurt von Fischer im in Anm. 14 genannten Band der Hindemith-Gesamtausgabe, S. XII.

[35] Vorwort zur Neufassung des *Marienlebens*, zit. nach *Werkeinführungen* (wie Anm. 33), S. 150.

[36] Hans Mersmann, *Die moderne Musik seit der Romantik*, Potsdam 1928, S. 206.

achtung brachte Hindemith, wie er hervorhob, *zum ersten Male in seinem Musikerdasein die ethischen Notwendigkeiten der Musik und die moralischen Verpflichtungen des Musikers zum Bewußtsein*[37]. Hindemith fand also gerade durch das intime und private Genre der von wenigen Instrumenten begleiteten Vokalmusik zur genannten *Erkenntnis*, zur Einsicht in die entscheidende Bedeutung von musikalischer Poetik, durch die allein den Werken so etwas wie Notwendigkeit jenseits der Zufälligkeit ihrer frei zu wählenden und von Hindemith stets auch frei gewählten stilistischen Erscheinung gesichert werden kann; und konsequent wird dann auch das Intime und Private als ein gesellschaftlich legitimes Bedürfnis in seiner musikalischen Poetik stets einen besonders ausgewiesenen Ort behalten, den Komponisten aufzusuchen haben: keinesfalls freilich als den einer öffentlich bekundeten Einsamkeit[38] wie in der Schönberg-Schule, sondern als den intimer musikalischer Kommunikation, als Ort der *im vertrauten Gespräch mit der Kunst Vereinten*[39].

---

[37] Vorwort zur Neufassung (wie Anm. 33), S. 150.

[38] Vgl. dazu Albrecht Dümling, *Die fremden Klänge der hängenden Gärten. Die öffentliche Einsamkeit der Neuen Musik am Beispiel von Arnold Schönberg und Stefan George*, München 1981, besonders S. 160ff.

[39] *Aufsätze* (wie Anm. 1), S. 110.

Gerhard Allroggen

Zur Entstehung der *Symphonia serena* von Paul Hindemith

Als im Herbst des Jahres 1945 das Symphonieorchester von Dallas wiederbegründet wurde, holte man als Leiter den damals 39jährigen Musikdirektor des American Ballet Theater, Antal Dorati, nach Texas. Dem Vorbild der großen amerikanischen Orchester nacheifernd beschloß er, für jede Konzertsaison einen Kompositionsauftrag zu vergeben, und begann am 30. Mai 1946 mit einem an Paul Hindemith gerichteten Angebot.

Die Bedingungen waren folgende: Das Honorar, fällig bei Beendigung der Partitur, beträgt 1000 $. Dem Komponisten wird die Wahl der Gattung – Symphonie, Suite, symphonische Variationen, symphonische Dichtung – gänzlich freigestellt. Die Länge des Werks soll 20 bis 40 Minuten betragen. Als Ablieferungstermin der Partitur wünschte man den 1. November 1946, spätestens den 1. Januar 1947. Die Komposition sollte für voll besetztes Symphonieorchester bestimmt sein. Die Uraufführung war für die Konzertsaison 1946/47 vorgesehen. Danach sei das Werk frei für jedes andere Orchester. Die Rechte an der Komposition sollten beim Komponisten oder dessen Verleger bleiben. Das Dallas Symphony Orchestra wünschte jedoch für eine mit dem Verlag auszuhandelnde Anzahl von Jahren das freie Aufführungsrecht des bestellten Werkes. Bei der Veröffentlichung des Werkes sollte in der gedruckten Partitur ein Vermerk angebracht werden, der das Stück als Auftragskomposition des Orchesters kennzeichnet. Schließlich wünschte das Dallas Symphony Orchestra das Partitur-Autograph in sein Archiv einzustellen.

Hindemith diskutierte dieses Angebot mit dem Dirigenten am Telephon. Wie sich aus dem Schreiben Doratis an Hindemith vom 4. Juni

1946[1] ergibt, wünschte der Komponist ein höheres Honorar, was mit Bedauern abgelehnt wurde. Weiterhin wünschte er den Ablieferungstermin auf den 1. Januar 1947 festzusetzen und seine Handschrift der Partitur[2] zu behalten, was beides akzeptiert wurde. Die Angelegenheit der honorarfreien Aufführungen durch das Dallas Symphony Orchestra nach der Uraufführung sollte aus den Vereinbarungen mit dem Komponisten herausgenommen und durch Verhandlungen mit dem Verlag geklärt werden.

In einem Brief, der Dorati mit Verzögerung zugestellt worden war, hatte Hindemith seinen Plan, eine *Symphonia serena* zu schreiben, bekanntgegeben. Der Dirigent reagierte darauf mit Schreiben vom 6. November 1946 zustimmend und schlug als Aufführungstermin den 2. Februar 1947 vor. Am Tag zuvor sollte das neue Werk für den Sender NBC zur Ausstrahlung in ganz USA gespielt werden. Die Mitteilung des Komponisten, das Stück während der Weihnachtsferien[3] schreiben zu wollen, beunruhigte den Dirigenten freilich, der wohl mit Hindemiths Arbeitsweise nicht vertraut war. Er bat inständig, mit der Arbeit früher zu beginnen, damit die vorgesehenen Termine eingehalten werden könnten. Ob dies Hindemith eher belustigt oder eher verärgert hat, wissen wir nicht.

---

[1] Das Hindemith-Institut in Frankfurt am Main stellte mir zur Vorbereitung dieser Studie folgende Materialien zur Verfügung: 1. Kopien der Briefe Doratis an Hindemith, 2. Kopien von Briefen Hindemiths an Karl F. Bauer, 3. Kopie der Niederschrift eines in Washington, D. C., am 11. August 1976 zwischen Caitriona Bolster und Antal Dorati geführten Gesprächs, 4. Kopien der Skizzen Hindemiths zur *Symphonia serena.* 5. Kopien zweier Besprechungen der Uraufführung in der lokalen Presse, eine von Clay Bailey in *The Dallas Times Herald* vom 1. 2. 1947 und eine von John Rosenfield in *The Dallas Morning News* vom 3. 2. 1947, 6. auf die *Symphonia serena* bezogene Eintragungen Hindemiths in zwei seiner Werkverzeichnisse (in Kopie) sowie eine Kopie aus seiner Liste von Aufführungen eigener Werke unter seiner Leitung. Herrn Prof. Dr. G. Schubert sei für seine Unterstützung herzlich gedankt.

[2] Das Autograph blieb in Hindemiths Besitz und wurde von seiner Witwe im April 1965 der Stadt- und Universitätsbibliothek Frankfurt am Main zum Geschenk gemacht.

[3] Hindemith unterrichtete 1940-1953 an der Yale University in New Haven.

Mit Schreiben vom 16. Dezember 1946 hatte Hindemith den Abschluß der ersten beiden Sätze[4] gemeldet, deren Partituren die Firma Associated Music Publishers Inc., die den Schott-Verlag in Amerika vertrat, alsbald Dorati übersandte. Er bestätigt Hindemith gegenüber deren Eingang mit Brief vom 22. Dezember 1946 und lädt den Komponisten ein, zusammen mit seiner Frau auf Kosten des Orchesters zur Uraufführung nach Dallas zu kommen. Aus einer Nachschrift Doratis zu seinem Brief vom 27. Dezember 1946 geht hervor, daß dessen Absendung im Weihnachtstrubel versäumt wurde, und daß die Partitur des dritten Satzes an diesem Tag in Dallas ankam.
Der Dirigent, der sich bislang in seinen Briefen an Hindemith darauf konzentriert hatte, seine Ungeduld zu artikulieren, mit der er die Übersendung der Partitur erwarte, und nur einmal flüchtig bemerkte, er sei *delighted* [...] *with the first two movements of the »Symphonia Serena«*, berichtet am 2. Februar 1947 über die Aufführungen des Werks. Dieser Brief sei in extenso mitgeteilt.

Mr. Paul Hindemith *February 2, 1947*
137 Alden Place
New Haven, Connecticut

Dear Mr. Hindemith:
We have just finished the concert at which the »Symphonia Serena« was first publicly performed, and I hasten to tell you that the work had an enormous success with the audience here.
Press reviews are, of course, still outstanding, but after our broadcast of yesterday, the piece has already been very excellently reviewed both in Dallas and in New York.
I do not know whether you listened to yesterday's broadcast or not, but I have to say that today's concert performance was immeasurably supe-

[4] In den Werkverzeichnissen notiert Hindemith folgende Daten: *Moderately fast* [verbessert aus *Allegretto*]: 1st Dec. 1946 bzw. 25. Dec. 1946; *Geschwindmarsch by Beethoven. Paraphrase:* 18.Nov. 1946; *Colloquy*: Dec. 1946; *Finale*: 31. Dec. 1946.

rior to our performance yesterday. At the broadcast, the orchestra was too tense and nervous (including myself) and did not give it their best. This was remedied today, and I really think we gave your work a fair presentation[5].

We have had playbacks made of today's performance, as well as of yesterday's, and if you are interested, we shall be very glad to send them to you.

May I just add that I had an immense pleasure in studying, rehearsing, and performing your new symphony, and I owe you a sincere expression of my gratitude to have given me this experience.

I have regretted very much that you could not come here, after all, for with your help I am sure I could have made the performance better than I did it this way.

Of course I shall continue working on this piece, and keeping it in my repertoire, and I hope to give it better and better renderings as time goes on.

With very kind regards, I am,

Yours very sincerely
Antal Dorati

Hindemith war mit dieser Reaktion des Dirigenten auf sein Werk nicht zufrieden, und man muß ja auch zugestehen, daß Dorati das Stück in erster Linie als Material für die Darstellung der Qualitäten von Dirigent und Orchester sieht, und es mit keinem Wort als Kunstwerk würdigt. Entsprechend distanziert ist seine Einstellung zu Dorati – was er freilich nicht öffentlich, wohl aber in Briefen an seinen Freund Karl F. Bauer[6] zu erkennen gab. Ein Brief an ihn, wohl im Februar 1947 geschrieben, lautet:

---

5 Handschriftlich verbessert aus »preview«.

6 Bauer arbeitete (wohl schon vor dem Krieg) bei der Firma Associated Music Publishers Inc.; Hindemith lernte ihn wahrscheinlich bereits 1937 bei seinem ersten Aufenthalt in den USA kennen. Bauer stammte aus Mannheim.

Liebes Bäuerche, dieser Dallaslulatsch hat endlich was von sich hören lassen, hauptsächlich Eigenlob usw. Das Stück und der Composer scheinen neben seinen Anstrengungen und den rühmlichen dallasianischen Kontributionen eine verhältnismäßig bescheidene Rolle zu spielen. Immerhin berichtet er aber, daß die Sonntags-Aufführung viel besser gewesen sei als die am Samstag und daß man dort von beiden Aufnahmen gemacht hätte. Er bietet beide an. Da ich nicht allzu geneigt bin, ihm noch mehr als schon von ihm selbst geschehen Wichtigkeit beizumessen, wäre es schön, wenn Sie sich die Platten von der Sonntagsaufführung kommen lassen und einmal für mich umspielen lassen würden. OK?

Eilgruß
der ständig unzufriedene Produzent.

Hindemith hatte Dorati vor dem Konzert sein Kommen zugesagt, und diese Zusage war auch ernst gemeint, denn er schreibt dem »lieben Bäuerche«: *Nächsten Mittwoch fahre ich um 1.42 mittags von Penn Station nach Dallas.* Daß und warum er dort nicht eintraf, ergibt sich aus einem auf Tonband aufgezeichneten Interview, das Antal Dorati am 11. August 1976 dem Oral History Research Office der Yale University über sein Verhältnis zu Hindemith gab. Er berichtet von dessen Zusage, zur Aufführung der *Symphonia serena* nach Dallas zu kommen, und daß er nicht erschien, darüber aber kein Wort der Erklärung oder Entschuldigung verlauten ließ. Nachdem er 1949 Leiter des Minneapolis Symphony Orchestra geworden war, habe er als Assistant conductor einen Absolventen der Yale University, Gerhard Samuel[7], engagiert, der seinerzeit Schüler Hindemiths gewesen sei. Nach einer Aufführung der *Symphonia serena* in Minneapolis sei das Gespräch mit Samuel auf die Frage gekommen, warum in aller Welt Hindemith seinen Besuch zugesagt habe, aber nicht erschienen sei. Samuel habe dann lachend folgende Geschichte zum Besten gegeben: Hindemith habe die Entstehung der *Symphonia serena* zum Gegenstand seines Kompositionsunterrichts

[7] Der amerikanische Dirigent Gerhard Samuel war 1924 in Bonn geboren.

gemacht. Als das Stück fertig war, habe er seiner Klasse gesagt, er sei zur Premiere eingeladen und werde auch gern dorthin fahren, und zwar mit dem Zug, weil er unterwegs eine Cellosonate komponieren wolle. Er habe seiner Klasse Hausaufgaben gegeben und sich für eine Woche verabschiedet. Zu allgemeinem Erstaunen sei er aber nach zwei Tagen wieder zurückgekommen und habe seinen verblüfften Studenten erzählt, daß die Cellosonate[8] schon in Richmond, Virginia, fertig gewesen sei, und so habe er sich von dort auf die Rückfahrt begeben.
In jenem Interview hat sich Dorati auch über den Komponisten Hindemith und seine *Symphonia serena* geäußert. Die Wahl Hindemiths als ersten Empfänger eines Kompositionsauftrags erklärt er mit seiner Bewunderung des Komponisten: *I didn't know anybody better to write the piece.* Weiterhin kommt er auf aufführungspraktische Probleme zu sprechen, die auf die Besetzung des zweiten Satzes [so Dorati; tatsächlich meint er den dritten[9]] zurückgehen, ohne die nach seiner Meinung das Werk häufiger auf Konzertprogrammen zu finden sein würde. Wollte man diesen Satz wirklich adäquat aufführen, müßte man vor und nach dem für zwei Streichorchester instrumentierten *Colloquy* eine radikale Änderung der Sitzordnung des Orchesters vornehmen; das damit verbundene Stühlerücken wäre jedoch sehr lästig. Bliebe man bei der normalen Sitzordnung und teile die beiden Streichergruppen am Pult, gehe die beabsichtigte antiphonale Wirkung verloren. Er verschweigt, welches seine eigene Lösung des Problems gewesen ist, und erwägt erstaunlicherweise nicht die eigentlich naheliegende Möglich-

---

[8] Hindemiths Sonate für Violoncello und Klavier erschien 1948.

[9] In den Skizzen hat Hindemith die Entwürfe zum *Colloquy* mit *II. Satz* überschrieben. Die autographe Partitur zeigt, ebenso wie die Eintragungen in die Werkverzeichnisse, die definitive Satzfolge, ohne daß Änderungen der Paginierung erkennbar sind. Die Rezension der Uraufführung in den *Dallas Morning News* bespricht zwar *the movement for wind instruments only* nach dem ersten Satz und vor *the slow movement with solo violins and violas off-stage and on;* die andere Besprechung aus Dallas vermerkt jedoch, daß Virgil Thomson in seiner Kommentierung der Rundfunkübertragung *bei the lively second movement* das Treiben von Insekten assoziiert habe.

keit, die beiden Streichergruppen in allen vier Sätzen einander gegenüber sitzen zu lassen[10]. Am Schluß des Interviews berichtet Dorati von Hindemiths erklärter Absicht, eine Symphonie ohne das romantische Konzept eines Weges durch Nacht zum Licht zu schreiben; dies sollte der Zusatz »serena« ankündigen. *So there is the real quietness, and the real serenity is already achieved through what he wanted to avoid. And he really did not avoid it, he superceded it.*

*

Es sind von Hindemith mit Bleistift geschriebene Skizzen zur *Symphonia serena* überliefert, und zwar 60 Seiten, von denen pag. 1–31 auf Notenpapier der Firma *Carl Fischer, Inc. New York. No. 6 – 14 lines*, pag. 32–60 auf Notenpapier der Firma *Belwin Pad No. 3 A – 12 line Wide Spacing* notiert sind. Am Fuße jeder Seite findet sich eine von fremder Hand angebrachte Paginierung in eckigen Klammern. Die Reihenfolge, in welche die Blätter gebracht sind, entspricht nicht durchweg dem Verlauf der Symphonie.

Im folgenden wird der Versuch unternommen, die Notate einerseits den betreffenden Stellen des vollendeten Werks zuzuordnen und sie andererseits beschreibend zu charakterisieren. Da die von B. Schott's Söhnen veröffentlichte Studienpartitur des Werks keine Taktzählung enthält, erfolgt die Zuordnung der Notate mit Hilfe der in der Partitur enthaltenen Orientierungsziffern. Vermerke wie 3C oder D4 bedeuten »drei Takte vor Buchstabe C« bzw. »vier Takte nach Buchstabe D«, wobei dem in Orchesterproben üblichen Sprachgebrauch entsprechend beim Vorwärtszählen derjenige Takt, über dem der Buchstabe steht, mitge-

[10] Aus der Besprechung des Konzerts von J. Rosenfield kann man schließen, daß Dorati eine Teilung der Gruppen am Pult vorgenommen hat. – Nach der Erinnerung des Konzertmeisters Ulrich Benthien hat Hindemith bei der Aufführung der *Symphonia serena* durch das Sinfonieorchester des Norddeutschen Rundfunks unter seiner Leitung in Hamburg (27. und 28. Oktober 1957) die Streicher während der gesamten Dauer der Symphonie in zwei Gruppen geteilt sitzen lassen.

zählt wird, beim Zählen in entgegengesetzter Richtung jedoch nicht. Wenn also der Buchstabe A über Takt 10 steht, so bezeichnet A4 den Takt 13 und 4A den Takt 6.
Die Bezeichnungen der Orchesterinstrumente geben wir in den geläufigen Abkürzungen. Steht eine Instrumentenangabe in Anführungszeichen (z. B. »Picc.«), so hat Hindemith diesen Instrumentationshinweis in den Skizzen angemerkt.

[1] enthält die ersten 9 Takte des ersten Satzes. Hindemith faßt jeweils zwei Systeme zu einer Akkolade zusammen und läßt zwischen den Akkoladen je ein System frei; die letzten 3 Systeme bleiben frei. Im jeweils oberen System sind die Stimmen von Vl.1+2 (nach oben kaudiert) und der Va. (nach unten kaudiert) notiert, das jeweils untere System gibt die Stimme der vier Hörner, im Bratschenschlüssel klingend notiert. In Takt 2 steht im oberen System »./.«; vor dem 9. Takt ist der Taktwechsel angezeigt (»$^9/_8$«). Angaben zur Instrumentation, Vortragsbezeichnungen und Tempobezeichnung fehlen. Der Notentext entspricht mit zwei Ausnahmen der endgültigen Version: in T. 5 lautet die 8. Note der Bratschen g^1 (statt a^1) und in T. 7 fehlt das Auflösungszeichen in der Bratschenstimme.

[2] schließt an die erste Seite an (A1–2B). Wegen des Bläsereinsatzes notiert Hindemith nun Akkoladen zu vier Systemen; dazwischen bleibt jeweils ein System frei. Im obersten System stehen Flöten und Oboen (von der zweiten Takthälfte von A1 steht für die Flöten nur »in 8«, im zweiten System sind die Klarinetten klingend notiert, im dritten stehen die Streicher und im untersten wieder im Bratschenschlüssel die Hörner. A4 ist der Sextklang der Klarinetten als Viertelnote notiert und die folgende Unisonobewegung von Flöten und Klarinetten ohne den Wechsel zwischen 1. und 2. Spieler notiert. Im zweiten System »Engl. Hr.«; ins System der Hörner rückt nun die Bratschenstimme (durch Wiederholung des Schlüssels bezeichnet). Von A5 an tauschen Fl./Klar. und Engl. Horn die Systeme. 2B ist der Taktwechsel nicht vermerkt.

[3] 1B – C1. Die gleiche Akkoladen-Einteilung. Die Taktwechsel sind nicht vermerkt. Bratsche nach Seitenwechsel und im Hinblick auf den Cello-Einsatz in B1 im Baßschlüssel (der nicht vorgezeichnet ist) notiert. Ab B2 die Unisonoführung von Engl. Hr. und Klar. im zweiten System. Ab B3, letzte Zählzeit die Bratschenstimme durch »in 8« wiedergegeben. C1: Im ersten System Picc., Flöten und Oboen; »Engl. Hr.«, »2 Klar.«, »Baßklar.« und »1. Hr.« sind im dritten System im Bratschenschlüssel notiert. Von den Streichern ist nur die Oberstimme der V2 notiert.

[4] C2 – 1D. Im zweiten System sind nun die Quintparallelen der V2 notiert; das dritte System ist leer; im unteren System Vc. Kb.; der Themenkopf jeweils in Oktaven notiert. Sonst wie zuvor. Die Notierung der Streicherstimmen wechselt in C3, 3. Zählzeit, zur V1 und setzt mit der 4. Zählzeit aus. Erst in 2D sind die Streicherstimmen wieder skizziert: die Violinen im zweiten System, die Bratschen im dritten. Allerdings lautet die erste Sechzehntelnote abweichend vom endgültigen Text a^2–a^1–d^1–a. Im unteren System Klar./Baß-Klar./3. Horn und 2. Fag./Kontrafag./Celli/Kontrabässe (letztere einen Takt lang in Oktaven notiert).

[5] D1–E3, erste Takthälfte.

[6] E3, zweite Takthälfte, bis F1, erste Takthälfte, dann Sprung auf I1, weiter bis 2J.

[7] 1J–J3. Drei Akkoladen zu drei Systemen. In der ersten Akkolade im oberen System Solo-Vl. und Vl.2/Bratschen/Celli, in den unteren die Bläser. In der zweiten Akkolade nur die beiden oberen Systeme beschrieben; in der dritten im oberen System Solo-Vl., Holzbl. und Streicher in den beiden darunter liegenden Systemen.

[8] J4–L1. Drei Akkoladen zu je vier Systemen. Am Kopf der Seite (über der ersten Akkolade) nur in Notenhälsen skizziert der Rhythmus der Holzbläser. Im zweiten System der ersten Akkolade Vl./Bratschen

(ohne die Tonrepetition); im unteren Hr. und Fg./Kontrafg./Celli/Bässe (die Pause fehlt). Das obere System leer (bis auf die erste Note von Picc. und den ersten Takt der Flöten), darüber ein unleserliches Wort (*Muster* [?]); das dritte System ganz leer. Die zweite Akkolade, beginnend mit K1, enthält im oberen System die Holzbläser (mit dem Vermerk »in 8«), das zweite System Vl. 1; das dritte System leer; unten Hr./Pos. und Celli/Bässe. Die dritte Akkolade ebenso.

[9] L2–M3. Zwei Akkoladen zu vier (Holzbläser + Kontrabaß) und eine zu fünf Systemen (Picc./Fl./Ob; Kontrabaß; »Clar., Str., Cello«; Blechbläser). Die Takteinteilung abweichend: 4+3+3+4 Zählzeiten.

[10] M4–N3. Zwei Akkoladen zu fünf und eine zu vier Systemen. Es sind von oben nach unten notiert: Hr. und Trp.; Vl., Bratschen, Celli; Kontrabaß, Tuba; Fl., Ob. In der untersten Akkolade Bratschen, Ob./Engl. Hr., »Hr.«, Kontrabaß.

[11] N4–O6. Zwei Akkoladen zu vier Systemen und zwei zu zwei Systemen. In der ersten Akkolade das obere System mit vorgezeichnetem Baßschlüssel enthält Bratschen und Celli. Das zweite System (von der zweiten Zählzeit an im Baßschlüssel) verzeichnet Klar./Baß-Klar. und Posaunen, das dritte Fag./Kontrafag.; das vierte System ist leer. In der zweiten Akkolade sind nur die beiden oberen Systeme beschrieben. In 1O oben Celli, darunter Klarinetten und Baß-Klar./Kontrabaß. Von O1 an oben Engl. Hr., unten Andeutung der pizz.-Akkorde der tiefen Streicher. Die Taktwechsel sind nicht angezeigt.

[12] O7–1Q. Eine Akkolade mit zwei Systemen und drei Akkoladen zu drei Systemen. Im oberen System der ersten Akkolade Engl. Hr., im unteren Bratschen und Celli. In der zweiten Akkolade oben »Picc.« und 2. Klar.; unten Bratschen (in Viertelnoten) und Celli, die Pausen fehlen. Das mittlere System ist leer. In der dritten Akkolade oben Picc., unten Bratschen (in Viertelnoten) und Celli (ohne Pausen). In der letzten Akkolade ebenso, die Bratschen jetzt im mittleren System, zusammen

mit der 2. Klarinette. Von 2Q an im Dreiertakt notiert, daher auf dieser Seite zehn (statt neun) Takte.

[13] Q1–1R. Drei Akkoladen zu 3 Systemen. Notiert sind die Stimmen von »Picc.«-+Fl.1 im oberen System, im mittleren das pizz. der Violinen, im unteren System die Baßlinie von Baß-Klar., Fagotten und Kontrafagott (»Kfg solo«) und (auf mittleres und unteres System verteilt) die Stimme der Baß-Klar. Über den beiden Solotakten des Kontrafagotts ist der Rhythmus der Holzblöcke notiert. Am Ende dieses Systems sind zwei Akkorde im Bratschenschlüssel notiert, die sich 5Q in Umkehrung als pizz.-Akkorde der Bratschen finden. In den beiden untersten Notenzeilen stehen die Akkorde der Blechbläser in S4–S7.

[14] T1–1U. Skizziert sind die Parte der Blechbläser und Andeutungen der Figuren von Viol. 1.

[15] U1–1V. Notiert sind nur die Stimmen von Violinen und Bratschen. In der Bratschenstimme geringfügige Abweichungen gegenüber der endgültigen Fassung bei einigen Achtelnoten.

[16] Von V1 bis zum Schluß des ersten Satzes. Notiert sind in vereinfachter rhythmischer Fassung die Stimmen von Hörnern und Trompeten.

[17] Finale. 3L–L3, erste Note.

[18] Sechs Akkoladen mit je zwei Systemen. L3–1O notierte Tonhöhen zunächst der Holzbläser, dann von Vl.1 und Vl. 2.

[19] U1–U6, Holzbläser-Akkorde.

[20] L4–1M. Bratschen, Celli, Bässe.

[21] A1–3C. Tonhöhen der Streicher und ab B1 des Fagotts.

[22] 2C–C1 (erste Note) Tonhöhen der Streicher. C4–F4 Viol. 1. M1–N1 (erste Note) Celli/Bratschen.

[23] M1–N1 (erste Note) 1. Klar./Celli und Bratschen. N1–N3 »Fl. 2«, »Fl. 1«, »Br. solo«; N4–N6 »Cl. 1«, »Cl. 2«, Fagott.

[24] N7–2P. 4 Akkoladen. 1: »Bcl«, »Fl 1«, Fag., »Picc«; 2: »4 Horns«, Vl. 1 und 2, Bratschen, Klar./Flöten/Piccolo; 3: desgl.; 4: Streicher, Holzbläser.

[25] 1P–2Q. Vier Akkoladen zu je drei Systemen. Zunächst im oberen System die hohen Streicher, im mittleren Fl./Klar., im unteren 4. Horn und Celli. Von 6Q an im mittleren System »Hr. 1«, unten Solo-Vl.; 3Q »Fag.« (statt Engl. Hr.).

[26] 1Q–1R. Von R an folgen vier 3/2-Takte, deren Oberstimme (in anderer Takteinteilung) bis R4 der 1. Fl. entspricht. Alles Übrige weicht von der endgültigen Fassung ab.

[27] U3–V6.

[28] Schließt an [26] an. Vom 4. Takt an entspricht das Notierte der Endfassung von S1–S3, in zum Teil geringfügig abweichender Rhythmisierung. Danach die Coda (in anderer Takteinteilung) bis T2.

[29] J1–1K: »Vl. I, II & Br«; K1–2L »Cl I, Cl. 2, Baßcl.«; L1–L2 Vl. I.

[30] T3–U3. 1. Akkolade: Vl. 1 und 2, Hörner (im Tenorschlüssel); 2. und 3. Akkolade: Violinen, Bratschen, »Trp con sord.«; 4. Akkolade: »Picc«, Streicher.

[31] J1–1K (erste Note): Akkoladen zu 3 Systemen; oben Picc./Flöten/ Oboen/Engl. Hr./Klar., in der Mitte Trp. und Hörner, unten Baßklar./ Fag./Tuba/Bässe.

[32] »II. Satz« [tatsächlich: Colloquy]. Das Blatt enthält einen ersten 10½ Takte langen Entwurf des ersten Themas, der verworfen wurde und durchstrichen ist. Die folgenden vier Akkoladen zu zwei Systemen enthalten die einzeln numerierten Takte 1–18, also bis B4.

[33] Finale. Vollstimmiger Particell-Entwurf der Takte 1–4 (erste Note). Unmittelbar daran anschließend einstimmige Notation des Horn-Themas des ersten Satzes (T. 2–4) in der oberen Oktave. Es folgen Vorstu-

fen der Weiterführung dieses Themas in anderer Rhythmisierung (vgl. 1. Violine M2–2N).

[34] Finale. Notiert ist die Grundidee des E1 erstmals auftretenden Themas, sowie I1–3J.

[35] Colloquy, die ersten 24 Takte des Pizzicato-Teils (14H–5I), in Gruppen von Doppeltakten numeriert (1–12).

[36] Die ersten drei Notenzeilen enthalten einstimmig notierte Gedanken, die verworfen und durchstrichen wurden. Danach Finale G4–5I (»Picc«, Klar., Pos., Tuba, Bässe; nach 3 Takten »1 Fl«, dann wieder »Picc«). In der letzten beschriebenen Notenzeile 2 Solo-Violinen G1–G2, eine Oktave tiefer notiert.

[37] Geschwindmarsch, Particell-Enwurf von Anfang bis B2.

[38] Erster Satz, jeweils führende Stimmen von Takt 2 bis 1E. (Geringfügige rhythmische Vereinfachungen in der Endfassung.)

[39] Geschwindmarsch. Fortsetzung von S. 37: B3–C7.

[40] Erster Satz, Fortsetzung von S. 38: E1–G5. Statt des mit »Quiet« bezeichneten Abschnitts sollte ursprünglich eine Weiterverarbeitung des 2. Themas folgen; sieben darauf bezügliche Takte sind gestrichen.

[41] Geschwindmarsch. Fortsetzung von S. 39: 6D–E4. (Der Takt D3 ist leergelassen.)

[42] Erster Satz, Fortsetzung von S. 40: G6–1I. (Einer der skizzierten Takte ist in der Endfassung fortgelassen.)

[43] Geschwindmarsch. Fortsetzung von S. 41: E5–F9. Die daktylische Rhythmisierung des Marschthemas in der Skizze noch nicht verwirklicht.

[44] Erster Satz: T1–V1 (erste Note). Am Schluß der Seite: Viol. II V6–V7.

[45] Geschwindmarsch: G10–H1. Particell-Notierung in jeweils 3 Systemen pro Akkolade.

[46] Finale 4F–G3. Particell-Notierung ohne Viol. 1.

[47] Geschwindmarsch H2–1J, danach »usw.«; am Schluß der Seite Fl.+Picc. I5.

[48] Finale 2D–E4.

[49] Geschwindmarsch J1 mit Auftakt bis K3.

[50] Finale A1–B5. Der Takt 1B zunächst ausgelassen, dann im Anschluß an B3 notiert und durch Verweiszeichen der richtigen Stelle zugewiesen. Ähnlich verfuhr Hindemith mit B5. Ursprünglich sollte B4 zu einem cis-Moll-Klang führen, der am Schluß mit einer (nicht verwendeten) Kette parallel geführter Dreiklänge fortgesetzt wurde.

[51] Geschwindmarsch K4–L10.

[52] Die letzten 5 Takte des Geschwindmarschs. Notiert ist die Harmonie, die Achtelbewegung der Holzbläser nur angedeutet. Nach dem Schlußstrich folgen Vorstudien zu Motiven des Finalsatzes.

[53] Fortsetzung von S. 35: Colloquy 4I–1J, in Gruppen von Doppeltakten numeriert 13–24.

[54] Colloquy von 9L an bis L9, die Wiederholung durch die 2. Solo-Bratsche aber nicht vollständig notiert. Der Entwurf ist fortgeführt bis M13; die Takte L10–L14 sind in der Endfassung leicht verändert.

[55] Fortsetzung von S. 53: Colloquy J1–K6, in Gruppen von Doppeltakten numeriert 25–36.

[56] Finale C1–3D.

[57] Colloquy, 1. Streichergruppe O5–Q3, die Takte einzeln numeriert 19–36.

[58] Colloquy, 6E bis zum Beginn des Scherzando; die Wiederholungen der antwortenden Sologeige jeweils nur angedeutet.

[59] Finale K1–4L, notiert in 3 Akkoladen zu je 5 Systemen.

[60] Finale 3W–W1, erstes Viertel; die Einsätze des Picc. sind rhythmisch angedeutet. Danach Finale R1–1S.

*

Die Untersuchung der Skizzen zeitigt folgende Ergebnisse:
Die von fremder Hand vorgenommene Paginierung der einzelnen Blätter entspricht durchweg weder der Folge, in der sie beschrieben wurden, noch dem Werkverlauf. Vielmehr folgt sie der Ordnung, in welcher sie im Nachlaß Hindemiths vorgefunden wurden[11]. Versucht man die Blätter nach dem Ablauf der *Symphonia serena* aneinander zu reihen, so ergibt sich diese Reihenfolge[12]:

Erster Satz: 38, 40, 42, 1–13, 44, 14, 19, 15, 16
Geschwindmarsch: 37, 39, 41, 43, 45, 47, 49, 51, 52
Colloquy: 32, 57, 58, 35, 53, 55, 54
Finale: 33, 50, 21, 22, 56, 34, 48, 46, 36, 29/31, 17, 59, 18, 20, 23, 24, 25, 60 (unterer Teil), 26, 28, 30, 27, 60 (oberer Teil)

Das bedeutet selbstverständlich nicht, daß die Blätter vom Komponisten auch in dieser Reihenfolge beschrieben worden sind. Aus den eigenhändigen Werkverzeichnissen Hindemiths[13] geht hervor, daß er an mehreren Sätzen gleichzeitig gearbeitet hat. Normalerweise vermerkt Hindemith in seinen Kompositionsskizzen weder Satzüberschriften noch Tempobezeichnungen. Daß er im Falle des *Colloquy* eine Ausnahme machte, könnte darauf schließen lassen, daß die definitive Satzfolge

[11] Freundliche Mitteilung von Giselher Schubert.
[12] Zur Satzfolge vgl. Anm. 9.
[13] Vgl. Anm. 4.

(Moderately fast – Geschwindmarsch – Colloquy – Finale) auch die ursprünglich geplante war, er also eine ins Auge gefaßte Abweichung davon durch diese Überschrift pro memoria gab. Jedenfalls hat Hindemith offenbar eine Zeitlang geschwankt, in welche Anordnung er die kontrastierenden Mittelsätze stellen sollte – kontrastierend sowohl untereinander (nämlich im Gegensatz zwischen reiner Bläser- und reiner Streicherbesetzung[14]) als auch in ihrem Verhältnis zu den Außensätzen. Er hatte die Wahl, auf das Erwachen heiterer Empfindungen die ausgelassene Stimmung der Geschwindmarsch-Paraphrase folgen zu lassen, um dann mit starker Steigerung des Kontrastgrades den kontemplativen langsamen Satz anzuschließen und so den Eintritt des fröhlichen (*gay*) Finales vorzubereiten. Die verworfene Alternative wäre gewesen, nach Art einer klassischen Symphonie zunächst den Kontrast zwischen den ersten beiden Sätzen umzukehren, also der heiteren die ernstere Stimmung entgegenzusetzen; dies hätte jedoch die Wirkung des Finales beeinträchtigt, das dann auf den ausgelassenen Marsch hätte folgen müssen.

Übrigens assoziierte bereits der Komponist Virgil Thomson (1896–1989), seit 1940 Musikkritiker der New York Herald Tribune, mit der *Symphonia Serena* pastorale Vorstellungen. Dies geht aus den Berichten der beiden größeren in Dallas erscheinenden Zeitungen über die Uraufführung von Hindemiths Werk hervor. Clay Bailey, der Kritiker des *Dallas Times Herald*, schreibt[15]: *A distinguished New York critic, Virgil Thomson, who heard the work when it was given its broadcast premiere* [...], *conjectures that the work may intend tonally a landscape. He further surmises that insect life may be the subject of a portion of the work, the lively second movement. He might be right.*

---

[14] Auch Ralph Vaughan Williams hat in seiner am 2. Mai 1956 in Manchester zum ersten Mal aufgeführten 8. Symphonie die beiden Mittelsätze in ein solches Kontrastverhältnis zueinander gebracht: Dem 2. Satz *Scherzo alla marcia (per stromenti a fiato)* folgt die *Cavatina (per stromenti ad arco).*

[15] Ausgabe vom 1. Februar 1947.

John Rosenfield schreibt in *The Dallas Morning News*[16]: *Virgil Thomson of the New York Herald Tribune, who reviewed »Symphonia Serena« for The News off the broadcast, calles it a pastoral symphony with nature as its inspiration. This may well have been Hindemith's point of departure, but an abstractionist departs far from such realism. This is music that is strictly for its own sake as sound.*

Im ersten Satz skizzierte Hindemith zunächst getrennt die jeweils führenden Stimmen des Satzanfangs (S. 38, 40, 42), sodann deren Kombination mit den Begleitstimmen (S. 1ff.). Mit geringfügigen Lücken – vielleicht auf Grund unvollständiger Überlieferung – ist der Verlauf des Satzes so weit und so klar angedeutet, daß der Komponist danach die Partitur niederschreiben konnte. Dieses für Hindemiths Schaffensweise charakteristische Vorgehen zeigt, wie klare Vorstellungen vom Verlauf des Werks der Komponist von Anfang an hatte. Es wäre wohl nur leicht übertrieben zu sagen, die Skizzen seien nur angefertigt worden, um bei der Niederschrift der Partitur Korrekturen zu vermeiden.
Der zweite Satz, keine Paraphrase im strengen Sinn des Wortes, benutzt von Beethovens Militärmarsch WoO 18 nur die Oberstimme der ersten zwölf Takte, deren einzelne Abschnitte durch Pausen voneinander getrennt werden, um einen Halbton nach oben transponiert und neu harmonisert, und zwar überwiegend dreistimmig, wobei die Oberstimme im Baß verdoppelt wird. Diese Zitate erscheinen zunächst in den Stimmen der vier Hörner, 2 Posaunen und Tuba. Nach einer freien mit der Technik der Motivabspaltung gestalteten Fortspinnung wird das zitierte Material von den Trompeten aufgegriffen und fulminant gesteigert. Die Holzbläser steuern eine den ganzen Satz durchziehende wuselnde Achtelbewegung bei, die Virgil Thomson das Treiben von Insekten assoziieren ließ. Die neun zu diesem Satz gehörenden Skizzenseiten sind übrigens von Hindemith mit den Ziffern 1–8 paginiert, wobei die

[16] Ausgabe vom 3. Februar 1947.

letzte Seitenzahl zweimal verwendet wird (S. 51 und 52). Auch in diesen Skizzen ist der gesamte Satzverlauf aufgezeichnet.

Der dritte, *Colloquy* überschriebene Satz hat in mehrfacher Hinsicht Dialogstruktur. Zum einen antwortet er der voraufgehenden nur mit Bläsern besetzten Marsch-Paraphrase als ein reines Streicherstück kontemplativen Charakters. Die Streicher sind ihrerseits in zwei Gruppen geteilt, die zueinander in Konversation treten. Dem von der ersten Streichergruppe vorgetragenen *Quiet* überschriebenen Abschnitt folgt ein *Scherzando* der zweiten Streichergruppe, das im Gegensatz zum ersten Abschnitt durchweg *pizzicato* gespielt wird. Beide Abschnitte enden mit einem Instrumental-Rezitativ. Im ersten tritt eine Solo-Violine des Orchesters mit einer auf der linken Seite hinter der Bühne postierten weiteren Solo-Violine in Konversation; im zweiten wiederholt sich der Vorgang mit einer auf der rechten Hinterbühne postierten Solo-Bratsche und einer weiteren Solo-Bratsche im Orchester; die Rezitativ-Begleitung erfolgt durch das gesamte Streichorchester. Der Satz endet mit einer Wiederholung des coll'arco und des pizzicato vorgetragenen Satzbeginns, freilich nun von den beiden Streichergruppen gleichzeitig vorgetragen. Sie mündet jedoch nicht wieder in ein Rezitativ, sondern eine kurze, leise verklingende Coda. Bei der Skizzierung dieses Satzes hat Hindemith die Partien der beiden Streichergruppen nicht in einem alle zehn Stimmen umfassenden Particell notiert, sondern nebeneinander auf verschiedenen Blättern, dabei allerdings zur besseren Übersicht die Takte numeriert: 36 Takten der ersten Gruppe entsprechen 36 Doppeltakte der zweiten.

Der eigenartige Befund des ersten Skizzenblattes zum Finale (S. 33), bei welchem dem Particell-Entwurf der ersten vier Takte des letzten Satzes das erste Thema des ersten Satzes folgt, ist schwer zu erklären. Sollte zunächst im Finale der Hauptgedanke des ersten Satzes wieder aufgegriffen werden, oder wollte Hindemith ursprünglich die Symphonie mit dem markanten Beginn des Finales einleiten? Hängt es mit dem nahenden Ablieferungstermin zusammen, daß der Komponist das Finale nicht ganz so sorgfältig skizziert hat wie etwa den ersten Satz, und einen größeren Anteil der Kompositionsarbeit bei der Niederschrift der Partitur erledigte?

*

Leider sind die Aufnahmen, die von der Übertragung der Erstsendung und von der Erstaufführung in Dallas gemacht wurden, nicht mehr zugänglich. Aus einem Brief Hindemiths an »das Bäuerche« ergibt sich, daß Dorati dem Komponisten Kopien davon angeboten hat, und dieser Bauer gebeten hat, sie für ihn entgegenzunehmen. Im Nachlaß Hindemiths hat sich davon nichts vorgefunden; ob sie im Archiv der Associated Music Publishers verblieben sind, ist unbekannt.

So läßt sich nicht sagen, ob das mangelnde Verständnis des Werks, das aus den Rezensionen der beiden Kritiker in Dallas spricht, vielleicht auf Mängel der Darbietung des Stücks zurückzuführen ist. Clay Bailey stellt Hindemith auf eine Stufe mit Strawinsky, Schönberg, Milhaud und dem späten Bartók, die er *modern musical innovators* nennt. Man fragt sich aber, wie das gemeint sei, wenn man wenige Zeilen später liest, man könne Hindemith eher erschreckend als beruhigend, sein Werk eher verwickelt und schwierig als folgerichtig aufgebaut, eher motorisch als bunt belebt finden. *Hindemith's music is full of surprises, plunges dynamically along and makes much of counterpoint, rhythmic rolling and fancy orchestral geometrics. He sets up a line of tone march whenever the mood strikes, and it may go almost anywhere.* Kein Wort liest man über die Struktur der beiden Mittelsätze. Immerhin wird das Verlassen der Bühne durch den Konzertmeister und den Solo-Bratscher als interessanter Augenblick registriert. Bailey knüpft daran die – wahrscheinlich witzig gemeinte – Frage, ob die beiden Musiker dafür nun Wegegeld verlangen könnten.

Die Beurteilung durch den anderen Kriker, John Rosenfield, ist kaum verständnisvoller. Hier liest man, der erste Satz habe selbst beim vierten

Hören nicht viel zu sagen. Zwar habe er interessante Themen, wirkungsvolle Instrumentation und außerordentlich packende Steigerungen, *inasmuch as they have little emotional tension and only the theatricalities of rhyhtmic drive and dynamic power.* Immerhin fährt er fort: *Still we are confused by the composer's artistic logic and concede that the fault is probably our own.*

Pierre Cortot

Milhaud et Hindemith

1. Introduction

Une question se pose à tous ceux qui se donnent pour mission la transmission et la diffusion de la culture aux jeunes générations, question, qui dans le domaine musical est tout à fait paradoxale. La jeune génération vit dans un environnement sonore qui ne la quitte guère. Les choix, souvent exclusifs, deviennent vite des éléments de différenciation et de définition identitaire. En tant que professeur de Lettres qui, depuis longtemps, s'est investi dans l'Organisation de rencontres européennes d'élèves adolescents sur des projets pédagogiques construits et précis, je puis temoigner de l'importance prise par les goûts musicaux dans la façon dont se nouent les contacts entre les différents partenaires d'un projet éducatif international :
Les élèves ont véritablement fait preuve d'initiatives dans l'utilisation du temps extra scolaire. Ils ont dépensé beaucoup d'énergie pour organiser des soirées et des sorties nocturnes en discothèques. Leurs sujets de conversation spontanés et préférés portent sur leurs goûts respectifs pour tel ou tel genre ou groupe musical à la mode.[1]
Or, la concentration et l'uniformisation des moyens de la diffusion musicale (disque, radio, concerts programmés) ont imposé, tout particulièrement dans le monde adolescent, une production de masse qui relève de stratégies commerciales laissant bien peu de place à la création. Très récemment, par exemple, le musicologue Marcel Marnat s'interrogeait sur la valeur qu'on pouvait donner à la date du 21 juin, jour proclamé de

[1] Pierre Cortot, Andree Walliser, *De l'art de communiquer entre quelques lycées d'Europe... fort disparates*, in: *L'Europe des Formations, Éducation permanente, supplement Éducation Nationale,* N° 125, Avril 1995, p. 29.

la fête de la musique, devenue institution planétaire:

Partout, même au fin fond du Kamchatka [...] *sévit l'infernal transistor et, désormais, loin de laisser s'épanouir leurs rythmes vitaux, nos tribus n'ont rien de plus pressé que de se soumettre à des rythmes basiques : poncifs sonores calibrés toutes-latitudes. Loin de replonger les peuples dans leurs lyrismes spécifiques, le 21 juin conforte la préfabrication musicale, enchaînant patagon ou capverdien à la commune locomotive techno. Ils ont vécu, les mots de la tribu; pire, ils ennuient. Ils sont le résidu d'un passé que l'on rejette.*[2]

Comment reflechir à une formation à la musique, non seulement des adolescents mais aussi des éducateurs, qu'ils soient spécialisés ou relevant de la formation générale, en faisant abstraction des bouleversements d'ordre économique et technique qui ont marqué cette fin de siècle ? Dans la société des loisirs telle que, pour les sociétés développées, la phase de la post-industrialisation nous l' annonce, quelle sera demain, la place de la musique dans la formation de citoyens européens à part entière ? François-Bernard Mâche pose le problème en tant que compositeur contemporain en appelant de ses vœux une réflexion qui prenne en Charge les nouvelles données auxquelles nous sommes irrémédiablement confrontés :

La dernière décennie du siècle s'annonce peu favorable à une réflexion qui ne mette pas en jeu, directement ou non des intérêts économiques. D' importants efforts s'exercent même pour que la création artistique rentre dans le rang, c'est-à-dire se soumette aux simples lois de l'offre et de la demande. Si le cinéma, la littérature, les arts plastiques demeurent aujourd'hui plus prestigieux que la poésie, la musique ou même le théâtre, c'est parce qu'ils ne s'affirment pas aussi scandaleusement invendables.[3]

---

[2] Marcel Marnat, *Fêtes/Faites De la musique, Nouvelle Revue Française,* N° 552, de Janvier 2000, p. 274.

[3] François-Bernard Mâche, *Musique, Mythe, Nature ou les dauphins d'Arion,* éditions Meridiens Klincksieck, 1991, 2° edition, p. 9.

Les enjeux du défi lancé aussi bien au créateur qu'au simple honnête homme supposent d'abord *d'observer la différence radicale de finalité entre les produits industriels de consommation courante, et la perspective de l'aventure esthétique au sens plein*[4]. Comment éviter la double sclérose qui menace un mode d'expression réfractaire aux injonctions normatives et qui peine à trouver sa place dans les programmes de formation? *Entre le supermarché et le musée, l'espace de création vivante se rétrécit à une vitesse croissante, tandis que la ressemblance physique entre ces deux lieux s'accentue jusqu' à l'ambiguïté.*[5]

C'est toute une vision du monde qui est en train de basculer et qui oblige à réexaminer d'un œil critique la position du musicien et de son public au sein de la société d'aujourd'hui :

Quels que soient les choix esthétiques – et ils ont rarement été aussi multiples et divergents – c'est la position sociale de la création musicale qui est en train de changer radicalement au sein de notre civilisation. Pour la première fois depuis le début des «temps modernes» – disons depuis Monteverdi, Lully ou Purcell – il n'est plus certain que la société continue à s'intéresser à une musique dont le contenu ne se limiterait pas à des émotions rudimentaires et stéréotypées, et dont la finalité principale ne viserait pas à conforter les échanges ou les conflits sociaux tels qu'ils existent, sans aucune transcendance.[6]

C'est dans ce contexte précis qu'on peut situer la question qui réunit les différents intervenants de cette XX° Conférence de pédagogie en art musical. Milhaud et Hindemith, dans une Europe bien différente de celle que nous connaissons aujourd'hui, ont été confrontés à des bouleversements radicaux qui allaient bien au-delà des révolutions de langage musical ou de formes d'expression. Ils ont répondu, à leur manière, en tant que compositeurs, à des interrogations suscitées par le champ de ruines laissé par la première guerre mondiale. Dans la faillite générale

[4] ibid.
[5] ibid., p. 10.
[6] ibid.

des valeurs humanistes[7], dans la transformation fulgurante des techniques marquant le début du XX° siècle, le compositeur pouvait-il rester dans sa tour d'ivoire, reprendre son travail de création comme si de rien n'était, retrouver un public habituel (d'ailleurs bien hypothétique) et ignorer la fonction sociale, morale, éducative de la création musicale et de sa diffusion? Leur aventure, leurs espoirs, sans qu'on puisse mécaniquement imiter leur démarche pour prendre en compte une réalité contemporaine (ô combien complexe) n'en constituent pas moins des repères essentiels d' une histoire culturelle qui nous concerne tous. Ainsi au début et à la fin du XX° siècle, l'ironie de l'histoire confronte deux moments où les repères vacillent. Si l'avenir semblait dans les années 20 réserver des *lendemains qui chantent*[8] pour effacer à tout jamais les horreurs de la guerre, la fin des années 90 a le regard frileusement tourné vers un passé mythifié pour affronter un avenir qui semble sans perspective.

2. Effondrement des structures musicales traditionnelles

La société européenne au XIX° siècle reste une société très hiérarchisée où les classes sociales se différencient fortement. La pratique et la formation musicale suivent ces divages et les échos restent somme toute très limités entre les différentes cultures. Le Romantisme, en consacrant l'art comme religion, a mythifié la production populaire recherchant dans «l'Urdichtung »et la« Urmelodie» l'authenticité et la vérité d'une expression directe sans artifice. Dans cette mouvance, la fin du XIX° siècle va cultiver aussi bien en France que dans les pays germaniques les productions à partir de thèmes folkloriques ou prétendu tels.[9] On cul-

---

[7] *Le principe dont nous partons est que le terrible guerre qui déchire aujourd'hui le cœur de notre Europe constitue par définition, une guerre civile.* Romain Rolland, *Audessus de la mêlée*, dans *L'esprit libre*, éditions Albin Michel, 1953 (réédition). p. 128.

[8] selon l'expression prêtée à Gabriel Peri.

[9] Par exemple Vincent d'Indy ou Joseph Canteloube pour la partie Française, Johannes Brahms ou Max Bruch pour la partie germanique.

tive l'idée d'une naturelle *expression du peuple* qui invalide toute rupture avec la tradition.[10] Cette musique, qui reste une musique savante, ne concerne qu'un public élitaire, très restreint, celui qui fréquente les concerts, celui qui pratique un instrument de musique, le piano tout particulièrement pour lequel on transcrit abondamment la musique d'orchestre et la musique d'opéra.
Dans un contexte européen où les valeurs communes permettent échanges et dialogues, sans éviter d'ailleurs des incompréhensions, L'Allemagne et la France gardent leurs spécificités. La France se constitue très tôt en Nation et développe un système très centralisé d'enseignement et de formation, régi par la volonté de l'autorité politique (impériale, monarchique ou républicaine). L'Allemagne reste une agrégation de provinces jalouses de leurs prérogatives que l'autorité impériale prussienne tente d'organiser à partir de la guerre de 1870.

2.1 Le contexte francais

La Révolution Française, en permettant à la Bourgeoisie de détenir les rênes du pouvoir politique, a, paradoxalement, vu bien vite perdurer les pratiques musicales élitistes réservées aux salons aristocratiques que se sont empressés d'imiter les salons bourgeois. Du début du siècle jusqu'à la seconde guerre mondiale par exemple, la Princesse de Polignac, Marie-Laure de Noailles (pour les milieux aristocratiques), Jeanne Dubost ou Misia Sert (pour les milieux bourgeois) sauront entretenir un mécénat dont les compositeurs majeurs de l'époque sauront tirer profit.[11] La formation des musiciens est assurée par le Conservatoire National de Musique, et sanctionnée par les prix de fin d'année. Le Prix de

[10] Pascal Huynh, *La musique sous la Republique de Weimar*, éditions Fayard, coll. *Les chemins de la musique*, 1998, p. 166. Voir à ce propos la polemique entre Pfitzner et Berg à propos de la *Träumerei* de Schumann.

[11] voir en particulier les travaux de Myriam Chimènes sur les salons musicaux dans l'ouvrage à paraitre aux éditions Fayard *Élites sociales et vie musicale en France sous la III° Republique*.

Rome décerné par les membres de l'Académie représente la récompense suprême, le compositeur reconnu et primé se voit offrir places et commandes officielles.

La société française est encore une société majoritairement rurale où la pratique musicale populaire, qu'elle soit vocale ou instrumentale, est peu influencée par cette musique savante qui ne concerne qu'une marge infime de la population. Milhaud, né à la fin du XIX° siècle, participe de cette musique élitaire dans sa formation de compositeur. En revendiquant haut et fort l'héritage de Berlioz, de Gounod, de Chabrier, d'Albéric Magnard, il s'inscrit dans une lignée de musiciens francais, latins qu'il oppose à la musique germanique.[12] Très tôt il participe à la vie musicale parisienne et fréquente milieux mondains et milieux culturels reconnus. Par l'intermédiaire du salon de son cousin Xavier Léon, il approche par exemple le philosophe Alain et le compositeur Henri Rabaud[13] ; par son ami Léo Latil il fait la connaissance des poètes Francis Jammes et Paul Claudel, et ceci bien avant l'éclatement de la première guerre. Son engagement pour rompre avec les pratiques sclérosées de la formation et de la diffusion de la musique en sont d'autant plus surprenantes et remarquables.

2.2 Le contexte allemand

À la veille de la première guerre la confrontation de Richard Strauss et de Max Reger permet de symboliser les différentes conceptions musicales allemandes qui auront leurs prolongements dans l'immédiat après-guerre.

Richard Strauss cumule les fonctions officielles à Berlin, capitale du Nouvel Empire et mène une brillante et tonitruante carrière non sans polémique avec le pouvoir politique puisque Guillaume II parle de lui

---

[12] Darius Milhaud, *Notes sur la Musique, essais et chroniques,* Flammarion, coll. Harmoniques, 1982, p. 193 et 209.

[13] Roger Nichols, *Conversations with Madeleine Milhaud,* Faber and Faber 1996, p. 6.

comme *d'une belle vipère nourrie en mon sein*[14]. Embouchant les trompettes du nationalisme militariste prussien, il passera pour le pilier officiel de la vie musicale.

Bien différemment, Max Reger prolonge la lignée des musiciens artisans et pédagogues qui dans l'illustre sillage de Jean-Sébastien Bach innervent les différentes régions de l'Allemagne. L'humilité de sa démarche permet de tenter une *vision synthétique de l'art musical unissant l'ancien et le moderne*[15], et Hindemith ou Kurt Weill sauront retenir dans leurs premières œuvres les principes majeurs de son enseignement.

Parallèlement à la diffusion de la musique dans les concerts qui tournent dans les grandes salles de spectacle (sans oublier bien sûr l'opéra), ou dans les cours aristocratiques, l'Allemagne du XIX° siècle cultive la pratique de la musique «domestique», pratique éminemment bourgeoise qui développe toutes les ressources de la musique de chambre dans de petits groupes d'amateurs dont Paul Hindemith saura précisément se souvenir.

3. Les bouleversements entraînés par la guerre de 1914

Hindemith et Milhaud font partie de la génération qui subit de plein fouet les horreurs de la guerre. La santé précaire du musicien francais ne lui permet pas d'être incorporé aux forces militaires, malgré ses demandes répétées; Milhaud ne mesure pas sa peine dans les œuvres caritatives et finalement suit Claudel comme secrétaire d'ambassade au Brésil en 1917. Hindemith, dont le père est porté disparu en 1915, bien que soutien de famille, est finalement incorporé en 1917, affecté au sein d'une musique militaire en janvier 1918[16]. Prenant conscience de l'effondrement de toutes les valeurs sur lesquelles était construite la vie

---

[14] *Da habe ich eine schöne Schlange an meinem Busen genährt,* cité dans Pascal Huynh, *La musique sous la Republique de Weimar,* ouvrage cité, p. 17.

[15] ibid., p. 20 sqq.

[16] Giselher Schubert, *Paul Hindemith,* Actes Sud, 1997, p. 27.

culturelle, ces deux musiciens, qui ne se connaissent pas encore personnellement, remettent en cause, chacun à leur manière, les fondements d'une culture musicale officielle.

Leur cheminement les conduit d'abord à effacer les frontières étanches qui compartimentaient les différents genres musicaux. Pour Milhaud, l'arrivée au Brésil en plein Carnaval marquera définitivement son style reconnaissable entre tous: *Les rythmes de cette musique populaire m'intriguaient et me fascinaient. Il y avait dans la syncope une imperceptible suspension, une respiration nonchalante, un léger arrêt qu'il m'était très difficile de saisir. J'achetais alors une quantité de maxixes et de tangos; je m'efforçai de les jouer avec leurs syncopes qui passent d'une main à l'autre. Mes efforts furent récompensés et je pus enfin exprimer et analyser ce « petit rien » si typiquement brésilien.*[17] .

Le retour en Europe le conduit à New York pour une escale prolongée qui lui permet d'explorer les bas-fonds de Harlem et de découvrir avec émerveillement le jazz alors complètement inconnu sur le vieux continent: *Les Américains du Nord ont vraiment trouvé dans le jazz l'expression d'une forme d'art qui leur est absolument propre et leurs principaux Jazzbands arrivent à une perfection d'exécution qui devrait leur faire partager la célébrité d'associations symphoniques comme nos concerts du Conservatoire, ou de groupements comme notre société moderne d'instruments à vent ou le Quatuor Capet, notre quatuor le plus réputé.*[18]

Associé à Jean Wiener, Milhaud participe aux « concerts-salades » qui systématiquement font coexister tous les genres de musique: *Jean Wiener interprétait de la musique syncopée avec une aisance aérienne, il possédait une sonorité particulièrement sensible dans le rythme. Nous aimions l'écouter ainsi que son partenaire le Noir Vance, qui jouait*

[17] Darius Milhaud, *Ma Vie Heureuse,* Belfond, 1987, p. 67.

[18] *L'évolution du jazz-band et la musique des nègres d'Amérique du nord (1923),* dans Darius Milhaud, *Notes sur la Musique,* ouvrage cité, p. 102.

admirablement du Saxophone et du banjo. Ces deux musiciens passaient sans transition des rags, des fox à la mode, aux morceaux les plus célèbres de Bach.[19]

Hindemith vit, quant à lui, une expérience étrange et déterminante puisque, simultanément, il est chargé de la grosse-caisse dans la musique du régiment et tient le rôle de premier violon dans le quatuor à cordes recruté par son colonel mélomane qui agrémente ses soirées de campagne sur le front alsacien et flamand. Le compositeur aimait à rappeler qu'au cours de l'interprétation du *Quatuor* de Debussy, à la fin du mouvement lent, arriva par message radio la nouvelle de la mort de Debussy. *À la stupeur de ce groupe de musiciens-soldats allemands succéda un silence accablé. Hindemith comprit alors que la musique était plus forte que la guerre et il a ressenti pleinement la puissance de son pouvoir spirituel et la direction qu'elle devait adopter.*[20]

On peut comprendre ainsi son inlassable curiosité et son désir de construire une pratique musicale nouvelle en prenant acte de la faillite de la tradition. C'est ainsi que, lui aussi, fut fortement influencé par le jazz. *Dans la période qui suit immédiatement les hostilités, il prête à la musique une fonction de divertissement en abolissant toutes les frontières entre musique «sérieuse», «populaire», «légère», se refusant à composer pour la postérité, allant jusqu'à donner comme titre à ses œuvres la date de leur composition (par exemple la* Suite 1922 *op. 26 pour piano).*[21] Cela allait de pair avec une contestation violente du concert sous *sa forme et ses réflexes traditionnels*[22] : *Nous voulons nous efforcer e rétablir la communauté presque déjà perdue entre les interprètes et le public* [...] *Il sera presque exclusivement joué des musiques inconnues, nouvelles et*

---

[19] Darius Milhaud, *Ma Vie Heureuse,* ouvrage cité, p. 101.

[20] Geoffrey Skelton (auteur de *Paul Hindemith, the Man behind the music,* New York 1975) lors de son intervention dans une série d'émissions de Radio France (série préparée par Mildred Clary) consacrées à Paul Hindemith en octobre 1996.

[21] Andres Briner au cours de la même émission (Briner est l'auteur de *Paul Hindemith,* Zürich 1971).

[22] Pascal Huynh, *La musique sous la République de Weimar,* ouvrage cité, p. 67.

anciennes pour petite formation. Chaque auditeur pourra influencer le programme. Toute fierté nationale ou personnelle sera exclue.[23]

Que ce soit en France ou en Allemagne, les musiciens ont trouvé un espace de liberté qui s'explique par les échanges entre les artistes des deux pays et leur insatiable curiosité pourtant stoppée par les quatre années du conflit: *Leur chance historique fut [...] d'être venus à la musique alors que la route était déblayée, que tout était permis. Debussy avait brisé le carcan tonal et métrique, Stravinski et Schoenberg avaient agi dans le même sens et, de son côté, Satie avait fait preuve de salubrité et de démystification. La musique n'était plus un territoire jonché d'interdits mais une contrée que l'on pouvait parcourir à son gré en suivant les itinéraires les plus variés.*[24]

Ces musiciens ont su revivifier la musique en lui redonnant un sens dans la vie contemporaine: *Ils sont descendus dans la rue, ils ont tourné le dos au faux sublime, aux conventions du théâtre, ils ont repudié l'esthétisme, renoncé à l'isolement, ils ont aimé la vie, toute la vie, même dans ses manifestations les plus humbles.*[25]

4. La place de la musique et du musicien dans la société moderne

Les deux musiciens prennent très tôt conscience des possibilités nouvelles que le progrès des techniques permet pour la diffusion et la création de la musique. Que ce soit le disque, la radio, le cinéma, ils ont conscience qu'il s' agit d' outils nouveaux que le compositeur moderne aurait bien tort de négliger. Ils apprennent à user de leurs ressources et à utiliser au mieux les nouvelles possibilités qui leur sont offertes.

Par exemple, très tôt, en Allemagne comme en France, la radio est considérée *comme un facteur social apte à susciter des vocations arti-*

---

[23] prospectus de l'Association fondée par Hindemith en 1922 «Gemeinschaft für Musik», cité dans Giselher Schubert, *Paul Hindemith*, ouvrage cité, p. 32.

[24] Jean Roy, *Le Groupe des Six*, Seuil, coll. Solfèges, 1994, p. 29.

[25] ibid., p. 31.

stiques, à donner naissance à une culture domestique et même à recoudre le tissu social déchiré au sein de la famille[26]. C'est ainsi que Hindemith, en collaboration, avec Brecht et Weill propose *Der Lindberghflug*[27] en 1929 et que Milhaud dirige *Voyage au pays du rêve*[28] pour une émission sur la ville de Ravenne en 1938, ou travaille avec Blaise Cendrars pour *La Fin du Monde*[29] en 1948.

Les deux musiciens se rencontrent très tôt dès la fin de la guerre et dès le retour de Milhaud en Europe. À l'affût des créations de jeunes musiciens dont la guerre avait interdit le commerce, ils se retrouvent à l'occasion du festival de musique contemporaine de Donauschingen qui est inauguré le 31 juillet 1921. Le festival poursuivra ses activités à Baden-Baden à partir de 1927. Le Prince mécène Max Egon von Fürstenberg voulait se substituer aux instances gouvernementales défaillantes dans une période très difficile pour l'Allemagne et favoriser les jeunes compositeurs. Hindemith fait partie du comité artistique et prend une part prepondérante dans les choix et les orientations de la manifestation. Chaque festival a un thème précis et l'on procède à des expérimentations à propos des possibilités de la musique mécanique, de la musique de film, d'une forme d'opéra raccourci etc.: *Entre 1922 et 1932, Paul Hindemith organisa des festivals de musique contemporaine, tout d'abord à Donaueschingen* [...], *puis à Baden-Baden,* [...] *et enfin à Berlin en 1930. Absolument libre de ses actions, Hindemith y tentait des expériences de tous genres.* [...] *En 1927, il me demanda de composer un opéra aussi bref que possible.* [...] *L'année suivante, on présenta des cantates à Baden-Baden ainsi que des œuvres destinées à la Radio.* [...] *Une autre année, on traita de la musique conçue spécialement pour le cinéma.*[30]

---

[26] Pascal Huynh, La musique sous la Republique de Weimar, ouvrage cité, p. 191.
[27] Giselher Schubert, Paul Hindemith, ouvrage cité, p. 151.
[28] op. 203.
[29] op. 297.
[30] Darius Milhaud, *Ma Vie Heureuse,* ouvrage cité, p. 167.

4.1. Hindemith: «Hausmusik», «Gebrauchsmusik», «Liebhabermusik»

Hindemith s'attache tout particulièrement à mettre en pratique une idée à laquelle, depuis sa jeunesse, il tient tout particulièrement. En effet, il pense, que le travail du compositeur ne doit pas viser une satisfaction individuelle, développant un narcissisme du « beau son » sans égard pour son public éventuel (et ici on trouve une des sources de ses divergences avec Arnold Schoenberg). L'artiste a un rôle dans la société et il doit pouvoir l'assumer en donnant aux autres la possibilité d'entrer dans le monde spiritualisé de l'art musical. C'est ainsi qu'il va s'attacher à cultiver le lien entre le créateur et son public. La musique. pour lui, ne pouvait être une marchandise à consommer passivement. L'écoute devait être active et les auditeurs devaient participer. Il accordait donc une grande importance à la voix humaine, l'instrument fondamental et le compositeur devait s'attacher à enseigner la manière de s'en servir[31] : *Le musicien amateur qui s'intéresse sérieusement à ce qui touche la musique est aussi indispensable à notre vie musicale que le musicien professionnel. II est beaucoup plus important que le mélomane, qui s'adonne au seul plaisir de l'écoute, remplit les salles de concert, et qui n'est guère aujourd'hui qu'un facteur économique dans le monde des affaires musicales.*[32]

Dans son activité de compositeur, il a conçu de nombreuses pièces destinées aux amateurs, de tous âges et de tous niveaux. Cette musique comprend essentiellement trois ouvrages:

Schulwerk für Instrumental-Zusammenspiel op. 44 (1927)
Sing- und Spielmusik für Liebhaber und Musikfreunde op. 45 (1927-28)
Plöner Musiktag (1932)

---

[31] Andres Briner, émission radiophonique citée.
[32] Paul Hindemith, *Forderungen an den Laien,* cité dans Giselher Schubert, *Paul Hindemith,* ouvrage cité, p. 75.
[33] Darius Milhaud, *Ma Vie Heureuse,* ouvrage cité, p. 168.

Milhaud évoque une des manifestations où Hindemith mobilise un public d'amateurs au cours d'un des festivals auquel il a participé: *Hindemith, qui s'intéressait activement au développement de la musique contemporaine pour les amateurs, écrivait spécialement pour eux, et au cours d'un concert dans les bois, les paysans chantèrent de la musique ancienne et sa cantate Frau Musica.*[33]

Le ministre social-démocrate Leo Kerstenberg, en appelant Hindemith à Berlin en 1927 pour enseigner à la Hochschule, poursuivait en fait un projet d'éducation démocratique de la musique basée sur une base humaniste dans la croyance *en une communauté culturelle et spirituelle libérée de la notion de classe.*[34] Hindemith a adhéré à une telle perspective et par là prenait ses distances avec Kurt Weill ou Hans Eisler[35]. Il propose des œuvres où le public pouvait participer, comme on vient de le voir. On a souvent mal compris le terme de «Gebrauchsmusik»: il ne s'agit pas d'une musique d'ameublement[36] mais d'une musique qui pouvait permettre la participation d'amateurs qui ne soient pas rebutés par des difficultés techniques insurmontables. La *Journée musicale de Plön* marque la fin de l'activité pédagogique de Hindemith sous la République de Weimar et la fin d'une utopie mise à mal par les nazis: *Elle revêt une valeur symbolique certaine: cette célébration communautaire musicale tenue hors de Berlin, au cœur des terres nordiques, éloignées de tout contact avec les productions de l'avant-garde, prenait la forme d'une manifestation libérée de la notion de classes et apparemment, de toute attache politique, même si des sons discordants émanant d'associations nazies furent dirigées sans grands dommages à l'encontre de Hindemith.*[37]

Tout à son dévouement pour la cause d'une pratique musicale partagée, Hindemith n'est pas pour autant aveugle sur des dérives d'associations

---

[34] Pascal Huynh, *La musique sous la Republique de Weimar,* ouvrage cité, p. 95.
[35] Giselher Schubert, *Paul Hindemith,* ouvrage cité, p. 76.
[36] comme Satie avait pu en proposer la notion.
[37] Pascal Huynh, *La musique sous la Republique de Weimar,* ouvrage cité, p. 366.

de musiciens amateurs qui ouvriront leurs portes toutes grandes à l'idéologie nazie. La «Musikantengilde» est tout à fait représentative de ce que Hindemith récuse dans la pratique de la musique. Deux textes de Hindemith sont particulièrement éclairants. Le premier est de 1930: *On peut observer que dans de nombreuses associations musicales d'amateurs, la musique n'est pas aussi importante qu'elles le prétendent. De la maîtrise associative la plus nauséabonde à l'esprit de secte le plus obscur, en passant par les formes habituelles de divertissement social prennent place toutes sortes d'actions communes qui, dans un très grand nombre de cas, ont occulté la joie originelle de pratiquer la musique.*[38]

Le deuxième est de 1933/1935 à un moment où le doute n'est plus possible, où Goebbels a dénoncé lors d'un meeting public au Sportplatz de Berlin l'art dégénéré que Hindemith symbolise à ses yeux, dénonciation confortée par un télégramme providentiel de Richard Strauss qui a toujours nié en être l'auteur[39] : *L'amateur a rejoint la communauté de ses frères spirituels, et de même qu'il se distingue des non-initiés par son accoutrement et autres signes, il mène une vie musicale propre. D'abord, il refuse: il ne lui viendrait pas à l'idée d'apprendre correctement un instrument ou de travailler sa voix pour pouvoir interpréter la musique existante ; il ne cherche pas non plus à acquérir patiemment la maturité qui lui permettrait d'aborder les chefs d'œuvre. La musique doit lui être soumise. On a fouiné dans toute l'histoire de la musique pour offrir à ces sectes de luthistes et de flûtistes à bec tout un «répertoire de chant» et de «musique jouable». En musique contemporaine, il prend sans discernement de la bonne et de la mauvaise, pour peu qu'elle cadre avec son idéologie et ses capacités techniques. Certains compositeurs trouvent ici la reconnaissance qui leur est refusée par ailleurs; ils arrivent tout juste à conduire deux voix, avec trois c'est déjà un désastre, leurs partitions sont*

---

[38] Paul Hindemith, *Forderungen an den Laien,* cité dans Pascal Huynh, ibid. p. 418.
[39] témoignage de William Walton (émission radiophonique citée).

presque toujours impossibles, et on s'étonne que leur écriture plaise aux membres de la secte, qui ne manquent pourtant pas d'exigences.[40]
Isolé dans une Allemagne qui sombre dans le cauchemar nazi, Hindemith exprime le drame de l'artiste dans une œuvre qui a de forts échos autobiographiques, son opéra *Mathis der Maler*. Coupé de son public, coupé de la vie musicale et de son activité pédagogique, il ne lui restait qu'à fuir. Mais il ne renonce pas pour autant à ses idées qu'il développe à Ankara et pendant l'exil américain. Jusqu'à la fin de ses jours il défendra l'idée que le compositeur ne peut s'enfermer dans une tour d'ivoire alors que gronde autour de lui la tragédie humaine.

4.2. Milhaud

Si Milhaud est le compositeur qui présente le plus d'affinité avec Hindemith[41], s'il a suivi avec passion les festivals organisés par son ami jusqu'à l'arrivée au pouvoir des nazis, son cheminement ne présente, somme toute, que peu de similitudes avec celui de son collègue. Créer systématiquement un répertoire pour amateurs comme l'avait fait Hindemith ne faisait pas partie des préoccupations du compositeur aixois. Question de culture nationale sans doute dans un pays comme la France! Son souci était plutôt de pennettre à la vie musicale d'essaimer à travers tout le territoire de l'hexagone à une époque où l'activité musicale était concentrée à Paris.[42] Il s'agissait pour lui de créer un public en évitant l'ennui et la pédanterie et de pallier les déficiences du système d'enseignement français qui sacrifiait allègrement les initiations à l'art musical (on peut

[40] Paul Hindemith, *Aufsätze für ein Handbuch der Musik,* cité dans Giselher Schubert, ouvrage cité. p. 75.

[41] *La «musique usuelle», (Gebrauchsmusik) de Paul Hindemith qui vit une de ses œuvres qualifiée de «musique des rues» (Asphaltmusik) ainsi que ses opéras sur des sujets traitant de la vie quotidienne, «Nouvelles du jour» (Neues von Tage) et «Aller et retour» (Hin und Zurück) ont des équivalents dans l'œuvre de Darius Milhaud.* Jean Roy, *Le groupe des six*, ouvrage cité, p. 35.

[42] Conversation de l'auteur avec Madeleine Milhaud.

d'ailleurs s'interroger sur la pérennité d'une telle situation, car l'an 2000 n'offre pas de tableau plus réjouissant!).

C'est donc tout naturellement vers la jeunesse la plus tendre qu' il se tourne. La présence continue de l'enfance dans l'inspiration du compositeur garantit à l'expression mélodique une fraîcheur que les textes de Charles Vildrac ou Maurice Carême vivifient sans mièvrerie. Au tout début des années trente Milhaud conçoit ce qui dans son catalogue est qualifié de *jeu pour enfant*. D'une part, sur des paroles du poète René Chalupt, la pièce *À propos de bottes*[43] est destiné à un théâtre de marionnettes, d'autre part, il fait travailler des enfants de l'école primaire pour monter *Un petit peu de musique*[44], spectacle réalisé avec son ami et complice de toujours, l'écrivain aixois Armand Lunel. Antonio Braga fait remarquer avec raison que ces deux compositions (qui seront suivies dans le même esprit par *Un petit peu d'exercice*[45] en 1934) coïncident[46] avec *La mort du tyran*[47]. Ce morceau d'une grande intensité dramatique laisse sourdre l'inquiétude qui accompagne la montée des totalitarismes en Europe. La concomitance de ces différentes productions permet d'expliquer les *chemins parallèles*, comme Milhaud avait l'habitude de désigner les différents aspects de son inspiration[48]. D'un côté il s'agissait d'offrir à la jeunesse les possibilités de s'initier, de manière ludique et sans complaisance, à la modernité d'une expression créative et donc d'affirmer et de construire une personnalité dans le respect des valeurs humaines, de l'autre, à partir du texte de Lampride traduit par Diderot de traduire les clameurs du peuple conspuant son

---

[43] op. 118, 1932, jeu pour enfants.

[44] op. 119, 1932, jeu pour enfants.

[45] op. 133, 1934, jeu pour enfants.

[46] *Intanto nasceva* A proposito di scarponi, *una commedia infantile per canto e piano, data al teatro di marionette ed un « gioco per bambini »,* Un pochettino di Musica, *per canto con violini e violoncelli, o canto e piano.* Antonio Braga, *Darius Milhaud,* edizioni Federico & Ardia, Napoli, p. 101.

[47] op. 116, 1932.

[48] Darius Milhaud, *Entretiens avec Claude Rostand,* Belfond, 1992, p. 68.

empereur-tyran[49] en affirmant haut et fort le prix de la liberté dans un État démocratique respectueux de la dignité humaine: *He followed events very regularly. It was impossible for him to remain indifferent with regard to certain things, so some of his works do deal with what you might call «political affairs».* La mort du tyran *for example, the text of which, by Lampridius, describes how an angry crowd murders a tyrant.*[50]

Par là Milhaud manifeste son intérêt pour les hommes en faisant preuve d'un indéracinable optimisme dans le futur des sociétés: *Mais naturellement, je suis très optimiste. Pourquoi toujours croire que tout est fini? Tout a toujours été catastrophique, et cela n'a jamais rien empêché de continuer! Il peut arriver que l'on change de décor, bien sûr! Mais cela ne veut pas dire que la pièce est terminée.*[51]

Les spectacles collectifs du Front Populaire seront pour lui manière de développer et d'approfondir ses idées sur la place du musicien dans la société moderne. Il participe avec enthousiasme à la réalisation de deux spectacles qui mêlent de grandes foules dans la célébration exaltée des idéaux qui ont conduit à la victoire électorale de 1936. L'enthousiasme populaire se cristallise d'abord autour de la pièce de Romain Rolland *Quatorze Juillet*: *En 1936, le gouvernement de Front Populaire voulut célébrer son avènement par une grande manifestation théâtrale qui serait un symbole patriotique et politique. On monta* Quatorze Juillet *de Romain Rolland et on commanda des partitions à Charles Koechlin, Albert Roussel, Honegger, Ibert, Auric, Daniel Lazarus et moi.* [...] *Souffrant je n'assistai pas à la représentation, mais je pus juger de l'enthousiasme populaire que ce spectacle souleva car, le 14 Juillet, on diffusa la representation.*[52]

---

[49] en l'occurrence l'empereur Commode, cf Darius Milhaud, *Ma Vie heureuse,* ouvrage cité, p. 191.

[50] Roger Nichols, *Conversations with Madeleine Milhaud,* ouvrage cité, p. 97.

[51] Darius Milhaud, *Entretiens avec Claude Rostand,* ouvrage cité, p. 158.

[52] Darius Milhaud, *Ma Vie heureuse,* ouvrage cité, p. 200.

Darius Milhaud contribuera aussi à la réalisation d'un autre spectacle qui rassembla une foule de participants au Vélodrome d'hiver pour la pièce de Jean-Richard Bloch *Naissance d'une cité*. Bloch militait pour la création de ce qu'il appelait *«des théâtres régionaux d'État» installés dans des villes comme Lyon, Toulouse, Lille, Caen, Saint-Denis ou Limoges, avec une troupe lyrique et une troupe dramatique.*[53] Darius Milhaud écrit deux chansons et Milhaud s'est félicité du caractère novateur de ce spectacle, malgré toutes ses imperfections: *Fernand Léger avait imaginé de merveilleux décors dans lesquels la lumière en rythme accéléré créait l'impression du mouvement.*[54]
La collaboration des artistes novateurs à ces spectacles populaires marque bien le désir, pour les créateurs, d'entretenir et de développer sans complaisance des liens avec le public le plus large: *La qualité du décorateur, Fernand Léger, et des auteurs de la musique, Darius Milhaud, Arthur Honegger, Jean Wiener, fut une contribution importante à la haute tenue de l'ensemble.*[55]
Ces expériences n'ont pas aveuglé Milhaud sur les défauts et les difficultés de telles tentatives. La qualité des prestations ne peut être sauvée par les bons sentiments et le compositeur laisse percer une certain désappointement lorsqu'il écrit: *Un second spectacle collectif fut monté quelques mois plus tard, également sous le patronage du gouvernement. Il avait pour thème* La Liberté. *Plusieurs écrivains et musiciens y collaborèrent. L'idée était belle et touchante, mais la réalisation fut sinistre, hybride, sans unité. À part quelques scènes, l'ensemble fut manqué et affreusement pompier.*[56]
Les épreuves de l'exil, le déferlement de la barbarie dans une Europe définitivement meurtrie rendent fragiles les espoirs dans une vie

[53] Jean Albertini, *Avez-vous lu Jean-Richard Bloch?*, éditions sociales, 1981, p. 213.
[54] Darius Milhaud, contribution au numero 135-136 de la *Revue Europe*, 1957, p. 42.
[55] Jean Albertini, *Avez-vous lu Jean-Richard Bloch?*, ouvrage cité, p. 214.
[56] Darius Milhaud, *Ma Vie heureuse*, ouvrage cité, p. 200.

meilleure. Dans la cantate *Le Château de Feu*, sur un poème de Jean Cassou, denonçant l'horreur des camps nazis, *par un contraste voulu, la Victoire est annoncee dans la nuance pianissimo, avec une immense tristesse.* [...] *J'ai voulu montrer*, répondit Milhaud à un journaliste qui l'interrogeait sur la signification du *Château de feu*, *que la Victoire en question n'a jamais préfacé que l'aube d'une vie incertaine* [...][57]. Cette inquiétude permanente explique sans doute une pratique pédagogique exemplaire et le bel hommage qu'il rendra à Comenius en composant une Cantate reprenant les textes fameux qui prônent l' instruction universelle. En effet, son activité d'enseignant à partir de 1940, aussi bien en Californie qu'à Paris, le conduit à définir une pratique pédagogique qui permet à l'élève de prendre conscience de ce qu'il est sans tomber dans un formalisme d'école stérilisant: *Cela suppose donc un maître, des maîtres qui aient une juste conscience de leur devoir, de leur rôle. Et ce rôle délicat est d'abord, avant toute autre chose, de les aider à se trouver, de tenter de dégager leur personnalité, et surtout de* leur donner confiance en eux-mêmes. *C'est du moins ainsi que je conçois les choses. En ce qui me concerne, je m'efforce d'éviter avant tout de leur donner une «étiquette Milhaud». Ce serait déplorable, et parfaitement contraire à mes idées, car je suis bien trop respectueux de toute forme d'expression personnelle.*[58]

5. Conclusion

La confrontation de ces deux musiciens majeurs du XX° siècle nous a montré la place essentielle accordée à la musique dans la construction et la formation de l'individu. Prenant leur distance avec le volontarisme qui a suivi la première guerre mondiale, on sent chez eux le désir d'une action plus persuasive et plus durable qui mette en avant la qualité même

---

[57] Jean Roy, *Darius Milhaud*, éditions Seghers, coll. *Musiciens de tous les temps*, 1968, p. 120.

[58] Darius Milhaud, *Entretiens avec Claude Rostand*, ouvrage cité, p. 134.

de la production artistique sans complaisance pour des attitudes démagogiques et flatteuses. Ils ont su développer des pratiques pédagogiques en insistant sur le devoir, pour tout créateur de transmettre aux jeunes générations le flambeau d'une tradition, qui, bien loin de stériliser les forces créatrices, les stimule au contraire. Ils nous permettent de réfléchir encore sur les liaisons à trouver entre l'innovation et la diffusion d'une véritable culture musicale et ils ont prouvé que ces deux aspects étaient complémentaires et ne pouvaient êtres dissociés.

Ils se sont interrogés également sur la place de l'artiste dans la société de leur temps. Les réponses qu'ils ont apportées portent certes la marque de leur époque mais les questions demeurent et l'interrogation de François-Bernard Mâche qui a guidé cette étude en est l'écho réactualisé. On ne peut éviter l'examen méthodique d'une telle problématique. Il en va de l'existence même de tout un pan de la construction de la personnalité des jeunes générations dans le monde d'aujourd'hui.

Ferdinand Zehentreiter

Musikalische Physiognomik oder bildungsbürgerliches Ressentiment?

Theodor W. Adornos musiksoziologisches Hindemith-Bild

Jene aber, die immerzu trotzig gegen die Lehrer aufmuckten und, wie man es wohl nannte, den Unterricht störten, vom Tag, ja der Stunde des Abiturs an jedoch mit den gleichen Lehrern am gleichen Tisch beim gleichen Bier zum Männerbund sich zusammensetzten, waren zur Gefolgschaft berufen, Rebellen, in deren ungeduldigem Faustschlag auf den Tisch die Anbetung der Herren schon dröhnte. [...] *Im Faschismus ist der Alp der Kindheit zu sich selber gekommen.*

Theodor W. Adorno, *Der böse Kamerad* (1935)[1]

Adornos Musiksoziologie als Gegenstand der Kritik

Adornos Musiksoziologie enthält sowohl für die Sozial- als auch für die Geisteswissenschaften immer noch genügend grundstürzende methodologische Perspektiven, daß eine genauere Beschäftigung mit ihm lohnt. Es ist mittlerweile Mode geworden, das Phänomen Adorno als erledigten Fall zu behandeln und damit auch gleich jeden, der den Namen noch in den Mund nimmt. Zumindest in den Geisteswissenschaften steckt darin meist nicht mehr als eine leere Attitüde, die anstelle einer vermeintlich veralteten nur eine neue Mode im Kopfe bewegt. So gut wie nie ist das Verdikt argumentativ gedeckt, da – vor allem in der Musikwissenschaft – weitgehend Ahnungslosigkeit über den neuesten methodologischen Stand in den Sozialwissenschaften herrscht, ohne die sich schwerlich Kriterien für die Überlebensfähigkeit der Adornoschen Musiksoziologie herstellen lassen. Umgekehrt fehlt den Soziologen, die sich aufs Pferd dieser Disziplin schwingen wollen, meist

[1] In: Theodor W. Adorno, *Minima Moralia,* Frankfurt/Main 1973, S. 256f.

das musikologische bzw. methodische Rüstzeug, das für eine angemessene Auseinandersetzung mit Adornos Modell von Musiksoziologie ebenfalls unabdingbar ist.[2] In dieser Situation kommt man nicht darum herum, an die Kernpunkte dieses Modells nochmals zu erinnern, da ohne ein Bewußtsein davon auch keine Kritik daran möglich ist, die von Belang wäre.

Zentral ist das Beharren auf dem *Kunstwerk* als dem zentralen Gegenstand der Musiksoziologie. So elementar diese Bestimmung für eine Soziologie der Kunst ist, so sehr hat auch sie in der Adorno-Rezeption Ressentiment und Mißverständnisse erzeugt. Dabei ist gegen den Vorwurf, Adorno habe den Gegenstandsbereich der Disziplin normativ verengt, zu sagen, daß seine Kernbestimmung nicht zu verstehen ist als bildungsbürgerliche Vereinnahmung von Wissenschaft, sondern als unhintergehbare konstitutionslogische Bestimmung, ohne den eine Musiksoziologie als Soziologie der Kunst keinen Sinn macht. Natürlich heißt das nicht im Umkehrschluß, daß es nicht auch eine Soziologie von Musik jenseits der Kunstsphäre geben könne. Ebensowenig ist so – wie manchmal dieser These angedichtet wurde – behauptet, daß die Kunstsoziologie sich ausschließlich mit dem Werk und nicht mit den Institutionen der Produktion und Rezeption beschäftigen solle. Vielmehr sind Werk- und Kontextanalyse hier nur die Kehrseiten derselben Medaille, die von Adorno als *gedoppeltes Verhältnis zur Sache* bezeichnet wurden. *Musiksoziologie* [...] *hat ein gedoppeltes Verhältnis zu ihrer Sache: von innen und von außen. Was der Musik an sich als gesellschaftlicher Sinn innewohnt und welche Stellung und Funktion in der Gesellschaft*

---

[2] S. zu dieser Situation der Musiksoziologie vom Verfasser, *Das Ende der Musik-Soziologie – und ihre Transformation im Rahmen einer strukturalen Kulturwissenschaft, in: Musik und Ästhetik,* Heft 30, April 2004, S. 40–57. Demnächst auch Andreas Georg Stascheit u. Ferdinand Zehentreiter, *Soziologisches Denken aus dem Geiste der Musik. Alfred Schütz und Theodor W. Adorno als Begründer einer soziologischen Ästhetik,* in Vorbereitung (2006).

sie einnimmt, ist nicht identisch.[3] Entscheidend ist, daß auch die Bestimmung der verschiedenen Werkkontexte unspezifisch bleibt, wenn sie nicht als genuine der Konstitution von Kunst erfaßt werden können. Damit scheidet etwa der Begriff der Gesellschaft als *der* grundlegende der Kunstsoziologie bereits aus, da Gesellschaft als Inbegriff der institutionellen Verhältnisse nur das rollenförmige Handeln umfaßt, aber nicht das Individuum oder schöpferische Prozesse als fait social greifbar machen kann. Das ist natürlich nicht nur ein Problem der Kunstsoziologie[4], aber aufgrund der Unverdrossenheit, mit der dort der Gesellschaftsbegriff als Paradebegriff der Soziologie gehandhabt wird, kommt auf diesem Gebiet auch noch ein notorisch fehlendes Problembewußtsein mit hinzu. Man sieht hier bereits auch, welchen inneren Spannungen Adornos Theorie ausgesetzt ist, da diese einerseits der Soziologie das autonome Werk im Sinne einer individuellen Ausdrucksgestalt nachdrücklich als Gegenstand anempfiehlt, andererseits unbeirrt mit »Gesellschaft« als soziologischem Grundbegriff arbeitet. Immer wieder schwankt Adorno hier zwischen neomarxistischer Orthodoxie – etwa wenn der Stand der technischen Produktivkräfte als basale Vergleichsdimension von Musik und gesellschaftlichem Kontext bemüht wird – und der Beschwörung einer kategorialen Leerstelle. Im zweiten Fall steht der Gesellschaftsbegriff stellvertretend, wie eine Variable, für eine noch genauer zu bestimmende soziologische Grundkategorie, die Adorno selbst nicht im Repertoire hatte. Das zeigt sich vor allem in der ersten der von ihm genannten musiksoziologischen Perspektiven, der des inneren Zuganges zum Werk – in der immer noch zukunftsweisenden Bestimmung von immanenter Werkanalyse als antipositivistischer Form der empirischen Sozialforschung. Musik *ist gesellschaftlich in sich*

---

[3] Theodor W. Adorno, *Ideen zur Musiksoziologie,* in: ders., *Gesammelte Schriften 16. Musikalische Schriften I–III,* Frankfurt/Main 1978, S. 10.

[4] Theoriehistorisch kann dafür die ganze kritische Auseinandersetzung mit der Soziologie von Parsons genannt werden. Drastisch etwa die Einschätzung der Ethnomethodologie, die Gesellschaftstheorie würde den Aktoren als judgemental dope, also, frei übersetzt, als »Rollendeppen« behandeln.

selbst. Gesellschaft hat sich in ihrem Sinn und dessen Kategorien sedimentiert, und ihn muß Musiksoziologie entziffern. Sie ist damit verwiesen auf das eigentliche Verständnis von Musik bis in die kleinsten technischen Zellen hinein. Nur dann gelangt sie über die fatal äußerliche Zuordnung geistiger Gebilde und gesellschaftlicher Verhältnisse hinaus, wenn sie in der autonomen Gestalt der Gebilde, als ihres ästhetischen Gehalts, eines Gesellschaftlichen innewird. Was an soziologischen Begriffen an die Musik herangetragen wird, ohne in musikalischen Begründungszusammenhängen sich auszuweisen, bleibt unverbindlich.[5] Dabei wird von dem Soziologen nichts Geringeres erwartet als eine Reform der musikwissenschaftlichen Analyse. *Bedingung einer produktiven Musiksoziologie ist das Verstehen der Sprache von Musik, weit über das hinaus, worüber der bloß soziologische Kategorien auf Musik Anwendende verfügt, auch über das, was die offizielle und erstarrte musikalische Bildung der Konservatorien oder die akademische Musikwissenschaft kommuniziert. Die Zukunft der Musiksoziologie wird wesentlich von der Verfeinerung und Reflexion der musikalisch-analytischen Methoden selber und ihrer Beziehung auf den geistigen Gehalt abhängen.*[6] Diese Reflexion hat Adorno selbst nicht mit großer Konsequenz betrieben, weder gibt es eine Theorie der methodischen Erneuerung musikalischer Analyse von ihm, noch vollständige, exemplarische Fallanalysen. Am deutlichsten hat er seine Vorstellungen einer Einheit von Gehalt- und Formanalyse ausgeführt in seiner Monographie über Mahler[7]. Darin plädiert er sinngemäß für eine Methode der »physiognomischen« Werkanalyse auf der Basis eines dynamischen Formbegriffes. In der individuellen »Physiognomik« eines Formprozesses liegt auch sein Gehalt beschlossen. Drei basale Erkenntnis-Dimensionen werden hier umittelbar verklammert: Die Erschließung des Gehaltes in

---

[5] Adorno, *Ideen* (wie Anm. 3), S. 10.
[6] Adorno, *Ideen* (wie Anm. 3), S. 12.
[7] Theodor W. Adorno, *Mahler. Eine musikalische Physiognomik,* Frankfurt/Main 1960.

der Form erfolgt durch die Rekonstruktion des Allgemeinen im Besonderen, und das heißt wiederum: des Formtypus im individuellen dramatischen Verlauf, also der dramatischen Struktur im Prozeß. Konkret ausgeführt wird diese physiognomische Bestimmung musikalischer Form nur rudimentär, und es bleiben dabei auch die Grenzen zwischen immanenter Analyse und philosophischer oder poetischer Assoziation recht unklar. Immerhin ergibt sich so im Ganzen die musiksoziologische Perspektive auf ein übergreifendes »deutendes« Verfahren in den Kulturwissenschaften.[8] Verdichtet formuliert bedeutet dieses: den Gegenstand zu re-komponieren durch immanente, nicht unter eine vorgegebene Begrifflichkeit klassifizierte, Prozeßanalyse in der individuellen Sukzession oder »Konstellation« seiner Details, kurz: als ein »Allgemeines« in der Besonderheit seines »Werdens«. Pikanterweise hat gerade Max Weber diesen antipositivistischen Methodentyp für seine eigenen Forschungen besonders bündig formuliert: *Ein* [...] *historischer Begriff aber kann, da er inhaltlich sich auf eine in ihrer individuellen Eigenart bedeutungsvolle Erscheinung bezieht, nicht nach dem Schema: »genus proximus, differentia specifica« definiert (zu deutsch: »abgegrenzt«), sondern er muß aus den einzelnen der geschichtlichen Wirklichkeit zu entnehmenden Bestandteilen allmählich komponiert werden. Die endgültige begriffliche Erfassung kann daher nicht am Anfang, sondern muß am Schluß der Untersuchung stehen.*[9] So sprengen die Adornoschen Ideen zu einer neuen Musiksoziologie gleichermaßen die herkömmlichen methodologischen Begrenzungen der Soziologie wie der Musikwissenschaft. Die immanente Dechiffrierung des Werk-Gehaltes als gleichberechtigter, ja modellhafter Form unrestringierter soziologischer Erkenntnis steht auf der soziologischen Seite jenseits der Tren-

[8] S. dazu ausführlicher Ferdinand Zehentreiter, *Adorno als Patron des nicht-departementalisierten Geistes – oder: das Ausdrucksparadigma als Kern einer neuen Kulturwissenschaft,* in: Andreas Gruschka e.a. (Hg.), *Die Lebendigkeit der kritischen Gesellschaftstheorie,* Frankfurt/Main 2004, S. 267–286.

[9] Max Weber, *Gesammelte Aufsätze zur Religionssoziologie I,* Tübingen 1978, S. 30.

nung von Materialismus und Idealismus, Real- und Idealfaktoren, von Makro- und Mikroanalyse, von individueller Fall- bzw. Prozeßanalyse und allgemeiner Strukturanalyse sowie von Hermeneutik und Strukturalismus und auf der musikwissenschaftlichen Seite jenseits der Trennung von Ausdrucks-Hermeneutik und Form-Analyse – insgesamt reißt sie die klassifikatorische Trennung von Sozial- und Geisteswissenschaften ein im Sinne einer allgemeinen Kulturwissenschaft. Die wechselseitige Reformierung dieser beiden Sphären ist das eigentliche Erbe der Musiksoziologie Adornos – und steht dabei in starker Spannung zu seiner Gesellschaftstheorie. Diese Programmatik ist gerade deswegen ernst zu nehmen, da sie nicht das Resultat einer esoterischen Spekulation darstellt, sondern »nur« die Implikationen der unhintergehbaren Grundannahme jeder Kunstmusiksoziologie festhält, nämlich: daß auch das autonome Kunstwerk ein fait social sui generis und damit autonomer Gegenstand der Sozialwissenschaften sei. Andererseits sind nun aber auch Adornos eigene musiksoziologische Forschungen am Anspruch dieser Programmatik zu messen.

Zwischen neuer Musiksoziologie und manipulativer Polemik

Mit Werk und Künstlerpersönlichkeit Hindemiths hat Adorno sich Zeit seines Lebens immer wieder beschäftigt, von den frühen zwanziger Jahren bis kurz vor seinem Tod. Adorno hat diese zeitliche Spannweite selbst mit Nachdruck kenntlich gemacht durch seine *Dokumentation* genannte Essay-Suite *Ad vocem Hindemith*, die fünf Kapitel versammelt zwischen einem *Präludium* und einem *Postludium* – und mit dieser Rahmung eine eigene Monographie en miniature darstellt[10], neben den ausführlichen zu Wagner, Berg und Mahler. Daneben existieren zahlreiche Konzertkritiken aus den zwanziger Jahren[11], eine systematische

[10] Theodor W. Adorno, *Ad vocem Hindemith. Eine Dokumentation,* in: ders., *Impromptus,* Frankfurt/Main ^{3}1970, S. 51–87.

[11] Publiziert in: Theodor W. Adorno, *Gesammelte Schriften 19. Musikalische Schriften VI,* Frankfurt/Main 1984.

Deutung in dem musiksoziologischen Erstling *Zur gesellschaftlichen Lage der Musik* (1932)[12], den Adorno allerdings später zurückgezogen hat, und verstreute Bemerkungen, etwa in der *Einleitung in die Musiksoziologie* (mit Bezug auf *Zur gesellschaftlichen Lage....*).

Die *Dokumentation* empfiehlt sich in ihrem einleitenden *Präludium* selbst als exemplarisches Anschauungsbeispiel Adornoscher Musiksoziologie, da sie in der chronologischen Darstellung nicht nur eine illustrative Historie Adornoscher Gedanken liefern, sondern Phasen und damit auch den theoretischen Fortschritt einer Denkbewegung aufzeigen soll. Adorno möchte *an den zeitlich voneinander entfernten Texten verschiedene Stufen der begrifflichen Bewegung sichtbar werden* [lassen], *zu der ein Gegenstand ihn nötigt. Was in seinem Urteil über Hindemith sich änderte, reagierte zugleich auf dessen eigene Entwicklung.* [...] [Die Dokumentation] *bezeugt, daß er stets schon immanent-musikalische Erwägungen mit ästhetischen und soziologischen verband, obwohl es ihm erst nach langen Jahren gelang, das Verhältnis dieser Momente einigermaßen zu artikulieren.*[13] Dieser systematische Anspruch wird bekräftigt durch die Absicht, auf diese Weise die von Adorno selbst als begründungsbedürftig vorgestellte kritische Haltung gegenüber Hindemith methodisch zu sichern und so einem dogmatischen Mißbrauch seiner Gedanken zu unterbinden. Da er andernorts diese Haltung nicht *voll begründen* konnte, wird diese Dokumentation vorgelegt. Denn es läßt sich *nicht verhehlen, daß manche seiner Leser die Resultate appropiieren, ohne den meist selbstkritischen Prozeß mitzuvollziehen: Dogmatismus ist leicht die Folge.*[14]

---

[12] In: Theodor W. Adorno, *Gesammelte Schriften 18. Musikalische Schriften V,* Frankfurt/Main 1984, S. 729–777.

[13] Adorno, *Ad vocem* (wie Anm. 10), S. 52.

[14] Ebd.

Es ist angesichts dieses Begründungsanspruchs in höchstem Maße auffällig, wie sehr in dieser Dokumentation musiksoziologische Modellbildung und methodisch unausgewiesene, dabei immer wieder die Grenze zur Denunziation überschreitende, Polemik ineinander- bzw durcheinandergehen – und zwar bereits in dem programmatischen *Präludium*. Das schlägt auf die Unternehmung selbst zurück. Bereits die Schilderung des Ausgangspunktes für die Dokumentation vermag weder die musiksoziologische Relevanz des Gegenstandes noch der Untersuchungsperspektive genau zu fassen. Nicht ein Forschungsproblem wird als Ausgangspunkt genannt, sondern ein musikpolitisches Engagement, der Protest gegen die Ernennung des Komponisten zum Ehrendoktor der Universität Frankfurt, den Adorno für angebracht hielt angesichts der damals herrschenden *Hindemith-Ideologie*[15]. Damit geht es eigentlich nicht um Hindemith selbst, sondern um seine Rezeption und Instrumentalisierung. Auch wenn der Komponist als Quelle dieser *Ideologie* mit in Betracht käme, wäre er in dieser Perspektive als Gegenstand einer kunstsoziologischen Untersuchung stark relativiert: entweder man streift das Phänomen so nur (ähnlich, wie eine Untersuchung über die ideologischen Seiten von Wagners Schriften nicht zum Kern seines künstlerischen Schaffens vordringen kann) oder es disqualifiziert sich von vorneherein als relevanter Gegenstand, denn dieser kann nicht gleichzeitig Kunst und Ideologie sein. Dieses Ineinander des Nicht-Vereinbaren, also von grundlagentheoretischer Reflexion und begründungsloser Polemik, zeigt sich in voller Schärfe in der Mitte des *Präludiums*. Nachdem Adorno seinen methodischen Anspruch geltend gemacht hat, soziologische, musikologische und kunstphilosophische *Erwägungen* miteinander zu verknüpfen, schwenkt er plötzlich in eine private Erzählung um, in der die Art der Beziehung zwischen ihm und Hindemith kurz typisiert wird. In diesem Zusammenhang werden Hindemith antijüdische Ressentiments in den Mund gelegt. *Einmal, im*

[15] Ebd., S. 51.

Firnbergschen Laden, wurde über Schönberg gesprochen und Hindemith sagte abwertend, das sei jüdische Musik.[16] Da diese Äußerung nicht weiter interpretiert wird im Vollzug einer methodischen Darstellung Hindemiths, ist dieser Hinweis wie die ganze Passage musiksoziologisch irrelevant. Sie kann nur verstanden werden als Strategie, den Leser außerhalb der Mühe der theoretischen Modellkonstruktion zu beeinflussen. Man wäre dieser Strategie schon auf den Leim gegangen durch die Beschäftigung mit der Frage, ob die Erzählung denn stimmt, da dies nicht beantwortbar ist. Das gilt auch für die Aufbietung von biographischen Fakten, die Adornos Bericht unwahrscheinlich machen, etwa Hindemiths starkes Engagement für die Wiener Schule als Interpret im Amar-Quartett und als Veranstalter. Adorno selbst verweist ja auf Hindemiths Ehe mit einer *halbjüdischen Frau* (unterläßt es aber geflissentlich, Hindemiths künstlerisches Engagement für Schönberg anzusprechen). Das alles macht für sich genommen die Frage nach dem Realitätsgehalt der Adornoschen Erzählung nicht beantwortbarer und kann so auch nicht vermeiden, daß dennoch »etwas hängen bleibt«. Als Ereignisbericht ist sie immunisiert, da es keine Zeugen gibt. Gerade durch Widerlegungseifer aber wird der eigentlich fällige Einwand verstellt: daß Adorno selbst die Beweislast zu tragen habe für die implizierte Charakterisierung Hindemiths in dieser Erzählung als stimmiges Moment seiner theoretischen Modellbildung. Diese wird hier aber gar nicht in Anspruch genommen. Die Charakterisierung bleibt daher solange irrelevant, bis das nachgeholt wird.

Eine Äußerung ähnlicher Art findet sich im *Postludium*. Hier liegt die Immunisierung in einem sprachlich-argumentativen Bruch. Im Zuge der Konstruktion des *kleinbürgerlichen Sozialcharakters* von Hindemith wird höhepunktartig das Moment der Anbiederung an das NS-Regime eingeführt, als Illustration des im Anschluß daran explizierten Habituselementes des »Konkretismus«. *Nachdem Hindemith Grünewald als den*

[16] Ebd., S. 52.

schlichten herzinnigen Meister Mathis veropert hatte, war kein Halten mehr. Daß die Spekulation, die wahrscheinlich mitspielte, dem Realisten Hindemith mißlang, sagt wenig; nie konnte ein Künstler oder ein Denkender es den Faschisten schlecht genug machen, sie verlangten das Letzte.[17]
Hier wird grammatikalisch ein Sachverhalt gleichzeitig behauptet und nicht behauptet: Einerseits wird von dem Sachverhalt der mißlingenden *Spekulation* gesprochen, (»*daß* die Spekulation mißlang« statt »*ob* hier eine Spekulation mißlang, wäre zu erforschen und zu interpretieren im Sinne der Modellbildung«), andererseits wird die Behauptung zurückgenommen als bloße Vermutung: *die wahrscheinlich mitspielte.* Auch wenn hier, anders als im Falle der Erzählung über Hindemiths angeblich antijüdische Äußerungen, durch Erforschung von Dokumenten entscheidbar ist, ob die in der Unterstellung enthaltene Proposition den Fakten entspricht, bleibt sie ebenso manipulativ und theoretisch sinnlos wie die erstere – hier durch sprachliche Brüchigkeit, sei sie nun gezielt hergestellt oder nicht. Manipulative Rhetorik ist auch an vielen anderen Stellen mit beigemischt, etwa in Formulierungen wie: [...] *der zweite* [Aufsatz], *von 1926, spürte bereits, wohin es mit Hindemith ging*[18], oder *ich merkte schon in den Jugendarbeiten Hindemiths* [...], *daß irgend etwas nicht stimmte*[19], mit ihrer Mystifizierung des Sachverhalts, als seien dunkle, nicht ganz einschätzbare Mächte im Spiel.[20]
Diese wenigen Formulierungen reichen aus, um sich die Frage zu stellen, warum Adorno so wenig Unterschied gemacht hat zwischen musiksoziologischer Erkenntnis und manipulativer Polemik. Einen Hinweis darauf könnte der Knick in der dokumentierten Hindemith-

---

[17] Ebd., S. 84.
[18] Ebd., S. 52.
[19] Ebd., S. 76.
[20] S. dazu auch den ausgezeichneten Aufsatz von Wolfgang Lessing, *Geständnisse eines Kleinbürgers? Das Werk Paul Hindemiths im Licht »höherer Kritik«,* in: Ulrich Tadday (Hg.), *Der späte Hindemith. Musik-Konzepte – Neue Folge 125/126,* München 2004, S. 49–67, mit dem der Autor sich in wesentlichen Punkten einig weiß und der in vielen der hier angesprochenen Sachverhalte zusätzliche Überlegungen liefert.

Auffassung geben. Dieser ergab sich zwischen dem ersten Aufsatz von 1922 und dem zweiten von 1926. Auffällig ist hier der Wandel von einem Willen zur Apologetik, der bereit ist, auch Unbehagliches ins Positive zu wenden, zu einer Generalkritik, die nur abgemildert wird durch die Demonstration von Besonnenheit in der gelegentlichen Würdigung relativer Stärken und Fortschritte. Bereits 1922 klingt durch, daß Adorno ein Unbehagen empfindet gegenüber dem literarischen Geschmack Hindemiths: *Literarisch genommen sind die Texte* [der Einakter. FZ] *keine Ehre.*[21] Aber hier konzediert er gleichzeitig, daß dies nur von relativer Bedeutung sei, da die Texte im Dienste einer autonomen kompositorischen Entwicklung stehen. Hindemith fand *nirgends sonst Dichtungen* [...], *die so sehr musikalisch bestimmt sind* [...]. *Die poetische Not wird ihm zur musikalischen Tugend.*[22] Auch diagnostiziert Adorno von Anfang an eine musikalisch versatile Rastlosigkeit Hindemiths und vermißt dabei eigentlich auch eine Tiefenschicht der kompositorischen Problemstellungen, wie er sie später an der Wiener Schule huldigt. Aber er nötigt sich auch dafür eine Beschönigungsformel ab, sogar der Verdacht des Musikantischen wird verworfen. Hindemith *ist nicht, was man so einen Musikanten nennt, er ist auch nicht im übertechnischen Sinne problembewußt, seine Art ist mehr komplex als kompliziert. Dennoch und vielleicht deshalb hat er eine ganz spezifische Gestalt* [...] *es steckt in diesem Willen ein Kern tiefen Künstlertums.*[23] Bereits vier Jahre später sieht die Sache ganz anders aus. Natürlich kann man einwenden, Hindemith selbst habe sich zwischen 1922 und 1926 verändert. Aber Adorno spricht zunächst von denselben Sachverhalten, nur bewertet er sie jetzt grundsätzlich anders, er ringt sich keine Emphase mehr ab. Wird im ersten Aufsatz die Perspektive einer *neuen impassibilité* gewürdigt als *Kern* des *tiefen Künstlertums* und entscheidende neue Position gegenüber Brahms, Strauss und Debussy (bezeichnenderweise

---

[21] Adorno, *Ad vocem* (wie Anm. 10), S. 55.
[22] Ebd., S. 56.
[23] Ebd., S. 57.

fehlt die Wiener Schule als Vergleichsposition), so stellt diese sich ihm jetzt dar als Ausdruck einer bloßen Gesinnungskunst, die naiv eine neue Objektivität proklamiert ohne wirkliche Einsicht in die geschichtlich geforderten kompositorischen Problemlösungen bzw. die *allgemeine Formproblematik.*[24] Der revolutionäre Hindemith erscheint nun als Protagonist einer *mechanischen Objektivität*, die *Garantin seines Musikantentums* ist. Adorno rechnet Hindemith nun auch kompositorische Schwächen vor, die dieser wegen seines Musikantentums nicht konsequent ins Auge fassen, geschweige denn lösen könne: *Als Hindemith die Gefahr seines Beginnens erfuhr* [...], *blieb ihm doch nicht die Freiheit, zum technischen Grund der Inhomogenität von Ganzem und Teil, zur motivischen Gestalt selber, zurückzukehren* [...] *Seine originäre Intention* [...] *war solcher Wendung entgegen.* [...] *Das bedenkenlose Musizieren wäre von der technischen Reflexion durchkreuzt, spirituell gebrochen worden.*[25] Überdies sei Hindemith nun auch zum *ideologischen Zentrum erstarrt.* Adorno versäumt auch nicht, auf den *leichten Erfolg* hinzuweisen, den Hindemith mit seiner musikantischen Manier gehabt habe. Die Argumentation steht und fällt mit dem konkreten Nachweis dieser Schwächen. Doch das einzige, was Adorno hierzu anführen kann, ist ein Hinweis auf die Sequenzierung harmonisch sequenzuntauglicher Motivik im Dienste des motorischen Ablaufs. Abgesehen von der analytischen Dürftigkeit dieses Befundes steht er in Widerspruch zur Kritik an Hindemiths Schleifung der melodischen Kontur: *Entscheidend akzentuierte sich ihm Metrik und Rhythmik: folgerecht vergleichgültigte sich melodische Plastik und harmonische Kontrolle.*[26] Daß *Formprobleme gar* [...] *kaum fordernd in sein Problemfeld rückten* bzw. die *sprengenden Forderungen gebannt* wurden, wird überhaupt nicht weiter belegt, sondern nur behauptet. Überdies führt Adorno auch mit keinem Wort aus, wie diese Forderungen denn auszusehen hätten! Ver-

---

[24] Ebd., S. 58.
[25] Ebd., S. 59.
[26] Ebd., S. 58.

gleicht man nun die beiden Einschätzungen des Avantgardisten Hindemith in den beiden genannten Aufsätzen, so fällt auf, daß sie beide eine Physiognomik oder »Gesamteinschätzung« des Komponisten versuchen, in der kompositorische und habituelle Befunde ineinandergreifen sollen: das eine Mal geschieht dies emphatisch, aber sichtbar gegen innere Widerstände, das andere Mal abwertend – vor allem durch Zuweisung des Komponisten zu einer Gesinnungspartei, die nicht aus der Konkretion der Musik selbst heraus produziere und damit in kompositorische Probleme gerate. Da in beiden Fällen die Typisierung ohne konkrete Auseinandersetzung mit Werkstrukturen und ästhetischen Zielsetzungen erfolgt, ergibt sich der Eindruck der Projektion. Es sind Adornos Aufsätze, die gesinnungshaft-unkonkret Partei ergreifen – und dabei den Eindruck der verschmähten Apologetik hinterlassen. Aus der Struktur der Argumentation läßt sich folgern, daß Adorno bei dem Gewürdigten nicht »gelandet« ist, und dieser das im folgenden entsprechend zu spüren bekommen hat. Das setzt allerdings auch voraus, daß die Apologie-Strategie in der Zwischenzeit woanders erfolgreich untergekommen ist. Hierzu paßt, daß Adorno in dem zweiten Aufsatz wie selbstverständlich als philosophischer Interpret der geschichtlichen Stunde (der Formsituation) argumentiert, ohne diese zu benennen – er tritt auf als eingeführter Repräsentant einer konkurrierenden Partei. In der Tat war er in der Zwischenzeit, also 1925, nach Wien zu Alban Berg gegangen und zeigte sich daher nun als Philosoph der Wiener Schule. Offenbar war sein avantgardistisches Theorieprogramm für ihn nicht abzukoppeln von der musterschülerhaften Zugehörigkeit zu einer elitehaften Gruppierung[27], – als eigener Form der Einheit von Theorie und

[27] S. dazu das Verhältnis György Ligetis zu Adorno: *Der kritische Beobachter Ligeti geriet sehr bald in Distanz zu einem Mann, der zwar eines seiner Bücher der autoritären Persönlichkeit gewidmet hatte, den er selbst aber als autoritätsgläubig erlebte. Adorno brauchte Idole, er neigte dazu, in Schulen zu denken und – anders als Schönberg – Menschen, die er schätzte, zu hofieren. Das war eine Haltung, die sich in ihm gleichsam als Charakterzug manifestiert hatte und die Ligeti fremd blieb.* Wolfgang Burde, *György Ligeti*, Zürich 1993, S. 139.

Praxis, die auch aus einem Gefühl der Ungeschütztheit des »Wunderknaben« gekommen sein mag –, und damit auch nicht abzukoppeln von kulturpolitischen Strategien, dieser Elite Einfluß zu verschaffen. Einen klaren Beleg für diese Deutung stellt Adornos Redakteurstätigkeit (1928–1931) für den *Anbruch* dar, den er zu einer *aktiveren musikpolitischen Zeitung* machen wollte. Er bestimmte daher, daß von den Mitarbeitern *diejenigen auszuscheiden haben, die zu der bestimmten Haltung, die der Anbruch einzunehmen hat,* [...] *nicht passen* [...] *Die reaktionäre Musik* [...] *muß von nun an im Anbruch mit allen Mitteln der Polemik und rücksichtslos angegriffen werden.*[28] Kein Zweifel, daß zu diesem Zeitpunkt auch Hindemith für ihn dazu gehörte.

Es wäre nun zu kurz gegriffen, angesichts dieser Strategien Adornos musiksoziologisches Programm in Bausch und Bogen abzuqualifizieren. Vielmehr ist zu unterscheiden zwischen diesem Programm selbst, das nachhaltig Relevanz besitzt, seiner forschungslogischen Konkretisierung und dessen polemischer Instrumentalisierung. Das soll im folgenden an zentralen Punkten des Adornoschen Hindemith-Bildes skizziert werden.

Unvermögen aus Gesinnung oder das Scheitern der internationalen Avantgarde? Zwei unterschiedliche Perspektiven auf Hindemith

Ihren Ausgangspunkt nimmt es an einer ästhetischen Interpretation der Hindemithschen Musik. Dabei ist durchwegs die Diskrepanz zwischen der Fundamentalität der ästhetischen Einschätzung und dem geringen Grad der analytischen Konkretion auffällig. Besonders deutlich wird diese in Bemerkungen, in denen Hindemith als zweitklassiger Komponist erscheint. Im Falle der frühen Skandalstücke betrifft die Schmähung die Harmonik. Abgesehen davon, daß die Stimmführung *keineswegs so*

[28] Theodor W. Adorno, *Gesammelte Schriften 19. Musikalische Schriften VI*, Frankfurt/Main 1981, S. 596f.

polyphon gewesen sei, wie es den Anschein hatte, verschaffte sich die *Harmonik* [...] *den Schein des Folgerechten durch plumpe Mittel wie Ostinati und parallele, chromatische Fortschreitungen von Akkorden in Gegenbewegung; streng ausgehört war sie nicht.* [...] *Sein Sachverständnis indessen konnte das Brüchige, vielfach grob Zusammengehauene der Jugendwerke dauernd nicht ertragen* [...].[29] Aber Adorno kann auch den späteren Ergebnissen von Hindemiths Selbstkorrektur keine besseren Noten geben. *Die Ironie ist, daß Hindemith, als er glaubte, über eine zuverlässige Methode zu verfügen, im Vertrauen auf deren Arbeit ersparende Unfehlbarkeit die Details so wenig strikt durchbildete wie in den Stücken, die er dann expurgierte. In einer Partitur wie der Nobilissima Visione sind die Allerweltseinfälle nicht zu verkennen, auch nicht harmonische Unverbindlichkeit, oft eine Schwäche der akkordischen Fortschreitungen, die seine eigenen theoretischen Ansichten, insbesondere die vom »Stufengang«, Lügen straft.*[30] Für keines dieser Argumente gibt es einen analytischen Beleg, und selbst wenn die neuere Forschungslage einen nicht eines besseren belehren würde[31], – auch darüber, daß es nicht möglich ist, Hindemiths Schulungswerk *Unterweisung im Tonsatz* zu übertragen auf die harmonische Faktur seines eigenen Werkes, – erscheint es kaum sinnvoll, Hindemiths Produktion auf dieser elementaren satztechnischen Ebene zu kritisieren. Diskutierbar wird Adornos Kritik erst dann, wenn sie zeigen kann, daß es in Hindemiths Entwicklung einen Punkt gab, an dem er sich Möglichkeiten der Entfaltung eigener musikalischer Sprachmöglichkeiten versperr-

---

[29] Adorno, *Ad vocem* (wie Anm. 10), S. 85. Adorno übergeht mit dem Begriff *Jugendwerke* Hindemiths Produktion vor seinem Schritt in die Moderne. Dazu gehören etwa die *Drei Gesänge für Sopran und großes Orchester* op. 9 (1917) des Einundzwanzigjährigen, die an Klangraffinement hinter vergleichbaren Stücken von Strauss oder Zemlinsky nicht zurückstehen.

[30] Adorno, *Ad vocem* (wie Anm. 10), S. 86.

[31] S. dazu etwa die beiden vorzüglichen Studien von Michael Kube, *Hindemiths frühe Streichquartette. Studien zu Form, Faktur und Harmonik*, Kassel 1997, und Wolfgang Lessing, *Die Hindemith-Rezeption Theodor W. Adornos*, Mainz 1999.

te. Das ist aber nicht per se gleichbedeutend mit einem Sturz in gesinnungshaft rationalisierte Mediokrität, was Adorno unterstellt. Dies zu zeigen, ist aber ein außerordentlich heikles Unterfangen und läßt sich nicht bewerkstelligen, ohne gleichzeitig zu rekonstruieren, was Hindemith mit dem tatsächlich beschrittenen Weg auch für sich – in seinem Kunstcharakter – relativ gewonnen hat. Ohne dies kann eine Strategie der Selbstrestriktion – so sie denn wirklich vorliegt – nicht plausibel gemacht werden. Ansonsten würde eine künstlerische Selbsttilgung unterstellt, die angesichts der existentiellen Bedeutung des Schaffens für eine Künstlerbiographie eine potenzierte Form von Selbstmord bedeuten würde: potenziert, da auch das Nachleben im Werke davon betroffen wäre. Zusammen mit der mangelnden analytischen Konkretheit ist Adorno also vorzuwerfen, daß ihm diese Differenzierung verschiedener Ebenen des »Mißlingens« überhaupt nicht in den Sinn gekommen ist.

Nur momentweise blitzt diese Perspektive des relativen ästhetischen Mißlingens durch mangelnde Ausschöpfung selbstgeschaffener Möglichkeiten anstelle der hoffnungslosen Kompensation von initialen Grundmängeln auf. Im V. Kapitel (1962) der *Dokumentation* wird ein einziges Mal gegenüber Hindemiths avantgardistischem Frühwerk eine andere ästhetische Deutung als die stereotyp wiederholte der *Mechanisierung* der Musik in Erwägung gezogen – die auch weitaus plausibler erscheint, nämlich eine Parallelisierung zum Dadaismus. *Mit dem Hindemith jener Jahre, in dem auch ein Dadaist steckte, einer, den es ekelte, mit der Kultur mitzuspielen, hätte auch alles ganz anders gehen können, so wie Strawinsky, jahrelang sein Vorbild, kein Neoklassizist hätte werden müssen, als er den »Renard« und die »Histoire du soldat« schrieb. Es fiele nicht schwer, in den besten Arbeiten Hindemiths jener Jahre zu zeigen, was nur hätte weiter getrieben zu werden brauchen, um eine über die expressionistische Generation hinaus radikale Musik zu stiften, anstatt der akademischen Brücken, die er nach rückwärts schlug. Die Idee von Kritik aber* [...] *ist, an künstlerischen Phänomenen ihrer Po-*

tentiale gewahr zu werden.[32] Goldene Worte, allein, es ist gerade im Falle Hindemiths nichts von diesen realisiert. Auch wird die dadaistische Bewegung kultursoziologisch nicht weiter ausgedeutet, etwa die generationsspezifische Rolle der bis dato vergleichslosen katastrophischen Erfahrung des Ersten Weltkrieges, die auch das Vertrauen in die Kultur, die das mitzuverantworten hatte, zutiefst erschütterte – und die Rolle des Aufbrechens einer technokratisierten Massengesellschaft. Auf diesen Umbruch mußten auch die Künstler reagieren, und dies um so mehr, je zeitlich näher ihre Initialphase daran lag (der Generationsunterschied von Schönberg und Hindemith etwa war hier von entscheidender Bedeutung). Der Surrealismus hat die Revolte der Kunst auf schlagende Formeln gebracht: *Überall dort, wo die westliche Zivilisation herrscht, haben sich alle menschlichen Bindungen aufgelöst.* [...] *Die Neuzeit hat ausgedient. Die Stereotypie der Gebärden, der Taten, der Lügen Europas hat den Kreis des Überdrusses vollendet. Jetzt sind die Mongolen an der Reihe.*[33] Vor allem Hindemith und Strawinsky haben die Musik dazu geschrieben. Aber, was bei Adorno schon nicht mehr so klar ist: Diese sollte nicht der Kultur als solcher die »kalte Schulter zeigen«, sondern nur ihre Verbrauchtheit und Unglaubwürdigkeit gerade in ihren großen Projekten attackieren. Dabei zitterte der Schock durch die Katastrophe nach. Und, zumindest im Falle von Hindemith, war damit auch die Hoffnung verbunden, die kosmopolitische Sprache einer Urbanität jenseits des alten zerstörerischen Nationalismus zu finden. Vorbereitet wird dies durch die Kriegserfahrung. 1918 bekommt Hindemith an der Front während einer Probe des Streichquartetts von Debussy mit Regimentskameraden die Nachricht vom Tod des Komponisten und formuliert daraufhin den Grundsatz einer neuen Ästhetik: *Wir fühlten aber hier zum ersten Mal, daß Musik mehr ist als Stil, Technik und Ausdruck persönlichen Gefühls. Musik griff hier über poli-*

---

[32] Adorno, *Ad vocem* (wie Anm. 10), S. 80.

[33] *Zuerst und immer die Revolution,* in: *Es brennt! Pamphlete des Surrealismus,* hg. von Heribert Becker, Hamburg 1998, S. 37f.

tische Grenzen, über nationalen Haß und über die Greuel des Krieges hinweg. Bei keiner anderen Gelegenheit ist es mir je mit gleicher Deutlichkeit klargeworden, in welcher Richtung sich die Musik zu entwickeln habe.[34] Auffällig ist in beiden Momenten die ideelle Parallele zur, wenn man so will, »serialistischen Revolte« nach dem Zweiten Weltkrieg[35]. Auch darin hat Adorno kein genuin ästhetisches Motiv erkennen wollen, sondern nur die Tendenz zur Stil-Uniformierung bzw. das *Idol einer allgemein verbindlichen Musiksprache*[36]. Zwischen »Weltsprache«, so sehr deren Realisierung in musicis auch eine Illusion sein mag, und stilistischer Norm besteht jedoch ein diametraler Unterschied.

Allerdings stellt Adorno in seiner Würdigung des unausgeloteten Dada-Potentials des frühen Hindemith diesen immerhin auf dieselbe Ebene des Scheiterns wie das Strawinskys, aber auch Bartoks und Schönbergs. Der im Zusammenhang mit Hindemith und Strawinsky überraschende Verweis auf die *expressionistische Generation* rückt die Hindemith-Kritik hier terminologisch in ein Adornosches Grundmodell der Musik des 20. Jahrhunderts ein, das auch die *Philosophie der neuen Musik* sowie daran später anschließende Schriften wie *Vers une musique informelle* beherrscht: Die Diagnose des Bruchs nach der expressionistischen Phase der neuen Musik, von ihm auch gerne auch die *heroische Phase* genannt, durch einen plötzlichen *retour à l'ordre*, sei es durch die Reihentechnik oder den Neoklassizismus, die die Möglichkeiten eines wirklichen *Musikstils der Freiheit* (Hába) *ängstlich* verschenkte. Ähnlich wie bei Hindemith sieht Adorno hier auch bei Schönberg eine autoritative Weltanschauung am Wirken: *Das Bedürfnis nach Rückkehr*

[34] Zitiert in der sehr sorgfältig argumentierenden und dabei viel aufschlußreiches Material verarbeitenden Hindemith-Monographie von Giselher Schubert, Hindemith, Reinbek bei Hamburg [4]1995, S. 24.

[35] S. dazu Ferdinand Zehentreiter, *Ästhetik des Außer-sich-Seins. Zur Serialismus-Erfahrung bei Lévi-Strauss und Foucault*, in: *Musik und Ästhetik*, Heft 28, Oktober 2003, S. 80–90.

[36] Adorno, Ad vocem (wie Anm. 10), S. 85.

zur theologischen Autorität verbindet sich [...] mit der Absage an politischen Radikalismus. Dagegen konnte aber bei einem Künstler wie Schönberg die musikalische Verhaltensweise nicht indifferent bleiben. Das Moment des Abrupten und Gewaltsamen im Übergang von den Erfahrungen der freien Atonalität zur systematischen Formulierung der Zwölftontechnik, und die Konzeption von Religiosität als Rückkunft, mit dem drohenden Zeigefinger des Beten-Lernens, fallen nicht nur entwicklungsgeschichtlich zusammen, sondern auch dem Inhalt nach; hier wie dort wird Ordnung aus dem Bedürfnis postuliert und nicht aus der eigenen Wahrheit zur Sache.[37] Nimmt man noch den Bezug, den Adorno zwischen dem vermeintlichen Schönbergschen Autoritarismus und seiner »kleinbürgerlichen« Herkunft herstellt, mit hinzu, so ist man schon fast bei Adornos Hindemith-Bild gelandet. *Dem Wiener aus engen Verhältnissen dünkten die Normen einer geschlossenen und halbfeudalen Gesellschaft gottgewollt.* Im Unterschied zu Hindemith konzediert Adorno bei Schönberg allerdings ein *konträres* Moment, *etwas nicht Integriertes, nicht ganz Zivilisiertes, ja Zivilisationsfeindliches*, das diesen *aus der gleichen Ordnung draußen hielt, an der er so wenig Zweifel hegte.*[38] Ob man angesichts der von Adorno hier völlig ausgeblendeten jüdischen Herkunft Schönbergs, die im übrigen der eigentliche Grund seiner gesetzesethisch geprägten Ästhetik war, über diese Charakterisierung recht glücklich sein kann, sei im Moment dahingestellt. Bleibt noch Béla Bartók: Auch auf diesen wendet Adorno die Argumentationsfigur des verschenkten Expressionismus an. *In der Tat jedoch sind seine späteren Werke, etwa das Violinkonzert, solche der traditionellen Musik, zwar nicht krampfhaft-gebrochene Reprisen eines längst Vergangenen, wohl aber fast unbefangene Fortsetzungen der Brahmschen Linie; späte, nachgeborene Meisterwerke, gewiß, aber do-*

[37] Theodor W. Adorno, *Vers une musique informelle,* in: ders., *Gesammelte Schriften 16. Musikalische Schriften I–III,* Frankfurt/Main 1978, S. 498.

[38] Theodor W. Adorno, *Arnold Schönberg (1874–1951),* in: ders., *Prismen,* Frankfurt/Main 1976, S. 183.

mestiziert, nicht länger Kundgaben eines bedrohlich Eruptiven, Unerfaßten. Seine Entwicklung hat seltsam rückwirkende Kraft. In ihrem Lichte erscheinen auch manche seiner radikalsten Arbeiten [...] weit harmloser als ihr Klang und ihre Akkorde.[39] Auf dieser Linie nähern Bartók und Hindemith einander an als Exempel desselben Syndroms. Denn folgende Einschätzung zieht den Schluß aus der Bartók-Kritik: *Selbst unter denen, die die neue Musik einmal führten, war mehr als einer nicht dem Avantgardismus gewachsen, lebte geistig gewissermaßen über seine Verhältnisse. Die Naivetät des Fachmusikers, der sein Metier besorgt, ohne an der Bewegung des objektiven Geistes recht teilzuhaben, ist dafür mitverantwortlich.*[40] Eingerückt in den Kontext dieser Generalkritik an der Musik unseres Jahrhunderts bekommt auch die Hindemith-Kritik einen anderen Zungenschlag. Kehrseite seiner Nobilitierung zum Dada-Mann mit blockierten Potentialen ist seine Aufnahme in den Reigen der großen Protagonisten eines universalhistorisch vorgezeichneten, daher bis in die *heroische Phase* hinein zu spürenden künstlerischen Scheiterns, das auch als tieferer Grund für das *Altern der neuen Musik* gesehen wird – und gesamtgesellschaftlich dem Trend zum *Ende des Individuums*[41] entspricht. *Der Spannungsverlust ist aber kein bloßes Symptom des Alterns, sondern läßt sich bis in die Ursprünge der Neuen Musik selbst zurückverfolgen: was heute zu beobachten ist, wirft seinen Schatten über die heroischen Zeiten.*[42] Die musiksoziologische Kritik an Hindemith ist in dieser Perspektive konkordant mit der geschichtsphilosophischen Kritik an dem Prozeß der *Dialektik der Aufklärung* im allgemeinen. Das argumentative Zentrum dieser ästhetischen Kritik ist die *Philosophie der neuen Musik*, die sich als Exkurs zu dem Buch *Dialektik der Aufklärung* versteht, in dem die sozio-

[39] Theodor W. Adorno, *Das Altern der neuen Musik,* in: ders., Dissonanzen, Göttingen [5]1972, S. 140.

[40] Ebd.

[41] S. dazu etwa Jürgen Habermas, *Legitimationsprobleme im Spätkapitalismus,* Frankfurt/Main 1973.

[42] Adorno, *Altern* (wie Anm. 39), S. 145.

logischen Rahmenbedingungen für die in der *Philosophie* ausgeführten immanenten Befunde einer Technokratisierung und Regression des Komponierens dargestellt werden. Der »äußere« und der »innere« musiksoziologische Zugang zur Sache sind hier auf zwei Studien aufgeteilt, wobei ersterer nur implizit in den allgemeinen gesellschaftstheoretischen Diagnosen steckt. Eine Auseinandersetzung mit der konkreten Realisierung von Adornos musiksoziologischen Vorstellungen wäre natürlich auch am Beispiel dieser Konstellation möglich, aber da Hindemith hier direkt so gut wie keine Rolle spielt, soll das unterbleiben. Lediglich sei allgemein angemerkt, daß auch der »innere Zugang« in der *Philosophie* insofern nicht realisiert wird, da sie nur technische Befunde enthält, aber keine ausgeführten Formanalysen. Ohne diese können aber weder die aus den Befunden extrapolierten Diagnosen überprüft noch physiognomische Ausdrucksmodelle konstruiert werden, aus denen man den sozialen Gehalt von Musik ablesen könnte.

Allein, als Fall der *Philosophie der neuen Musik* wird Hindemith nur gestreift. Auch im *Altern der Neuen Musik* wird an anderer Stelle Hindemith zusammen mit Strawinsky von der *vorgerückten* Form des Scheiterns, der Welt des *großartigen Mißlingens* (*Philosophie der neuen Musik*), gleichzeitig unterschieden. Der Verlust der eigenen Radikalität stünde hier nicht im Zeichen einer notwendig verdinglichten Moderne, sondern der Reaktion. *Die Symptome reichen bis in die Werke der begabtesten und der subjektiven Gesinnung nach kompromißlosesten Autoren hinein. Außer Betracht bleiben sollen Fälle, wie die von Strawinsky und Hindemith, die mehr oder minder erklärtermaßen dem abgeschworen haben, was ihre Jugend erfüllte und was an ihnen einmal faszinierte. Ihre restaurativen Bestrebungen* [...] *sagen aus kulturphilosophischem Raisonnement vom Begriff der Neuen Musik überhaupt sich los. Sie hängen dem Trugbild einer musica perennis nach.*[43] Nicht der auf

[43] Ebd., S. 139.

der Strecke gebliebene Dadaist steht im Zentrum von Adornos musikästhetischem Hindemith-Bild, so sehr er ihn *fasziniert* haben mag (das muß festgehalten werden), sondern der nach Gesinnung produzierende Renegat. Diese sieht in er in zwei Komplexen zentriert: einem stilistisch normativen Handwerkertum und einer Ideologie der Musikantentums. Beiden Komplexen ist jeweils ein Kapitel aus der *Dokumentation* gewidmet.

Wen trifft die *Kritik des Musikanten*?

Was den zweiten angeht, gelingt Adorno (im Kapitel III) eine ins Schwarze treffende Ideologiekritik. Zu Recht hält er seinen Vertretern vor, daß ihr Anspruch auf eine neue Natürlichkeit und Gemeinschaftlichkeit durch und in Musik nicht weniger künstlich ist als die gesellschaftliche Umwelt, in der sie Enklaven bilden wollen. Das bedeutet ein doppeltes Scheitern: Erstens die Verdinglichung von Vergemeinschaftung durch Organisation im Dienste einer Gesinnung, denn *geplante Primärgruppen tasten deren eigenen Begriff an. Sie sind selber ein Stück Verwaltung.*[44] Zweitens durch musikalischen Dilettantismus wegen der argwöhnischen Distanz gegenüber sachhaltiger Musizierpraxis. Aber trotz ihres sachlichen Gehaltes ist Adornos *Kritik des Musikanten* im Falle Hindemiths unsachlich, da sie gerade ihn nicht betrifft. Gerade er hatte denselben Abscheu vor den dilettierenden *Sektenbrüdern* (Hindemith) wie Adorno[45]. Seine Musik für Laien sollte zur Kunstmusik hinführen und wurde entsprechend von Vertretern der »Musikantengilde«

---

[44] Theodor W. Adorno, Kritik des Musikanten, in: ders., Dissonanzen (wie Anm. 39), S. 71.

[45] *Der Laie schloß sich mit Gesinnungsbrüdern zu Gemeinschaften zusammen, und wie er sich durch Kleidung, Haartracht und andere Abzeichen von den Uneingeweihten abschloß, führte er auch in der Musik ein Eigenleben. [...] Aus der neuen Musik übernahmen sie wahllos Gutes und Schund, wenn es ihnen nur gesinnungsmäßig entgegen kam und ihrer technischen Unfähigkeit entsprach.* Zitiert in: Schubert, *Hindemith* (wie Anm. 34), S. 68.

wegen ihrer Tendenz zur »Überfeinerung« angegriffen. Wenn Hindemith im Vorwort seines Violakonzertes *Der Schwanendreher* (1935) die vormoderne Welt des umherreisenden Spielmanns beschwört, so bewegt er sich natürlich genau in der Semantik der Musikantenideologie. Aber: Hindemith präsentiert nur ein inspirierendes Bild, das er selbst als *mittelalterliches* kenntlich macht, und kein musikpraktisches oder weltanschauliches Programm. Überdies legt er aus den in dem Konzert verwendeten Volksweisen *in die Solobratsche, deren Stimme in den dreißiger Jahren ausschließlich er selber öffentlich spielte, nun solche Liedzitate, die mit dem Text der Lieder seine Emigrationsabsichten aus Nazideutschland umschreiben.*[46]

Man kann hier sehen, mit wieviel physiognomischem Spürsinn Adorno ideologische Argumentationsmuster zu erfassen und darzustellen vermochte – gleichzeitig allerdings auch, und gerade Hindemith ist ein besonders deutliches Beispiel dafür, daß dieser Spürsinn sich manchmal verselbständigte. Anders ausgedrückt: Die ideologische Interpretation, Rezeption oder Indienstnahme einer Sache sowie die äußere Ähnlichkeit dieser mit einem Ideologiemuster tritt anstelle ihrer selbst. Andere Beispiele dafür wären Adornos Auseinandersetzungen mit dem Jazz oder mit Sibelius, die das Kinde mit dem Bade ausschütten. Die eine trifft vor allem den Jazz-Fan und weniger die Jazzmusik selbst – in toto zumindest – und die andere vor allem die reaktionäre Verwendung von Sibelius gegen die Atonalisten.

---

[46] Giselher Schubert, *Vorwort* zu G. Schubert (Hg.), *Biographische Konstellation und künstlerisches Handeln,* Mainz 1997, S. 9f. Schubert fährt an gleicher Stelle fort: *Übrigens schrieb Albrecht Dümling, dem die Rekonstruktion der Ausstellung Entartete Musik zu danken ist, über den Schwanendreher: das Werk stelle Hindemiths Fähigkeit zur Verdrängung unter Beweis. Hier maskiert auftrumpfende Besserwisserei und Belehrung darüber, wie man sich zu verhalten habe, eine Ahnungslosigkeit, die allerdings deprimiert.*

Die selektive Lektüre der *Unterweisung im Tonsatz*

Das Thema »Ideologie« des musikalischen »Handwerksmannes« durchzieht seit 1926 sämtliche Hindemith-Artikel Adornos. Ein eigenes Kapitel hat er ihr gewidmet in seiner kursorischen Kritik an der *Unterweisung im Tonsatz*, dem Kapitel IV (1939) der Dokumentation. Hier entsteht ein ähnlicher Eindruck wie in der Kritik am *Musikanten* – Hindemith wird einer Ideologie subsumiert, ohne daß der Kern seines Denkens kenntlich würde. Immerhin gibt es hier stellenweise Sprachspiel-Ähnlichkeiten mit dem diagnostizierten Muster. Doch hält Adorno sich allein damit auf, ohne die Denk-Bewegung von innen aufzuschließen, die sich bisweilen eines solchen Sprachspiels bedient. Nur eine solche immanente Analyse würde aber dem Adornoschen Anspruch gerecht, immanent der Bewegung einer Sache bis in die unscheinbarsten mikrologischen Details zu folgen, statt sie geistesgeschichtlich abzuleiten oder normativ nach äußeren Gesichtspunkten zu klassifizieren. Genau letzteres passiert – und recht eigentlich kommt dabei genau das Gegenteil von dem heraus, worauf Hindemiths Text hinauswill. Bereits die Eingangsunterstellung trifft nicht den Sinn von Hindemiths *Unterweisung*: sie wolle *Regeln für die gegenwärtige Praxis aufstellen.*[47] Diese ist aber kein Rezeptbuch für das Schaffen, nach dem sich alle zu richten hätten, sondern ein Lehrbuch, das ein geistiges Exerzitium ermöglichen will als Vorbereitung, als *Unterbau*, wie Hindemith schreibt, für die letztlich nicht ableitbare künstlerische Erfindung – nicht anders als alle anderen kompositorischen Handwerkslehren auch. Daher *dürften* auch *die Eifrigen, welche nach Durchackern und Auswendiglernen von Regeln und Vorschriften glauben, ein sicheres Rezept zur Herstellung überzeugender Kompositionen in der Tasche zu haben,* [...] *nicht auf ihre Kosten kommen.*[48] Aber eben diese Vermischung von Satzlehre und zur Anwendung angesonnener Kompositi-

[47] Adorno, *Ad vocem* (wie Anm. 10), S. 70.
[48] Paul Hindemith, *Unterweisung im Tonsatz. Theoretischer Teil,* Mainz ^{2}1940, S. 24.

onsdoktrin bzw. kompositorischer *Ontologie*[49] unterstellt Adorno von vorneherein. Daher hält er Hindemith die für eine Satzlehre nicht überraschende Würdigung der technischen *Geschicklichkeit* als Symptom eines *naiven* und *unzeitigen Handwerkerideals*[50] vor. Was immer die Gründe für diese Lesart des Hindemithschen Textes gewesen sein mögen, sie erstaunt angesichts der Deutlichkeit, mit der Hindemith das übergeordnete Verhältnis von Geschicklichkeit und nichtableitbarer, inspirierter künstlerischer Erfindung zum Ausdruck gebracht hat. *Wenn auch der musikalische Schaffensvorgang in seinen letzten Höhen dem menschlichen Begreifen immer unzugänglich bleiben mag wie die geheimnisvolle Quelle künstlerischer Arbeit überhaupt, so läßt sich doch der Trennpunkt zwischen bewußtem und unbewußtem Tun außerordentlich weit hinauftreiben.*[51] Weder wird die tragende Rolle der künstlerischen Inspiration und des *geistigen Bildes*[52], das durch sie empfangen wird, bestritten noch der *Trennpunkt* zwischen bewußter satztechnischer Verfügung und unbewußter Schöpfung. Es wird hier eher umgekehrt so gesehen, daß das Handwerk so flexibel gemacht werden soll, daß es von der freien Imagination im Dienste ungehinderter Artikulation geschluckt werden kann – in einer spiralförmigen Wechselseitigkeit von Konstruktion und innerer Vorstellung. *Gehört nicht ein ungeheures Maß bewußter Materialbeherrschung und -anwendung dazu, in Töne zu übertragen, was das Herz diktiert?* [...] *Der Weg vom Kopf in die Hand ist weit, solange er noch spürbar ist. Wer nicht die Hand so abrichtet, daß sie in ständigem Kurzschluß mit dem Denken steht, der weiß gar nicht, was die Satzkunst ist. (Auch der weiß es nicht, dessen routinierte Hand ohne Antrieb des Gefühls läuft). So viel können, daß das Handwerk nicht mehr stört, daß dem Denken und Empfinden ein*

[49] Adorno, *Ad vocem* (wie Anm. 10), S. 74.
[50] Ebd., S. 70.
[51] Hindemith, *Unterweisung* (wie Anm. 48), S. 25.
[52] Ebd., S. 25.

ungehindert freier Ausweg geschaffen wird, das muß das Ziel sein.[53] Hier argumentiert Hindemith im übrigen fast wörtlich wie Conrad Fiedler in seiner Theorie der *künstlerischen Tätigkeit* (am Beispiel der bildenden Kunst), die diese in einer Wechselseitigkeit von *Anschauung* (im Sinne einer spontanen, inspirierten Gestalt-Vision[54]) und geübter *Tätigkeit am Stoffe*[55] sieht. Ausdrucksspontaneität, Handwerk, Kultur und Natur sind auch hier unauflöslich miteinander verbunden. Der Rekurs auf eine das gesamte verfügbare Material einbeziehende Satzlehre bedeutet daher nicht per se eine normative Reduktion der künstlerischen Tätigkeit, sondern führt im Falle einer inspirierten Vorstellung (ebenso übrigens wie im Falle der Reihentechnik) sofort ins Offene durch individuell gestaltgeführte Konkretisierungen und Differenzierungen, die, auch wenn sie mit dem *Unterbau* vereinbar sind, nicht aus diesem *abgeleitet* werden können. *Das harmonische und melodische Material ist durch die ständig wechselnde Bedeutung, die ihm der Komponist zu geben vermag, unbegrenzt wandelbar.*[56]

Es ist schließlich auch nicht einzusehen, wieso Hindemiths Einteilungsversuch aller Klänge ihn per se zum *ästhetischen Verwaltungstechniker*[57] und Apologeten der »Routine« macht. Auch hier scheint eher das Gegenteil der Fall zu sein. Denn die Einteilung dient ja nicht der Herstellung einer nomologischen Ableitungsbasis, sondern der Aufbereitung aller möglichen Klänge zum Material eines umfassenden geistigen

---

[53] Ebd., S. 26.

[54] In seiner späten Schrift *Komponist in seiner Welt,* Zürich 1959, hat Hindemith der musikalischen Inspiration ein ganzes Kapitel gewidmet und dabei eine schöpferische Phasigkeit von Vision und Materialisierung entwickelt (S. 84ff.), die der von vision und *réalisation* bei Cézanne ebenso gleichkommt wie der von Vision und Ausführung bei Schönberg. S. dazu Arnold Schönberg, *Komposition mit zwölf Tönen,* in: ders., *Stil und Gedanke,* hg. von Ivan Vojtech, Frankfurt/Main 1976, S. 72.

[55] Conrad Fiedler, *Der Ursprung der künstlerischen Tätigkeit* (1887), in: ders., *Schriften über Kunst,* Köln 1977, S. 131–240.

[56] Hindemith, *Unterweisung* (wie Anm. 48), S. 64.

[57] Adorno, *Ad vocem (*wie Anm. 10), S. 71.

Exerzitiums. Diese »Klassifikation« hat dabei eher den Charakter einer strukturalistischen Isolierung von Elementen, die mit einem Reservoir von Verknüpfungsregeln kombiniert werden. Hindemith hier vorzuwerfen, daß er »Wertigkeiten« der Verknüpfbarkeit aufstellt, ist sinnlos, da ohne solche jede Satzlehre sich selbst ad absurdum führen würde. Es könnte ansonsten alles mit allem gleichermaßen kombiniert werden. Daß diese Wertigkeiten nicht bestimmt sind im Sinne konkreter Werkgestalten, liegt auch in der Natur der Satzlehre. Das heißt aber nicht, daß das geistige »Training« mit den Restriktionen einer Satzlehre das Durchstoßen der Decke zur individuellen Gestalt verhindern würde oder gar solle. Nicht nur haben wir bereits gesehen, daß es Hindemith ja gerade um diesen Prozeß der Überführung geistiger Schulung in künstlerische Freiheit geht. Auch spricht er damit nicht bloß eine persönliche Ansicht aus, sondern eine basale Erkenntnis jedweden sachhaltigen Kompositionsunterrichtes. Und schließlich liegt dabei keine branchenübliche Illusion vor, da die Sequenzierung der Verknüpfungen bereits in den einfachsten Fällen ein außerhalb der Technik liegendes, intuitives, nicht nomologisierbares Gestalturteil über die zugweise Selektion von Elementen und Regeln voraussetzt (vor allem, wenn auch noch die rhythmisierte Motiverfindung hinzukommt). Wie in der Soziologie im allgemeinen, so ist auch hier zwischen Verknüpfungs-Regel als solcher und Norm zu unterscheiden. Letztere stellt bereits eine zusätzliche, restringierende Rahmung dar (im Falle der Komposition bedürfte diese auch noch einer entsprechenden »Formenlehre«). Das geht aber bei Adorno im Blick auf Hindemiths *Unterweisung* verloren. Im Unterschied zu den geläufigen Satzlehren versucht Hindemith sogar, den Material-Spielraum für die methodische Schulung zu maximieren – mit Bezug auf Grundqualitäten des Klangmaterials – und dabei auch noch die klassifikatorische Separierung von Harmonie- und Kontrapunktlehre zu überwinden (letzteres im übrigen auch ähnlich wie Schönberg). Gerade die umfassend gedachte Ausdehnung der »Klassifikation« auf »alle« Klänge bedeutet also nicht eine sterile Maximierung von Restriktion, sondern der Eröffnung von Möglichkeiten. Wenn Hindemith davon spricht, daß er eben nicht nur *stilgeschichtliche Übungen*[58] ermöglichen will, hat das seinen genauen Sinn und sollte ernst genommen werden. Hinzuzufügen ist, daß Hindemiths Rekurs auf die Dimension ästhetischer Universalien sich nachträglich als moderne Überlegung erwiesen hat, nicht nur mit Blick auf die strukturale Soziologie, sondern auch auf die derzeitigen Versuche, die Neurobiologie musiktheoretisch fruchtbar zu machen.[59]

Damit ist jetzt nicht mehr gesagt, als daß Hindemiths *Unterweisung* mit Recht für sich den Status einer herausgehobenen Satzlehre für sich beanspruchen darf und keine Stil-Ontologisierung darstellt, der es darum geht, das lebendige Komponieren zu unterbinden. Eine andere Frage ist, inwieweit Hindemiths *Phänomenologie der Klänge* im einzelnen Triftigkeit besitzt. Daß sie »handgestrickt« ist und nicht den Status einer wissenschaftlichen Theorie erreicht, sondern aus Erfahrungen kompositorischer Probatheit gespeist ist, sollte nicht weiter verwundern. Wo immer Künstler wissenschaftliche Argumente für sich verwerten, kann dies nur idiosynkratisch sein. Auch, daß Hindemith Grunderfahrungen seines eigenen Komponierens in die »Grundlagen« des Materials spiegelt, ist für sich genommen keine ideologische Schandtat, sondern unhintergehbar. Eine wirkliche Begrenzung stellt seine generelle Distanzierung von der Atonalität her. Aber auch dieses konservative Moment reicht bei weitem nicht aus, um die *Unterweisung*

---

58 Hindemith, *Unterweisung* (wie Anm. 48), S. 23.

59 Giselher Schubert hat in seiner Darstellung von *Vorgeschichte und Entstehung der »Unterweisung im Tonsatz. Theoretischer Teil«*, *Hindemith-Jahrbuch* 1980/IX, S. 16–64 zeigen können, daß die Unterweisung zum Komplex eines projektierten Handbuch der Musik gehört, in dem der Begriff des inspirierten Einfalles einen zentralen Stellenwert besitzt: *Daß die reine Handwerkslehre der Inbegriff der Hindemithschen Musikauffassung sei, wird nach Kenntnis der »Handbuch-Aufsätze« und ihrer Stellung in der Entwicklung seines Denkens niemand mehr behaupten dürfen.*, Ebd., S. 35.

der Handwerker-Gesinnung zu überführen[60] – abgesehen davon, daß es auf der Ebene des *Unterbaus* möglicherweise Grenzen der Lehrbarkeit gibt. Aber das müßte eigens diskutiert werden.

Adornos Kritik scheint daher nur Triftigkeit zu besitzen, wenn sie sich auf der Ebene von Hindemiths Phraseologie bewegt, die stellenweise so neokonservativ und altbacken ist, wie Adorno ihm vorwirft. So läßt etwa der Begriff *Werkstoff* auf den ersten Blick eine kunsthandwerkliche Gesinnung vermuten. Aber mit diesem sollte die Musiksoziologie sich nicht begnügen. Es wurde bereits darauf hingewiesen, daß die Analyse von der phraseologischen Oberfläche zur grundierenden Ebene der Logik einer Argumentationsbewegung durchstoßen muß. Die von Adorno vorgenommene Selektion von Argumentationsstellen läßt dies aber nicht zu[61] – sonst hätte er auch zu einem anderen Ergebnis kommen müssen, wie es hier angedeutet wurde. Adornos Stoßrichtung ist weiterhin zuzubilligen, daß auch die Art der Phraseologie signifikant für die Typik eines Falles ist. Jedoch sind hier zwei Dinge zu unterscheiden: der »Spurentext« und der »Symptomtext«. Auch wenn in Äußerungen eine determinierende kulturelle bzw. soziale Figuration protokolliert bleibt, daher bei der Konstruktion eines Fall-Modelles mit einzubeziehen ist (was hier nicht stellvertretend für Adorno geleistet

---

[60] Überdies äußert Hindemith sich auch hier weit vorsichtiger, als das bei Adorno herauskommt: *Wenn nicht alles täuscht, scheint aber über aller Gewohnheit und Geschicklichkeit eine ziemlich festliegende Schwelle der Klangreizbarkeit im Ohre zu bestehen, deren Überschreitung mittels einer sehr natur-(dreiklang-) fernen Musik nicht ratsam ist.* Hindemith, *Unterweisung* (wie Anm. 48), S. 40. Man sollte dabei auch nicht vergessen, daß Hindemith zu den bedeutendsten Interpreten der Wiener Schule gehörte, was diese selbst auch so gesehen hat.

[61] Sie dreht Hindemith um des Effektes willen auch immer wieder das Wort im Munde um, etwa durch das herausgerissene Zitat: *Die Revolution kam zu früh* (Adorno, *Ad vocem* [wie Anm. 10], S. 75). Das bezieht sich bei Hindemith nicht auf die Musik des 20. Jahrhunderts, sondern auf den *Tristan* und seine Chromatik. Dabei verweist Hindemith – im übrigen wie Adorno selbst in dessen Würdigung von Schönbergs Ausstufung des Chromas – auf das kompositorische Problem, die Tristan-Chromatik formbildend in den Griff zu bekommen, was historisch erst später gelungen sei.

werden kann), muß grundsätzlich unterschieden werden, ob diese Determination verarbeitet wurde (etwa durch künstlerische Sublimierung) oder unverarbeitet geblieben ist, seine fallspezifische Äußerung sich also auf ein bloßes »Symptom« reduziert. In Adornos ideologiekritischem Zugriff fällt diese Unterscheidung in sich zusammen. Gerade damit verhindert er auch eine konkrete soziologische Einschätzung von Hindemiths Metapherngebrauch, da summarisch alles über denselben Kamm geschoren wird.

Hindemith im Fadenkreuz der »Sozialpsychologie«

Das Fehlen dieser Unterscheidung ist besonders mißlich in der sozialpsychologischen Ergänzung, die Adorno seiner ästhetischen Kritik an Hindemith gibt. Das von ihm für die Musiksoziologie geforderte Ineinander ihrer beiden disziplinären Hälften bewegt sich hier am Leitfaden einer ideologiekritischen Habitusbestimmung. Das Ausgangsproblem dabei ist, die ästhetische Ideologie in den künstlerischen Äußerungen auf ihren *Klassensinn*[62] hin zu befragen, der in diesem Fall ihren *sozialen Gehalt* ausmache. Dieser wird zum einen aus Hindemiths Herkunft erschlossen[63]. Diese biographische Einschätzung scheint sich vor allem der Vagheit des Kleinbürgerbegriffs zu verdanken, die resultiert aus der Heterogenität des Phänomens sowie aus dem nicht immer konsistenten Ineinander von (schwieriger) gesellschaftlicher Positionsbestimmung und Milieucharakteristik. Hält man sich an die gesellschaftliche Kernbestimmung und sieht darin die *kleinen Mittelstände, die kleinen Industriellen, Kaufleute und Rentiers, die Handwerker und Bauern*[64], so zählt Hindemiths Vater zu keiner dieser Gruppen. Er war vielmehr ein sozial Deklassierter, der vergeblich den Aufstieg in den Mittelstand

---

[62] Theodor W. Adorno, *Einleitung in die Musiksoziologie,* Reinbek bei Hamburg 1962, S. 77.

[63] Adorno, *Ad vocem* (wie Anm. 10), S. 85.

[64] Karl Marx, Friedrich Engels, *Manifest der Kommunistischen Partei,* in: Marx/Engels, *Werke,* Band 4, Berlin 1959, S. 469.

gesucht hat, wohingegen Hindemiths Mutter aus einer vormodernen Welt von Schäfern stammte (als im Hintergrund wirkender stabiler Gegenpol zur väterlichen Mischung aus Haltlosigkeit und Autoritarismus, wie man vermuten darf)[65]. In Hindemiths Biographie hat sich ein extremer Aufstiegs-Druck dieses Sozialisationsmilieus transformiert: aus einem äußeren Erfolgs-Muster in ein künstlerisches Bildungsprogramm. Adorno nennt dafür, ohne es zu wissen, ein wichtiges Moment: die Bildungs-Unrast, mit der die fehlende Ausgangsintegriertheit im kulturellen Diskurs kompensiert werden muß und die damit einen typischen Motor für Kulturleistung aus unterprivilegierten Herkunftsmilieus darstellt (Beethoven und Schönberg wären ähnliche Fälle). Bei Hindemith kommen hier zu einem enormen Literaturverschleiß etwa Latein- und Mathematik-Unterricht im Erwachsenenalter sowie ein praktisches Interesse für Pädagogik und die gesellschaftliche Rolle von Musik. In Adornos Perspektive darauf reproduziert sich ein typisches Konfliktmuster: zwischen dem beschriebenen Aufsteiger-Typus und dem Arrivierten aus »gutem Hause«, der ersterem mit herablassenden Ausgrenzungsstrategien begegnet. *Wie Reger hat er Bildungsgüter angehortet, statt geistige Kontinuität zu wahren.*[66] Der Vorurteilscharakter dieser Einschätzung zeigt sich daran, daß sie die Primärfrage nach der Rolle der von Hindemith verarbeiteten Literatur für seine kompositorische Entwicklung unterläuft, indem sie eine solche ohne einen Funken Werkanalyse von vorneherein disqualifiziert. Die einzige Kontinuität, die Adorno darin zu sehen vermag, ist eine ideologische. *Nahe liegt, was aus ihm wurde, mit seinem Sozialcharakter zu erklären, dem kleinbürgerlichen.*[67] Mit der Kategorie des *Sozialcharakters* wird versucht, den immanenten Weg der Erfassung des sozialen Gehaltes von Hindemiths Produktion zu finden, also über den Ausdrucksgehalt seiner Musik selbst. Die musikästhetische Dimension dafür ist die des

[65] S. dazu Schubert, *Hindemith* (wie Anm. 34), S. 7f.
[66] Adorno, *Ad vocem* (wie Anm. 10), S. 83.
[67] Ebd., S. 84.

Gestus. Er läßt sich soziologisch übersetzen in einen gesellschaftlichen *Habitus.* Mit der Kategorie des *Gestus* sieht Adorno eine Möglichkeit, die Einheit von Form- und Gehaltanalyse, wie es das Programm der *musikalischen Physiognomik* vorsieht, soziologisch fruchtbar zu machen.[68] Damit versucht er auch bei Hindemith, aus der ästhetischen Kritik in die allgemeine Bestimmung von Hindemiths kleinbürgerlichem *Sozialcharakter* zu finden: *Oft ist der aufmuckende Gestus der von Menschen, die eine Kulturschicht brüskieren, aus der sie sich ausgeschlossen fühlen und der sie doch zugehören möchten. Die Resultante ist die Haltung des erlaubten Aufstands. Protestierende dieses Typus wissen insgeheim sich der Deckung durchs Kollektiv sicher; sie werden, sobald sie arriviert sind, von den raubautzigen Manieren – das Wort künstlerisch verstanden – ablassen.*[69] Diese Kernbestimmung von Hindemiths *Sozialcharakter* ist deutlich an den Untersuchungen der Frankfurter Schule zum *Autoritären Charakter* und verwandter Studien abgelesen. Fromms Typus des *sadomasochistischen Charakters*[70], Eriksons Typus des *faschistischen Charakters* als auch bestimmte Formen des *Autoritären Charakters* gleichen einander in der Pseudorevolte des *Rebellen* (Fromm), hinter der die Suche nach einer neuen Autorität steht. Aggression und lustvolle Unterwerfung bilden hier die Kehrseiten derselben Medaille. In der Übernahme der Kategorie des *Sozialcharakters* teilt Adorno auch deren methodologische Verlegenheiten in seinem Hinde-

[68] In den *Ideen zur Musiksoziologie* streift Adorno bei der Einführung dieser Kategorie das Beispiel Chopin: *Die gesellschaftliche Gestik der Musik von Chopin ist – in einer Weise, deren konkrete Physiognomik noch zu entwerfen wäre – aristokratisch.* Adorno, *Ideen* (wie Anm. 3), S. 18.

[69] Adorno, *Ad vocem* (wie Anm. 10), S. 84.

[70] Erich Fromm, *Sozialpsychologischer Teil*, in: ders., *Studien über Autorität und Familie,* Paris 1936; ders., *Die psychoanalytische Charakterologie und ihre Bedeutung für die Sozialpsychologie*, in: *Zeitschrift für Sozialforschung* I, 3 (1932), S. 253–277, darin etwa: *Besonders sei auf die Eigenart der spezifisch kleinbürgerlich-revolutionären Einstellung hingewiesen: die für die anale Haltung überhaupt charakteristische Mischung von Verehrung der väterlichen Autorität, der Sehnsucht nach Disziplin, in merkwürdiger Einheit mit Rebellion.*, S. 275, FN 2; Erik Erikson, *Die Legende von Hitlers Kindheit,* in: ders., *Kindheit und Gesellschaft,* Stuttgart 1971, etwa S. 326.

mith-Modell. Ganz allgemein repräsentiert jene einen mißlungenen Versuch, eine zentrale Schwäche der gesellschaftstheoretisch fundierten Soziologie zu kompensieren, die alle Formen nicht-rollenhaften Handelns nicht erfassen kann – ein erhebliches Manko auch für die Klassentheorie der Frankfurter Schule. Da die Klassentheorie nicht auskommt ohne ein Modell vergemeinschaftender Kulturbestände und ihrer Verankerung in der individuellen Motivationsbasis der Aktoren, durch die die Klasse sich erst zum konkreten Sozialgebilde integriert, also »für sich« wird, griff man zur Psychoanalyse, um diese Dimension zu erfassen. Gesellschaftlich (über die Sozialiationsagentur Familie) erzeugte Libidostrukturen entfalten sich in »Charaktertypen«, die den Nährboden für die dauerhafte Verinnerlichung vorurteilsvoller Ideologien darstellen. Das Hauptproblem besteht in dieser klassifikatorischen Zuordnung von libidinösen Strukturen zu kollektiven Deutungsmustern, die nicht besteht und daher auch soziologisch nichts erklärt. Nicht jeder Kleinbürger ist ein »Analcharakter«. Auch wird so eine bestimmte Dimension der Bildungsprozesse des Subjekts, die psychosexuelle Phasenentwicklung, aus der allgemeinen biographischen Entwicklung herausabstrahiert und psychologistisch zur eigentlichen Tiefenschicht der Aktoren verabsolutiert. Hingegen wäre sie ihrerseits zu fundieren in der Rekonstruktion einer biographischen Grundgestalt und ihrer Entfaltung, von der sie **eine** Dimension darstellt. Daß Adorno im Falle einer Künstlerbiographie darauf zurückgriff, erklärt sich nicht nur durch die allgemeine paradigmatische Bedeutung, die dieses Modell für ihn hatte, sondern auch, weil er mit seinem musiksoziologischen Programm auf besondere Weise von dem Soziologismus der Gesellschaftstheorie betroffen war. Um von der ästhetischen Gestusbestimmung zur soziologischen Habitusbestimmung zu kommen, braucht er einen Habitusbegriff, der nicht nur die ökonomisch-gesellschaftliche Lage des Künstlers repräsentiert, sondern dessen sozial konstituierte »Tiefenschichten«. Da die Gesellschaftstheorie per se das nicht leisten kann, aber eine andere Soziologie für Adorno nicht in Frage kam, erzwingt dieses Problem ein

Ausweichen in die Psychologie oder auch die Anthropologie. Erklärt wird dadurch aber wieder nichts, da die psychoanalytische Begrifflichkeit ohne Bezug zu einer biographischen Strukturrekonstruktion nur eine äußere Klassifikation dieser Tiefenschichten liefert, – die überdies hier methodisch höchst zweifelhaft, da ohne Analyse des Sozialisationsmilieus und entsprechender Dokumente, in Anschlag gebracht wird. Lediglich wird der Soziologismus durch einen Psychologismus ergänzt. Gerade im Falle Hindemiths mußte dies Adorno besonders naheliegend erscheinen, da hier ästhetischer Gestus, Habitus und Klassenlage besonders gut ineinander zu passen schienen: als verschiedene Repräsentationen der kollektiven Neurotizismen des deutschen Kleinbürgertums.[71] Musiksoziologisch ist dadurch allerdings nichts gewonnen, da dabei die Entdifferenzierung zwischen Spuren- und Symptomtext nur noch umfassender wird. Das Sozialcharakter-Modell dringt zwar nun auch bis in die nicht-rollenförmigen Dimensionen von Aktoren vor, insofern könnte man sich eine größere musiksoziologische Nähe zum Künstler erhoffen, – aber nur, um nun auch diesen Bereich noch durch eine weitere Subsumtion zu entindividualisieren. Hindemith ist so nicht nur ein ideologischer, sondern auch noch ein psychopathologischer Symptomträger. Er wird dadurch als Gegenstand mehrfach versäumt: Einmal verschwindet er konstitutionslogisch als Künstler, was ihn für ein so zugespitztes kunstsoziologisches Programm wie das von Adorno wenig brauchbar macht. Dessen eigene Perspektiven kommen auch nur andeutungsweise zum Tragen: die Flexibilität in der immanent deutenden, nicht vor-standardisierten Aneignung der ganzen Vielfalt eines Phänomens, die »physiognomische« Einheit von musikalischer Form- und Gehaltanalyse und die Bereicherung der soziologischen Erkenntnis durch Einbezug der physiognomischen Modellbildung (in der Kombi-

[71] Das bot sich etwa im Falle Strawinskys schon deshalb nicht an, da hier psychotische Strukturen zur Charakterisierung der Werke bemüht wurden (in der *Philosophie der neuen Musik*) und diese – anders als neurotische Mechanismen – nicht gut in den Habitus des Komponisten gespiegelt werden konnten.

nation von »Gestus«- und »Habitus«-Analyse). Zum anderen kann gerade dadurch auch der innere Bezug zwischen Hindemiths Künstlertum und biographisch tiefliegenden, daher je neu sich reproduzierenden Krisenkonstellationen, die auch im Werk unauflösliche Spuren hinterlassen haben, nicht erfaßt werden. Sicherlich gibt es etwa einen Bezug zwischen den grundlegenden Gefährdungserfahrungen in der primären Sozialisation, die ein Sich-Herausarbeiten daraus existentiell notwendig gemacht haben, und Grundcharakteren von Hindemiths Musik wie Rastlosigkeit (wenn man so will: der *Cardillac*-Dimension seiner Musik, die primär eher entgrenzend als »moderantistisch« ist) und Melancholie. Aber darüber läßt sich sinnvoll nur reden durch parallel durchgeführte konkrete biographische Strukturanalyse und genaueste Werkanalyse.

Daß Adorno seine Hindemith-Dokumentation gerahmt hat durch *Präludium* und *Postludium*, mag ein ironischer Kommentar zum *Ludus tonalis* sein. Sicherlich gehört das zur allgemeinen Strategie von Adornos Musik-Essayistik, durch Inanspruchnahme musikalischer Gattungsbezeichnungen ihre besondere mimetische Nähe zur Sache zu signalisieren. Im Lichte der Total-Kritik, die Adorno an der internationalen Avantgarde seit Ende des I. Weltkrieges geübt hat, entsteht dabei auch der Eindruck einer konkurrierenden Bemächtigung des Feldes von höherer philosophischer Warte aus. Zumindest die Hindemith-Dokumentation zeigt aus einem zentralen Grund ein völliges Scheitern dieser Ambition: Sie ist nicht durchkomponiert.

Franz Knappik

Hindemith und Harmonik-Konzeptionen in Dodekaphonie und Serialismus

Eine Re-Lektüre der Rede *Sterbende Gewässer*

Als Paul Hindemith bei der Bonner Kapitelsitzung des Ordens »Pour le mérite« für Wissenschaften und Künste am 28. Juni 1963 das Privileg hat, den alljährlichen öffentlichen Vortrag des Ordens zu halten, zählen zu den weiteren Ordensmitgliedern Persönlichkeiten wie Carl Orff, Werner Bergengruen, Hindemiths Textdichter des *Long Christmas Dinner* Thornton Wilder, Wolfgang Schadewaldt, Romano Guardini, Oskar Kokoschka, Karl Schmidt-Rottluff – allesamt zur Zeit ihrer Aufnahme in den Orden schon reichlich betagte Künstler, Denker und Wissenschaftler, die teils von vornherein bürgerlich-konservativ orientiert sind, teils ihr einstiges Wirken als enfants terribles schon lange hinter sich haben. Man könnte meinen, daß der ausgeprägte und mit großem rhetorischem Aufwand vorgetragene ästhetische Konservativismus, der Hindemiths Rede *Sterbende Gewässer* kennzeichnet, zumindest bei einem Teil des Publikums auf Sympathien gestoßen sei. Doch einer der sehr spärlichen Pressereaktionen auf die Rede, einer Glosse von Andreas Razumovsky[1] im Feuilleton der FAZ vom 2. Juli 1963 unter der Überschrift *Arrière-Garde*, ist zu entnehmen, daß Hindemith mit seinem Vortrag eher Befremden hervorgerufen hat: [Hindemith] *war nicht eben zurückhaltend in der Wahl der Bilder, verglich die*

[1] Graf Andreas Razumovsky (1929–2002), langjähriger Musikkritiker, später Auslandskorrespondent der Frankfurter Allgemeinen Zeitung, hatte Ende der 1950er Jahre bei Theodor W. Adorno in Frankfurt studiert. Nicht zuletzt aus dieser Beziehung zu einem der schärfsten und einflußreichsten Kritiker Hindemiths resultiert wohl auch der kritische Tenor seines Berichts.

moderne Musik pauschal sowohl mit den biologisch toten, stinkenden Industrieabwässern wie gleichzeitig mit »Unkraut«, das üppig auf dem Boden der Rundfunkanstalten wuchere. Wenig froh stimmte zweitens die terrible Simplifikation der Erörterungen über das »Tonsystem«, die der berühmte Theorie-Professor Hindemith seinem akademisch gebildeten Publikum vorausschickte.[2]

Es ist also nicht nur Hindemiths Rhetorik, die laut Razumovsky für Verwunderung beim Publikum sorgt. Auch der Kernbestand der Rede, die vom rhetorisch-polemischen Aufwand flankierten theoretischen Überlegungen, scheint in seiner vereinfachten, auf das Verständnis von Laien bedachten Form, wie sie besonders in der Wahl der Klaviertastatur als Ausgangspunkt der Darstellung hervortritt, das Publikum in seinem bildungsbürgerlichen Selbstverständnis nicht ernst genug zu nehmen. Razumovsky fährt fort: *Nach ihnen*, Hindemiths theoretischen Erörterungen also, *nimmt es nicht wunder, daß die jüngste Generation von Komponisten sich andere Vorbilder und Lehrer sucht, um im Tonsatz unterwiesen zu werden.*[3] Der einstige Avantgardist Hindemith, so schließt der Artikel, ist zum *Arrière-Gardisten*[4] geworden. Nicht nur diese Pressestimme, auch Hindemiths eigene Polemik gegen Kulturbetrieb und künstlerische Avantgarde erweckt den Eindruck, daß der Komponist in seinen späten Jahren bei aller gesellschaftlichen Anerkennung, die ihm widerfährt, im Grunde isoliert ist sowohl von der bürgerlichen Öffentlichkeit als auch von den zeitgenössischen Kompositionstendenzen.

Reinhold Brinkmann hat diese *öffentliche* [...] *Einsamkeit*[5] des späten Hindemith dahingehend gedeutet, daß sie nicht etwa Resultat von stu-

---

2 Zitiert nach: Reinhold Brinkmann, *Über Paul Hindemiths Rede* Sterbende Gewässer, in: *Hindemith-Jahrbuch* 1984/XIII, S. 71–90, hier zitiert nach dem Wiederabdruck in: Susanne Schaal/Luitgard Schader (Hrsg.), *Über Hindemith. Aufsätze zu Werk, Ästhetik, Interpretation,* Mainz 1996, S. 334–353, hier S. 348f.

3 Ebd., S. 349.

4 Ebd.

5 Ebd., S. 334.

rer Ignoranz des Komponisten gegenüber den Tendenzen der Neuen Musik nach 1945 sei, wie es die vom Kommentatoren der FAZ beanstandete Undifferenziertheit der Rede vermuten lassen könnte. Vielmehr, so lautet Brinkmanns These, ist es gerade die aus analytischer, kompositorischer und interpretatorischer Beschäftigung mit dodekaphoner Musik resultierende Verunsicherung Hindemiths in seiner bisher so sicher geglaubten Position, die ihn zu einer inkohärenten theoretischen Konzeption in *Sterbende Gewässer* und in künstlerische Isolation führt.

Grundlegend für Brinkmanns Argumentation ist die Einsicht, daß Hindemith selbst durch die Polemik in seiner Rede einen Eindruck vom Musikdenken seiner letzten Jahren nahelegt, der so nicht zutreffend sein kann – zumindest deswegen nicht, weil Hindemith, der in seinen letzten Jahren neben eigenen Aufführungen und Analysen von Werken der Schönberg-Schule etwa auch Boulez' *Le marteau sans maître* studiert hat[6], die Neue Musik de facto nicht so ignoriert, wie es die pauschale Kritik in *Sterbende Gewässer* glauben machen kann. Von daher ist eine Kontextualisierung der Rede im Hinblick auf Hindemiths vielseitige Beschäftigung mit Neuer Musik methodisch unerläßlich für eine angemessene Auseinandersetzung mit der Rede.

Nun tendiert aber Brinkmanns Diskussion von *Sterbende Gewässer* insgesamt dazu, Ungereimtheiten und Widersprüche in Hindemiths Darstellung festzustellen, deren Auftreten Brinkmann dann als Indizien für die Situation der Komponistenpersönlichkeit Hindemiths in diesen Jahren auswertet. Es fragt sich, ob Brinkmann dabei, der Aussagekraft von Inkohärenzen zu Gunsten, nicht argumentatives Potential außer Acht läßt, das Hindemith bei einer großzügigeren Lesart möglicherweise zu den kompositionstheoretischen Debatten der Zeit beizutragen hat. Im Folgenden möchte ich versuchen, in einer Re-Lektüre von Hindemiths Rede einen Aspekt solchen Potentials herauszuarbeiten. Ich wer-

[6] Nach mündlicher Auskunft von Giselher Schubert befindet sich eine Studienpartitur mit Analyseeintragungen Hindemiths in Blonay.

de dabei zunächst zu zeigen versuchen, daß in Bezug auf den zentralen Begriff von *totaler Tonalität* in *Sterbende Gewässer*, anders als es Brinkmann deutet, die Kontinuität zu Hindemiths früheren musiktheoretischen Positionen überwiegt. Anschließend werde ich die Kritik betrachten, die Hindemith von dieser Konzeption aus an Dodekaphonie und Serialismus übt. Dabei will ich zeigen, daß im Mittelpunkt dieser Kritik die Forderung nachvollziehbarer harmonischer Strukturiertheit und Artikuliertheit steht und daß hiermit auch Hindemiths Auseinandersetzung mit Musik der Wiener Schule in Analyse und Komposition konsistent ist. Schließlich werde ich summarisch die Angemessenheit von Hindemiths Position diskutieren, indem ich zu zeigen versuche, daß sie zum einen nicht durch die genuinen harmonischen Möglichkeiten der Dodekaphonie widerlegt wird, weil diese auf einem fundamental anderen Harmonik-Begriff beruhen, und daß sie zum anderen nicht anachronistisch ist, weil auch beispielsweise Boulez' Harmonik-Konzeption ab *Le marteau sans maître* grundlegende Gemeinsamkeiten mit derjenigen Hindemiths aufweist.

Nach Hindemith ist das zwölftönige chromatische Tonsystem, *das beste aller Media*,[7] die Endstufe der gesamten geschichtlichen Entwicklung unseres Tonsystems. Wie schon im *Theoretischen Teil* der *Unterweisung im Tonsatz*, so ist auch hier die chromatische Tonalität das *klingende Universum* (S. 326), das schlechthin alle möglichen Verbindungen von Tönen der zwölftönigen Leiter enthält, *von der einfachsten Dur-Terz zweier singender Burschen auf dem Felde bis zur krassen Zusammenballung sämtlicher Töne des Klaviers* (ebd.). Doch während in modalen Tonalitäten die jeweilige Tonleiter durch die unterschiedliche Anordnung von Halb- und Ganztonschritten eine tonale Strukturierung vorgibt, ist die chromatische Zwölftonleiter *genau besehen, gar*

[7] *Sterbende Gewässer*, in: Paul Hindemith, *Aufsätze, Vorträge, Reden*, hrsg. von Giselher Schubert, Zürich/Mainz 1994, S. 314–336, hier S. 327. – Der Übersichtlichkeit halber weise ich im Folgenden Zitate aus *Sterbende Gewässer* im laufenden Text nach.

keine Leiter mehr [...]. *Sie ist nur noch eine Liste der vorhandenen brauchbaren Töne; jede Spur modalen Wesens ist aus ihr verschwunden; alles, was melodisch und harmonisch geschehen soll, muß vom Komponisten in sie hineingetragen werden; es findet sich nicht in ihr schon angedeutet wie in den modalen und Dur- und Molltonleitern.* (S. 324f.) Um dieses völlig neutrale Material anzuwenden, ist nach Hindemith dreierlei erforderlich: (1) Ein *systematischer Katalog aller Klangklassen* (S. 326) ist nötig, um mit der enormen Vielfalt sämtlicher möglicher Zusammenklänge umgehen zu können. (2) Auch die Abstufung der Verwandtschaftsbeziehungen zwischen den einzelnen Tönen des Systems ist in einem Katalog zu erfassen. (3) Diese Verwandtschaftsbeziehungen schließlich bestimmen die Aufeinanderfolge der Zusammenklänge, welche sich aus einer Berechnung des *Harmoniewerts der Klänge* (ebd.) ergeben soll. Hindemith differenziert dabei zwischen harmonischen *Hauptpunkten* der Struktur und *füllenden Bauteilen*, eine Unterscheidung, die uns noch beschäftigen wird. Insgesamt greift Hindemith in diesen drei Punkten Grundlagen seiner bisherigen Materialtheorie auf, wie sie in der *Unterweisung* und im Kapitel *Arbeitsmaterial* von *A Composer's World* formuliert ist: (1) entspricht der Klassifikation des Akkordmaterials in verschiedene Gruppen je nach Stabilitätsgrad[8]; (2) der *Reihe 1* der *Unterweisung*, in der die Intervalle nach ihrem melodischen Wert angeordnet sind[9]; und (3) der *Reihe 2*, welche die harmonischen Intervallwerte angibt, und den daraus abgeleiteten Regeln für die harmonische Gestaltung[10]. Schließlich resümiert Hindemith: *Die Ordnung in der Aufeinanderfolge findet sich also* [...] *nicht schon in den Tönen des Systems vorbereitet, sie muß im Gegenteil*

[8] Paul Hindemith, *Unterweisung im Tonsatz. Theoretischer Teil*, Mainz 1937, S. 110–121.

[9] Ebd., S. 71–74; Paul Hindemith, *A Composer's World. Horizons and Limitations*, Cambridge/Mass. 1952, im Folgenden zitiert nach Hindemiths Übersetzung: Paul Hindemith, *Komponist in seiner Welt. Weiten und Grenzen*, Zürich 1959, S. 93–96.

[10] Paul Hindemith, *Unterweisung* (wie Anm. 8), S. 75 f.; ders., *Komponist* (wie Anm. 9), S. 96–98.

erst mit den erwähnten Hilfsmitteln in sie hineingetragen werden. (S. 326) Für unsere Zwecke ist nun die Frage von zentraler Bedeutung, wie diese und die bereits zitierten Aussagen über die Notwendigkeit, eine Ordnung zu setzen, zu verstehen sind.

Brinkmann zufolge spricht Hindemith selbst in ihnen einen Bruch in seiner Argumentation an[11]. Für ihn stehen die völlig neutrale, temperierte Zwölftonleiter einerseits und die im naturgegebenen Intervallsystem begründeten Klassifikationen des harmonischen und melodischen Materials andererseits unverbunden nebeneinander. Diese Diskrepanz sieht Brinkmann in einem nur inkonsequent vollzogenen Positionswechsel Hindemiths begründet. In seinen früheren Schriften nämlich sei für Hindemith die unreine, da temperierte Zwölftonskala auf ein reines Intervallsystem im Hintergrund angewiesen gewesen, während dem Hindemith der *Sterbenden Gewässer* die temperierte Zwölftonskala als historisch legitimiertes, für sich bestehendes System gelte. Die Bereiche Akkordmaterial und Tonverwandtschaften jedoch habe Hindemith der veränderten Auffassung nicht angepasst, so daß eine Kluft in der Theorie entstehe. Ich halte Brinkmanns Interpretation nicht für zwingend und will im Folgenden dafür argumentieren, daß Hindemith seine Ansicht über die temperierte Zwölftonskala seit der *Unterweisung* nicht in dem von Brinkmann konstatierten Maß geändert hat.

Die Frage, inwieweit die Zwölftonskala auf ein dahinterstehendes natürliches System angewiesen ist, aus dem sich dann auch die Klassifikation von Akkordtypen, Tonverwandtschaften und Akkordverwandtschaften ableiten läßt, ist eng mit Hindemiths kritischer Einstellung zur gleichmäßig temperierten Stimmung verbunden. Brinkmann verweist, um seine Position zu belegen, auf Passagen aus der *Unterweisung* und *A Composer's World*, die zwar einerseits die temperierte Stimmung als

[11] Reinhold Brinkmann, *Über Paul Hindemiths Rede* Sterbende Gewässer (wie Anm. 2), S. 341f.

eine der genialsten Erfindungen des menschlichen Geistes[12] loben, doch zugleich davor warnen, daß diese Stimmung mit ihrem unreinen Klang das Gehör den natürlichen Intervallverhältnissen entwöhne[13]. So kann, nach *A Composer's World*, die gleichmäßig temperierte Tonleiter *nur als zusätzliches Regulativ eines Systems reiner (oder rein empfundener) Intervalle dienen – solange wenigstens, als wir die Musik vor totaler Mechanisation bewahren wollen und die Menschenstimmen noch gleichberechtigt beibehalten.*[14] Doch bleibt auch in *Sterbende Gewässer* entsprechende Kritik an der gleichschwebenden Temperatur nicht aus, wenn es dort im Zusammenhang mit der als Anschauungsmaterial verwendeten Klaviertastatur heißt: *Wie Sie sehen, zahlen die mit Tasten bedienten Instrumente für die gleichschwebende Temperatur* [...] *den sehr hohen Preis beständiger und unvermeidlicher Unreinheit.* [...] *die zwölftönige Temperatur der Tasteninstrumente führt uns zwar auf kürzestem Wege in jede Gegend klanglicher Beziehungen, aber die dem menschlichen Gemüt besonders zuträgliche und wohltuende Atmosphäre reiner Harmonien ist ihr verschlossen.* (S. 317)

Eine weitere Belegstelle dafür, daß Hindemith in *Sterbende Gewässer* seine Meinung bezüglich der Notwendigkeit einer rein gestimmten Grundlage für die Zwölftonskala gegenüber früheren Schriften nicht wesentlich verändert hat, ist im Zusammenhang von Hindemiths Kritik an der Dodekaphonie zu finden: *Der Ausweg in die Dodekaphonie* [...] *wird vielleicht – ich möchte sagen: wahrscheinlich – dereinst als der tiefste Stand europäischen Musikdenkens verstanden werden; schon deshalb, weil er weder das gesamte Musikgeschehen noch irgendwelche naturgegebenen Tatsachen zum Ausgangspunkt nimmt, sondern nur das anorganische Kunstprodukt der temperierten Tastenstimmung, während alle anderen Theorien, selbst die abwegigsten, immer vom organischen Klang zusammensingender Menschenstimmen ausgingen und in aller*

---

[12] Paul Hindemith, *Unterweisung* (wie Anm. 8), S. 45.
[13] Ebd., S. 46.
[14] Paul Hindemith, *Komponist* (wie Anm. 9), S. 154.

Zukunft immer ausgehen müssen, wenn man nicht einfach kopfüber in die Elektronik heineinspringen will. (S. 331) Hier wird also die gleichschwebende Temperatur als *anorganisches Kunstprodukt* kritisiert und dem *organischen Klang zusammensingender Menschenstimmen* entgegengesetzt, der als Grundlage von Musiktheorie zu dienen habe. Dabei wird implizit eine reine Stimmung für den Gesang angenommen, so daß auch hier das natürliche Intervallsystem als nötige Grundlage für das Zwölftonchroma angesehen wird. Diese Deutung findet Bestätigung in Hindemiths früheren Schriften, wo Hindemith dem Gesang als Inbegriff reiner Stimmung dieselbe fundamentale Rolle wie in der zitierten Passage aus *Sterbende Gewässer* zuweist. Im 1955 an der Universität Zürich gehaltenen Vortrag *Vom Hören und Verstehen ungewohnter Musik* bezeichnet Hindemith den Gesang als *organischen Ursprung*[15], der für die emotionale Verständlichkeit von Musik wesentlich ist, von dem sich aber die Musikgeschichte durch die Dominanz der »unorganischen« Instrumentalmusik seit dem 18. Jahrhundert entfernt hat. Und in der bereits oben zitierten Stelle aus *A Composer's World* heißt es, die gleichschwebende Temperatur könne nur zusätzliches Regulativ sein, *solange wenigstens, als wir die Musik vor totaler Mechanisation bewahren wollen und die Menschenstimmen noch gleichberechtigt beibehalten.*[16] In der Tat geht Hindemith im Materialkapitel von *A Composer's World* bei der Bestandserfassung des Materials von der Singstimme und den jeweiligen Schwierigkeitsgraden aus, die sie beim Singen der verschiedenen Intervalle erfährt[17]. In derselben Schrift wehrt Hindemith

[15] Zitiert nach Andres Briner, *Paul Hindemith,* Zürich 1971, S. 248.

[16] Paul Hindemith, *Komponist* (wie Anm. 9), S. 154. Vgl. auch ebd., S. 120: *Ein tonales System, das nicht für den mehrstimmigen A-capella-Gesang brauchbar ist, muß früher oder später an Anämie sterben.* – Vor diesem musiktheoretischen Hintergrund ist auch die Rolle zu sehen, die A-cappella-Vokalmusik in Hindemiths Spätwerk spielt (Weinheber-Madrigale, Messe, Credo-Fragment).

[17] Ebd., S. 93. Vgl. Paul Hindemith, *Unterweisung* (wie Anm. 8), S. 175f.

sich entschieden gegen die Ansicht, wir hätten uns daran gewöhnt, temperiert zu singen[18].

Die angeführten Stellen belegen, daß Hindemith keineswegs, wie Brinkmann es meint, die Fundierung der Zwölftonskala durch reine Stimmung aufgegeben hat. Zwar ist das Zwölftonchroma in *Sterbende Gewässer* nicht mehr bloßes Regulativ, sondern gültiges Tonsystem; doch muß die reine Stimmung im Hintergrund präsent bleiben. Sie tut dies in Form der Klassifikation von Akkordgruppen und Ton- und Akkordverwandtschaften, die in der *Unterweisung* und in *A Composer's World* ja gerade aus der Obertonreihe und, in *A Composer's World*, letztlich aus der reinen Intervallik der Singstimme abgeleitet worden waren. Vor dem Hintergrund dieser Herleitungen läßt sich auch verstehen, warum Hindemith in *Sterbende Gewässer Kataloge* fordert. So heißt es in *A Composer's World*: *Offenbar müssen für das Klangmaterial bessere Anwendungsregeln gefunden werden. Das kann nur durch Messen und Vergleichen aller beteiligten Klangfaktoren geschehen* [...].[19] Als Messungen in diesem Sinne lassen sich auch die Kataloge der Akkordtypen und der Tonverwandtschaften sowie die »Beurteilung« von Akkordverbindungen in *Sterbende Gewässer* begreifen: Eine bestehende Ordnung soll systematisch erfaßt werden, um dem Komponisten Hilfsmittel an die Hand zu geben, die es ihm ermöglichen, verständlich und artikuliert zu komponieren. Wenn Hindemith also von der vollkommenen Neutralität der Zwölftonleiter spricht, der die Ordnung erst beigebracht werden müsse, so heißt das nicht, daß eine Ordnung individuell zu setzen wäre. Vielmehr sind diese Formulierungen dahingehend zu verstehen, daß die Regeln für die Anwendung des neutralen Zwölftonchromas nicht in der Zwölftonleiter selbst gegeben sind, sondern aus den Gegebenheiten der menschlichen Stimme und somit letztlich aus dem rein gestimmten Tonsystem zu gewinnen sind.

[18] Paul Hindemith, *Komponist* (wie Anm. 9), S. 116.
[19] Ebd., S. 128.

Bei alledem fragt sich freilich, wie Hindemith bei seiner Erfassung harmonischer Zusammenhänge von der reinen Stimmung ausgehen kann, wenn das so gewonnene Wissen dann doch in Musik angewendet werden soll, die im temperierten Zwölftonsystem geschrieben ist. Diese Frage mag auch im Hintergrund von Brinkmanns Kritik stehen – wenngleich das Problem, wie wir sahen, nicht erst durch eine unvollkommene Weiterentwicklung von Hindemiths Musikdenken auftritt, sondern von der *Unterweisung* an besteht. Hindemith muß in seiner Konstruktion den Unterschied in den harmonischen Beziehungen zwischen temperierten und reinen Intervallen und Akkorden vernachlässigen. Dieser Kompromiß kann jedoch nicht befriedigen. Kompositionen, die reine Stimmungen zum kompositorischen Thema machen, wie etwa György Ligetis *Hamburgisches Konzert* mit vier obligaten Naturhörnern (2002), stellen klar, daß sich das Spektrum der harmonischen Wirkungen, die in reinen Stimmungen auftreten können, keineswegs mit demjenigen der temperierten Stimmung deckt. Letztlich muß sich Hindemith in dieser Frage wohl auf die in der *Unterweisung*[20] ausgesprochene Meinung berufen, daß eine Ableitung der Ton- und Akkordverwandtschaften in der von Hindemith als nötig angesehenen interkulturellen Allgemeingültigkeit nur aus der Obertonreihe (bzw., im Fall von *A Composer's World*, aus den die Obertonreihe widerspiegelnden Gegebenheiten des menschlichen Gesangs) möglich ist. So geht dann aber der Anspruch auf Allgemeingültigkeit auf Kosten der Genauigkeit in der Erfassung derjenigen harmonischen Verhältnisse, die einem Komponisten innerhalb eines bestimmten Tonsystems zur Verfügung stehen.
Möglicherweise ist Hindemiths Vorliebe für reine Stimmungen letztlich weniger eine argumentativ einzuholende theoretische Position als vielmehr eine aus der Praxis des ausübenden Musikers gewonnene Über-

[20] Paul Hindemith, *Unterweisung* (wie Anm. 8), S. 31f.

zeugung[21]. Das heißt aber noch nicht, daß der Ansatz, wonach der Komponist die Artikulation und Strukturierung des Komponierten auf die Erfassung von tonalen und harmonischen Beziehungen zu stützen hat, in sich verfehlt wäre. Im Folgenden will ich untersuchen, wie sich die Kritik an der Dodekaphonie und ihrer Harmonik gestaltet, die Hindemith von dieser Konzeption aus übt.

Abgesehen von den soziologischen und ethischen Gesichtspunkten, unter denen Hindemith im Abschnitt VI der Rede die serialistische Avantgarde kritisiert, wirft er Dodekaphonie und Serialismus das *Hinauswerfen hörbarer tonaler Ordnungen* und das *Eindringen materialfremder, das heißt sichtbarer statt hörbarer Organisationsmittel* (S. 330) an deren Stelle vor. Daraus ergibt sich für Hindemith ein qualitativer Verlust: *Konstruktionen in unserer totalen Tonalität sind selbst in den kompliziertesten Formen immer noch durch das Gehör analysierbar, denn der Komponist hat es ja in der Hand, sein tonales Material jedem gewünschten Verständnisgrad anzupassen. Die serielle Arbeit hingegen verhindert ihn daran, sie macht ihn zu ihrem Sklaven; und selbst was die Adepten dieser Technik als das große Mirakel preisen, nämlich das Befreitsein von den Fesseln der Tonalität, hat ihnen kaum mehr eingebracht als eine farbenarme Palette. In der Malerei hatte man das langweilige Akademiebraun schon im letzten Jahrhundert überwunden, aber unsere modernste Musik erfreut sich seines musikalischen Äquivalents als der letzten Errungenschaft.* (S. 329f.) Hindemith zufolge resultiert also die Befreiung von der tonalen Ordnung, welche Dodekapho-

[21] Vgl. die in der *Unterweisung* geäußerte Meinung, niemand, der einmal singend und besonders mit anderen gemeinsam singend die Intervalle als Körperspannung, Raumüberwindung und Energieaufwand kennenlernte, der in einem Streichquartett die feinsten Reize nachgiebigen, sich der Kommaverschiebung bedienenden Spiels kennenlernte, könne die naturgegebenen Tonverwandtschaften leugnen (Paul Hindemith, *Unterweisung* [wie Anm. 8], S. 175f.). Für diesen Standpunkt muß es als Verarmung erscheinen, wenn etwa Schönberg von Streichern stets temperierte Stimmung verlangt (vgl. Joseph Yasser, *A Letter from Arnold Schoenberg, in: Journal of the American Musicological Society* 6 [1953], S. 53–62, hier S. 54).

nie und Serialismus intendieren, in einer massiven Beschränkung. Sie hindert (1) den Komponisten daran, im Hören nachvollziehbare Strukturen zu komponieren, und (2) reduziert sein Material auf eine *farbenarme Palette*. Für ein genaueres Verständnis dieser Kritikpunkte ist der Vergleich mit kritischen Äußerungen zur Dodekaphonie in früheren Schriften Hindemiths bis hin zur *Unterweisung* hilfreich.

In einem weiteren Text aus seinen letzten Monaten, dem Entwurf zur Ansprache anläßlich der Verleihung des Balzan-Preises (Mai 1963), schreibt Hindemith: [...] *auch in denjenigen Teilgebieten der Gestaltung, wo der fortschrittlich gesinnte Musiker den unbegrenzten Reichtum des Krösus erwartet hatte, nämlich in Harmonik und Melodik, hat das sogenannte neue Material nicht erfüllt, was es zu versprechen schien: statt einer unendlich ausdrucksstarken Palette hat man das Einerlei eines ewig in sich selbst rotierenden Klanges erhalten, in welchem jede verstehbare Beziehung zwischen Tönen und Intervallen untergeht.*[22] In dieser Passage sind die beiden betrachteten Kritikpunkte eng miteinander verbunden und in Richtung von Harmonik und Melodik spezifiziert: Innerhalb dieser Parameter, so die Kritik, resultiert ein Einerlei, das zugleich das hörende Verstehen unmöglich macht. Die *verstehbare Beziehung zwischen Tönen und Intervallen* ist dabei als harmonische und melodische Artikuliertheit aufzufassen, welche die sinnvolle Anwendung der in »Katalogen« erfaßten Beziehungen und Wertigkeiten von Intervallen voraussetzt.

Weshalb nach Hindemith die Dodekaphonie im *Einerlei eines ewig in sich selbst rotierenden Klanges* endet, erklärt eine Passage des Vortrags *Vom Hören und Verstehen ungewohnter Musik* (1955): [...] *so fällt beispielsweise die als Befreierin gepriesene Reihentechnik oder der ihr nächststehende Zwölftonstil notwendigerweise immer auf ein und dieselbe Art von Zusammenklängen, die mangels Gegenüberstellung von*

[22] Zitiert nach Andres Briner, Dieter Rexroth, Giselher Schubert, *Paul Hindemith. Leben und Werk in Bild und Text,* Zürich 1988, S. 266.

einfacheren Klängen nach und nach trotz ihrer anfänglichen Neuartigkeit, das Gefühl der Gleichförmigkeit, des Farblosen, der Langeweile und schließlich der Öde hervorrufen müssen. Diese Konstruktionen verhalten sich, wenn einmal der erste Reiz des Ungewohnten abgeschliffen ist, wie in der Malerei die Grisaillen zu farbigen Gemälden. […] *Die Art von Zusammenklängen, von denen ich spreche, muß, den Kombinationen der vorgebrachten Zwölftonreihe entsprechend, fast durchweg das sehr scharf klingende Intervall der kleinen Sekunde, das der großen Septime und schließlich das nicht genau fixierbare des Triton enthalten* […].[23]

Wie in *Sterbende Gewässer* gebraucht Hindemith auch hier einen Vergleich aus der Malerei, um die Monotonie zu beschreiben, die er der dodekaphonen und der seriellen Musik vorwirft. Klarer als dort erklärt er jedoch hier, daß diese Monotonie auf harmonischem Gebiet auftritt und dadurch verursacht wird, daß die resultierenden Akkorde zumeist stark dissonant sind – in Folge der regelmäßigen Bildung von Zwölftonaggregaten, so ist zu ergänzen – und kaum durch *einfachere Klänge* kontrastiert werden. Im Übrigen interpretiert Hindemith auch hier die Befreiung von der Tonalität als prinzipielle Unfreiheit, da in Serialismus und Dodekaphonie *nur ein Teil des harmonisch-melodischen Materials in Bewegung gesetzt*[24] wird – auf harmonischem Gebiet eben das genannte stark dissonante Material. Das Problem ist dabei freilich nicht die Tatsache des gehäuften Auftretens von dissonanten Akkorden; in *A Composer's World* bemerkt Hindemith dazu: *Gegen Auswahltonalitäten ist nichts einzuwenden – dem einen sind unentwegte Aufeinanderfolgen von Tonika und Dominante das tonale Paradies, während der andere sich erst wohl fühlt, wenn er keinen festen tonalen Boden mehr spürt* […].[25] Vielmehr nennt Hindemith im selben Text als Fehler der *willkürlich aufgestellt*[en] Regel des Zwölftonsystems: *Sie berücksich-*

[23] Andres Briner, *Paul Hindemith* (wie Anm. 15), S. 251f.
[24] Ebd., S. 251.
[25] Paul Hindemith, *Komponist* (wie Anm. 9), S. 108.

tigt weder die Klangwerte harmonischer und melodischer Intervalle, wie sie aus mathematischer, physikalischer und psychologischer Erfahrung feststehen, noch hält sie sich an die unterschiedlichen Intervallspannungen in Verbindungen.[26] Die Rede von *Intervallspannungen* impliziert hier, daß mit den unterschiedlichen Spannungsgraden von Zusammenklängen nicht sinnvoll umgegangen wird. Von daher ist der in *Vom Hören und Verstehen ungewohnter Musik* kritisierte Mangel an *Gegenüberstellung von einfacheren Klängen* als das Fehlen eines sinnvollen Spannungsverlaufs zu verstehen, der neben den stark dissonanten auch konsonantere Klänge erfordern würde.

Den theoretischen Hintergrund dafür, daß der Mangel an Kontrastierung der stark dissonanten Akkorde durch einfachere Klänge zu einer nicht nur monotonen, sondern auch unverständlichen Harmonik führt, liefert die *Unterweisung* mit dem Begriff des *harmonischen Gefälles.* In der *Unterweisung* versteht Hindemith unter *harmonischem Gefälle* den Verlauf, der sich aus den unterschiedlichen internen Spannungswerten von Akkorden ergibt, wie sie in der Gruppeneinteilung der Akkorde erfaßt sind: das *im Spielen mit den Wert- und Spannungsunterschieden sich ergebende Auf und Ab der Klänge*[27]. Hindemith wirft der dodekaphonen Harmonik also vor, daß sie keine sinnvolle Gestaltung des harmonischen Gefälles erlaubt, da sie nur Akkorde des höchsten Spannungsgrades verwendet; mangels *Gegenüberstellung von einfacheren Klängen*, wie es in *Vom Hören und Verstehen ungewohnter Musik* hieß, kommen keine Verläufe zwischen Spannung und Entspannung zustande, die aber für das Hörverständnis wesentlich sind. Daß Hindemith auch noch 1963 in der Rede zum Balzan-Preis vom Untergehen *jede*[r] *verstehbare*[n] *Beziehung zwischen Tönen und Intervallen* im motonen Klang der seriellen Musik spricht, also eine unmittelbare Verbindung zwischen harmonischer Variation und Verstehen herstellt, zeigt, daß er

[26] Ebd., S. 153.

[27] Paul Hindemith, *Unterweisung* (wie Anm. 8), S. 135.

die Konzeption des harmonischen Gefälles zumindest im Prinzip beibehalten hat.

Was dagegen die Kritik der Dodekaphonie in der *Unterweisung* angeht, sind einige Unterschiede zu den einschlägigen Passagen aus späteren Texten festzustellen. Die für uns relevanten Kritikpunkte finden sich in der Besprechung von Atonalität im Allgemeinen. Dabei unterscheidet Hindemith zwei verschiedene Fälle: Atonalität im eigentlichen Sinne, so Hindemith, ist kaum denkbar, da tonale Wirkungen naturgegeben sind und so automatisch auftreten. Musik kann nur dann wirklich atonal sein, wenn sie von den natürlichen Tonverwandtschaften *nichts* [...] *weiß und sie deshalb wahllos durcheinander wirft*[28], und das bedeutet für den Hindemith der *Unterweisung* das Fehlen eines Stufenganges[29]. Daneben sieht Hindemith Fälle von nur vorgeblicher Atonalität, wo zwar ein Stufengang komponiert ist, aber, im für uns relevanten Fall, *durch die fortgesetzte Anwendung von Akkorden aus den Untergruppen III und IV eine undurchsichtige Harmonik* erzeugt wird, *die in der Vermeidung jeglichen dreiklangsähnlichen Akkordes naturwidrig anmutet.*[30]

In diesen Passagen der *Unterweisung* ist zwar die Kritik der späteren Texte am Mangel einfacherer Klänge und an der Indifferenz gegenüber vorgegebenen Intervallwerten vorweggenommen. Doch während sich die frühere Kritik noch auf den Begriff des Stufenganges bezieht, taucht dieser in den späteren Schriften nicht mehr auf. Auch werden nicht mehr, wie noch in der Unterweisung, regelmäßige Dreiklangsbildungen gefordert[31]; in *Vom Hören und Verstehen ungewohnter Musik* ist die Rede von *einfacheren Klängen*, die in der Dodekaphonie fehlen, und *Sterbende Gewässer* verlangt harmonische *Hauptpunkte der Struktur*,

[28] Ebd., S. 173.

[29] Ebd., S. 175.

[30] Ebd., S. 174.

[31] So heißt es in der Unterweisung vom Durdreiklang: In der Komposition kann *der Dreiklang oder seine unmittelbaren Erweiterungen nur auf kurze Zeit vermieden werden, wenn den Zuhörer nicht vollkommene Verwirrung erfassen soll* (ebd., S. 39).

die sich mit *füllenden Bauteilen* abwechseln sollen und von denen betont wird, es genüge, sie *spärlich zu setzen* (S. 325). Diese wesentlich abstraktere Sichtweise hängt damit zusammen, daß in den späteren Texten, zumindest der Sache nach, der Begriff des harmonischen Gefälles in den Mittelpunkt der Kritik gerückt wird. Während in der *Unterweisung* danach unterschieden wird, ob *die Atonalität auf dem Mangel eines überzeugenden Stufenganges beruht, oder ob sie eine durch fortgesetzte Klangschärfe mehr oder weniger entwickelte Tonalität ist*[32], vereinigt der Begriff des harmonischen Gefälles die beiden Kritikmomente in sich, wenngleich eben in abstrakterer Form: Er umfaßt sowohl die Berücksichtigung natürlicher Intervallverhältnisse, wenn auch nicht in der konkreten Form eines Stufenganges, als auch die Notwendigkeit einfacherer Klänge, ohne jedoch regelmäßige Dreiklangsbildungen zu fordern.

Als Motiv für diese Veränderung ist die Absicht des Didaktikers Hindemith zu vermuten, in an Laien gerichteten Texten wie *Vom Hören und Verstehen ungewohnter Musik*, der Rede zum Balzan-Preis und *Sterbende Gewässer* seine Position so zu formulieren, daß sie auch ohne Kenntnis der *Unterweisung* verstanden werden kann. Ein Begriff wie der des Stufenganges ist dafür deutlich weniger geeignet als der in der *Unterweisung* mit dem Begriff des harmonischen Gefälles belegte Sachverhalt. Zugleich aber bildet diese didaktische Vereinfachung eine Abstraktionsleistung, die das argumentative Potential von Hindemiths Position verstärkt, insofern ihre Prämissen so leichter zu akzeptieren sind. Das gilt umso mehr in der Diskussion um Neue Musik, in der ohnehin stets abstraktere Formen traditioneller Kategorien – in einer Formulierung Adornos *Äquivalente* solcher Kategorien *nach dem Maß des neuen Materials*[33] – erforderlich sind. Würde Hindemiths Kritik der

[32] Ebd., S. 175.

[33] Theodor W. Adorno, *Vers une musique informelle*, in: ders., *Musikalische Schriften I–III* (Gesammelte Schriften Bd. 16), hrsg. von Rolf Tiedemann, Frankfurt/M. 1978, S. 493–540, hier S. 504.

Dodekaphonie am diesbezüglich wenig abstraktionsfähigen Begriff des Stufengangs festhalten oder harmonisches Gefälle, wie noch in der *Unterweisung*, auch unter Rekurs auf die Lage des Grundtones im Akkord definieren, wäre sie für den Dodekaphoniker, der grundsätzlich Akkordgrundtöne als traditionell-tonales Element verwirft[34], von vornherein haltlos.

Wie wir somit gesehen haben, wirft Hindemith Dodekaphonie und Serialismus mangelndes Potential für die Gestaltung eines artikulierten harmonischen Spannungsverlaufes vor. Ehe ich diskutiere, inwieweit diese Kritik berechtigt ist, will ich der Frage nachgehen, wie sich Hindemiths Umgang mit dodekaphonen Werken zu seiner theoretischen Position verhält. Brinkmann zufolge besteht über den internen Widerspruch der theoretischen Position Hindemiths hinaus, den er diagnostiziert und gegen den wir bereits oben argumentiert haben, auch ein Widerspruch zwischen der theoretischen Kritik und der musikalischen Praxis Hindemiths in Analyse, Komposition und Aufführung. Doch auch hier lassen sich wesentliche Kontinuitäten feststellen, sieht man einmal von den polemischen Zuspitzungen der Rede ab, die an sich freilich nicht vermuten lassen, daß der Redner sich selbst als Musiker wie als Musikwissenschaftler intensiv mit avantgardistischer Musik beschäftigt hat.

Die analytischen Eintragungen in seinen Partiturexemplaren von Streichquartetten Schönbergs, die Hindemith wohl im Zusammenhang mit seiner Vorlesung über diese Quartette 1957 an der Universität Zürich anfertigte, lassen sich zwei verschiedenen Analyseverfahren zuweisen: Zum einen der reihentechnischen Analyse; zum anderen – und dies ist das Interessante für uns – einer harmonischen und melodischen

[34] So etwa Arnold Schönberg in einer Frühfassung von *Komposition mit zwölf Tönen,* dem 1934 gehaltenen *Vortrag / 12 K / Princeton,* hrsg. von Claudio Spies, in: *Perspectives of New Music* 13 (1974), 58–136, hier S. 72: [...] *diese Fundamente* [=Akkordgrundtöne] *können nur auftreten und Folgen bilden unter der Voraussetzung, dass sie gemeinsam auf ein Centrum, den Skalen-Grundton, die Tonika beziehbar sind.*

Analyse, die in Kontinuität zur *Unterweisung* zu sehen ist. David Neumeyer[35] beschreibt eine Partitur von Schönbergs *Viertem Streichquartett* in Blonay, in der Hindemith auf der ersten Seite des ersten Satzes große Septimen und kleine Nonen markiert hat. In einer Studienpartitur des *Dritten Streichquartetts* dagegen, die im Frankfurter Hindemith-Institut aufbewahrt ist, hat Hindemith im ersten Satz neben Sekundschritten in der Melodie auch Andeutungen von Dreiklängen, Tritonusakkorde und Septakkorde mit Buntstifteintragungen in verschiedenen Farben markiert. Im Vordergrund dieser Analysen steht also die Visualisierung der nach Dissonanzgrad geordneten Akkordklassen, nach denen sich das harmonische Gefälle bemißt. Dieses scheint demnach – neben der reihentechnischen Struktur und teils der Melodiebildung im Sekundgang – dasjenige zu sein, was Hindemith bei der Analyse dodekaphoner Werke in erster Linie interessiert[36]. Entsprechend berichtet Briner von Hindemiths genannten Vorlesungen, daß er *die Streichquartette von Arnold Schönberg analysierend erklärte und einem gespannten Publikum auseinandersetzte, wie es Schönberg fertiggebracht habe, trotz einer die relativen Intervallwerte nicht berücksichtigenden Theorie Musik von hohem menschlichem Kommunikationswert hervorzubringen.*[37] Was also als Inkongruenz zwischen Hindemiths entschiedener theoretischer Kritik und seinem musikalischen Interesse an Zwölftonmusik erscheinen kann, ist vom Standpunkt Hindemiths aus eigentlich ein Widerspruch innerhalb der Werke, in diesem Fall derjeni-

---

[35] David Neumeyer, *Hindemiths Auseinandersetzung mit der Reihentechnik,* in: *Musiktheorie* 2 (1987), S. 55–72, hier S. 66.

[36] Ähnlich deutet David Neumeyer die genannten Eintragungen in der von ihm beschriebenen Partitur des *Vierten Streichquartetts* (David Neumeyer, *Hindemiths Auseinandersetzung mit der Reihentechnik* [wie Anm. 35], S. 66). Ferner weist in die gleiche Richtung wie unsere Beobachtungen ein weiteres von Neumeyer angeführtes Dokument: die korrigierte Version eines zwölftönigen Beispiels in Ernst Kreneks *Studies in Counterpoint,* die Hindemith in sein Exemplar dieses Buches eingetragen hat und die nach Neumeyer auch Modifikationen im Sinne des harmonischen Gefälles aufweist (ebd., S. 65).

[37] Andres Briner, *Paul Hindemith* (wie Anm. 14), S. 45.

gen Schönbergs, selbst: Obwohl die ihnen zugrunde liegende Theorie dafür keine Mittel zur Verfügung stellt, enthalten sie Strukturen, welche die natürlichen Intervallwerte sinnvoll anwenden und daher einen hohen Grad von Verständlichkeit aufweisen.

Als ein weiteres Dokument für die zentrale Rolle, die harmonische Probleme in Hindemiths Auseinandersetzung mit Dodekaphonie und Serialismus spielen, sei das Webern-Zitat in der *Pittsburgh Symphony*[38] (1959) angeführt. Der letzte von deren drei Sätzen bildet ein Ostinato auf der Grundlage der Tonfolge Es–As–B–F–Fis–A–E–D, die in den einzelnen Abschnitten des Satzes in je verschiedener Weise auftritt. Im Zentrum des Satzes steht ein Abschnitt, in dem Holzbläser und Glokkenspiel die Takte 1–13 des ersten Satzes von Weberns *Symphonie* op. 21 wörtlich zitieren, davon die Takte 1–6 im Anschluß nochmals. Zusätzlich spielt der Baß in langen Notenwerten drei Mal die Ostinato-Tonfolge, und vier Solo-Celli verarbeiten Material, das den vorangegangenen Abschnitt beherrscht hatte. Die 1. Violine schließlich spielt während des gesamten Abschnittes ein Flageolett-Es. Die Simultaneität dieser vier Ebenen ergibt eine sehr dichte Textur, deren harmonische Analyse im Sinne von Hindemiths Theorie zudem dadurch erschwert wird, daß der Ostinato-Baß fast stets sowohl mit dem Celli-Satz als auch mit dem Webern-Zitat dissoniert und so nicht ersichtlich ist, ob die drei Ebenen harmonisch aufeinander bezogen sind. Die Situation vereinfacht sich, wenn man die durchwegs mit pianissimo bezeichneten, meist über mehrere Takte ausgehaltenen Töne der Baßstimme als nur unterschwellige, orgelpunktartige[39] Präsenz des Ostinatos ansieht und als eigentlich harmonisch wirksame Baßstimme diejenige des Celli-Satzes betrachtet. Diese Baßstimme bildet zumeist ein tonales Fundament

[38] Dieses Zitat wurde zuerst beschrieben von Günther Metz, *Das Webern-Zitat in Hindemiths Pittsburgh Symphony*, in: *Archiv für Musikwissenschaft 42* (1985), S. 200–212.

[39] So klammert auch Hindemith Orgelpunkte von der harmonischen Analyse aus: Paul Hindemith, *Unterweisung* (wie Anm. 8), S. 132, 167f.

für die anderen Celli-Stimmen und weist selbst einen tonal recht klaren, auf Es zentrierten Verlauf auf. Die jeweils mit den Wiederholungen des Ostinatos im Kontrabaß zusammenfallenden Einsätze des Grundtones Es gliedern den Abschnitt in drei Unterabschnitte: T. 60–77, T. 78 (in dem die Rolle der Baßstimme vom 2. Solo-Cello übernommen wird) – 87 und T. 88–103. Stellvertretend will ich den ersten dieser Unterabschnitte besprechen (vgl. Notenbsp. 1)[40].

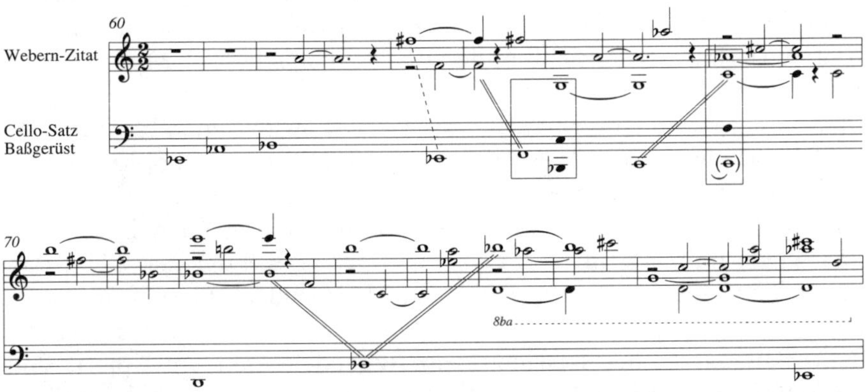

Notenbeispiel 1: P. Hindemith, *Pittsburger Symphony,* 3. Satz, Analyseskizze T. 60–80

Um dabei harmonische Verhältnisse zu ermitteln, die trotz des komplexen Satzgefüges auch im Höreindruck halbwegs nachzuvollziehen sind, beschränke ich mich auf solche Baßtöne des Cello-Satzes, die im Stimmverlauf durch längere Notenwerte, Wiederholung oder als Zielpunkte der Stimmführung hervorgehoben sind und so strukturelle Hauptpunkte des Cello-Satzes bilden. Zwischen solchen Gerüsttönen,

[40] Nach: Paul Hindemith, *Pittsburgh Symphony,* in: ders., *Orchesterwerke 1958–60,* hrsg. von Günther Metz, Mainz 1984 (= Paul Hindemith, *Sämtliche Werke* Band II/7). – Daß sich die folgende Analyseskizze auf einen einzelnen Aspekt von Hindemiths reichhaltiger und subtiler Konstruktion beschränkt, ist durch unsere Fragestellung bedingt und nicht als Reduktion zu verstehen.

auf die in Notenbsp. 1 der Cello-Baß reduziert ist, und dem Webern-Satz treten mehrere auffällige Konsonanzen auf: so die um zwei Oktaven erweiterte kleine Dezime T. 64 zwischen dem Fis der Klarinette und dem von der linearen Bewegung des Baßes angezielten Es, wobei das Fis so enharmonisch verwechselt zur Mollterz Ges wird, die bereits in T. 60–63 mehrfach im Cello-Satz aufgetreten war; ferner der reine, in aufsteigenden Quinten angeordnete Quartakkord B–F–C–G, der sich in der ersten Hälfte von T. 66 zwischen dem organumartig verdoppelten Baßton F sowie der Klarinette, den anderen Celli und dem hier harmonisch wirksamen Kontrabaß bildet; und schließlich der f-Moll-Akkord in der ersten Hälfte von T. 68.

Überdies greift an einigen Stellen der Cello-Baß an seinen Hauptpunkten Töne des Webern-Satzes auf. Eine direkte Oktavverdopplung findet sich, umrahmt von den beschriebenen Konsonanzen, in T. 65 zwischen dem Englisch-Horn und dem in diesem und dem folgenden Takt mehrfach wiederholten F im 4. Cello. Häufiger verwendet der Cello-Baß jedoch Töne, die im Webern-Satz benachbart sind, als Gerüsttöne: so in T. 67, wo das ausgehaltene und im 1. und 2. Cello verdoppelte C im Cello-Baß das C der Klarinette im folgenden Takt antizipiert; und besonders auffällig in T. 74–77. Dort spielt B als Oberquinte des in T. 78 einsetzenden tonalen Zentrums Es eine wichtige Rolle im Cello-Satz, wenngleich der Ton im 4. Cello nur einmal, in T. 74, vorkommt. Dafür basiert aber der ganze Cello-Satz in T. 74f. auf dem Quartakkord B–Es–As–Des, dessen Grundton B im 1. und 2. Cello in T. 75 hervorgehoben wird. Anschließend wird B durch Wiederholung und melodische Antizipation im 1. Cello in T. 76f. als Hauptpunkt in der durchchromatisierten, absteigenden Bewegung dieser Takte markiert. Nun tritt im Webern-Satz sowohl in T. 72f. in der Oboe als auch in T. 76f. in der Flöte jeweils ein auffälliges, lange ausgehaltenes B auf. Durch die Fokussierung des Cello-Satzes auf B auch in T. 74f., wo im Webern-Satz kein B vorkommt, werden die beiden auseinanderliegenden Bs des Webern-Satzes zueinander in Beziehung gesetzt und der ganze Abschnitt T. 72–

77 auf B zentriert – wobei eine plumpe Dominantbildung durch die chromatische Differenzierung des Cello-Satzes vermieden wird.
An anderen Stellen schließlich ist der Cello-Baß gezielt dissonant gegen den Webern-Satz komponiert; so am Anfang, wo das A der Klarinette gegen den auf den Kadenzverlauf Es–As–B–Es fundierten Cello-Satz dissonierend einsetzt, und T. 70f., wo die stabile Quarte Fis–H zwischen Englisch-Horn und Oboe durch den in chromatischer, linearer Bewegung labilen Cello-Satz kontrastiert wird.
Hindemith bezieht also im besprochenen Ausschnitt in das komplexe Gefüge von vier übereinandergelagerten Ebenen eine tonale Baßstimme ein, die den Webern-Satz durch Verdopplungen und Konsonanzbildungen in Richtung eines tonalen Verlaufs extrapoliert. Dementsprechend läßt sich auch das durchgängige Flageolett-Es der 1. Violine als demonstrativ auskomponiertes tonales Zentrum der Passage und des ganzen Satzes – sowohl der Cello-Baß als auch das Ostinato sind ja auf Es zentriert – begreifen, wobei erneut zu große Plakativität durch die extreme Höhenlage und die damit verbundene, eher klangliche als harmonische Wirkung vermieden wird. Im Sinne von *Sterbende Gewässer* können wir die genannten harmonischen Maßnahmen als den Einbau von Hauptpunkten, von *tonalen Stützen* (S. 330) interpretieren[41]. So spricht das Beispiel des Webern-Zitats in der *Pittsburgh Symphony* dafür, daß das Problem harmonischer Gestaltung neben Hindemiths analytischem Interesse auch für seine kompositorische Beschäftigung mit Dodekaphonie zentral ist und daß insofern eine wesentliche Übereinstimmung zwischen seiner theoretischen Position und seinem tatsächlichen Umgang mit dieser Musik besteht.

---

[41] Dabei müssen wir hier die Frage offen lassen, ob Hindemith durch die beschriebenen Maßnahmen lediglich diejenigen harmonischen Strukturen unterstreicht, die er in Weberns Komposition ohnehin verwirklicht sieht, oder aber diese Maßnahmen als kritische Korrekturen zu verstehen sind. Die genannten Verdopplungen des Webern-Satzes im Cello-Baß sprechen für die erste Möglichkeit, die völlig untergeordnete Rolle, die der Ton Es im zitierten Ausschnitt von Weberns Symphonie spielt, für die zweite Deutung.

Doch auch, wenn der späte Hindemith in Theorie wie Praxis eine konsistente kritische Position zu Dodekaphonie und Serialismus bezieht, stellt sich die Frage, ob seine Kritik dieser Musik gerecht wird und ob er sich nicht vielmehr auf einen bornierten Standpunkt zurückzieht, wie es der FAZ-Kommentator mit der Rede vom *Arrière-Gardisten* Hindemith insinuiert. In Bezug auf die harmonische Problematik, die wir im Vorangegangenen besprochen haben, fragt sich dabei, ob Hindemith nicht die genuinen harmonischen Möglichkeiten der Zwölftontechnik und des Serialismus völlig vernachlässigt, wenn er meint, das artikulierte harmonische Gefälle, das er in bestimmten dodekaphonen Werken vorfindet, sei der Theorie zum Trotz so komponiert. Für die Diskussion dieser Frage wird es hilfreich sein, wenn wir uns zunächst einige zentrale Punkte zur dodekaphonen Harmonik vergegenwärtigen. Die Grundlagen für eine systematische Untersuchung der von Schönberg beanspruchten Bestimmung der Vertikale durch die Reihe[42] wurden erst in den 50er Jahren durch die Forschungen Milton Babbitts[43] gelegt, dessen Ansatz in der musiktheoretisch orientierten Richtung der anglophonen Musikwissenschaft vielfach weitergeführt wurde. Stellvertretend seien hier drei derjenigen Mittel angeführt, die in dieser Forschungsrichtung als zentral für die Organisation der Vertikalen in der Dodekaphonie angesehen werden.
(1) Kombinatorialität[44]. Diese Eigenschaft weist eine Reihe auf, wenn ein n Töne umfassender Ausschnitt (Segment) der Reihe zusammen mit (12/n)-1 seiner eigenen Permutationen ein Zwölftonaggregat bildet. Die simultane Verwendung zweier kombinatoriell aufeinander bezogenen

---

[42] Arnold Schönberg, *Komposition mit zwölf Tönen,* in: ders., *Stil und Gedanke,* hrsg. von Ivan Vojtech, Frankfurt am Main 1992, S. 110f.: [...] *die Vereinigung von Tönen zu Harmonien und deren Aufeinanderfolge wird (wie später gezeigt) von der Anordnung dieser Töne geregelt.*

[43] Vgl. Milton Babbitt, *Some Aspects of Twelve-Tone Composition,* in: *The Score and IMA Magazine* 12 (1955), S. 53–61; *Twelve-Tone Invariants as Compositional Determinants,* in: *The Musical Quarterly* 46 (1960), S. 246–259; *Set Structure as a Compositional Determinant,* in: *Journal of Music Theory* 5 (1961), S. 72–94.

[44] Vgl. Milton Babbitt, *Set Structure as a Compositional Determinant* (wie Anm. 43).

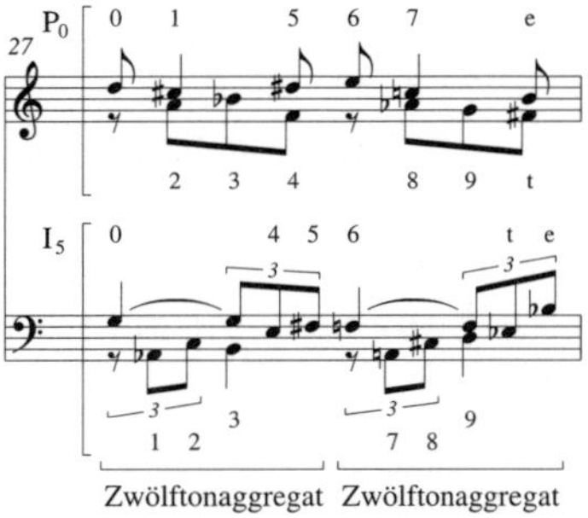

Notenbeispiel 2: A. Schönberg, *Streichquartett Nr. 4* op 37, 1. Satz, T. 27

Reihenformen – wie in Notenbeispiel 2[45], das T. 27 von Schönbergs *Viertem Streichquartett* zeigt, der Grundreihe (P_0) und der Umkehrung auf der Unterquinte (I_5)[46] – ist attraktiv, weil die korrespondierenden Segmente gemeinsam jeweils ein Zwölftonaggregat bilden und so das gleichmäßige Vorkommen aller zwölf Töne garantiert wird. Daher liefert Kombinatorialität ein Kriterium für die Auswahl der gleichzeitig erklingenden Reihenformen – ein zentraler Aspekt der Vertikale in der Dodekaphonie.

(2) Segment-Assoziation[47]. In vielen Reihen Schönbergs bleiben Segmente ihrem Gehalt an Tönen nach unter bestimmten Permutationen der Reihe invariant. So erhält die um eine große Sext aufwärts transponierte Umkehrung (I_9) der Grundform (P_0) der Hauptreihe von Schönbergs *Drittem Streichquartett* (vgl. Notenbsp. 3) die sieben im Notenbeispiel markierten Dyaden. Eine kompositorische Verknüpfung der beiden Reihenformen wie in T. 19–23 des ersten Satzes, wo das invariante Segment F/Fis(Ges) in der 2. Violine, durch lange Notenwerte hervorgehoben, zuerst als Segment der Grundform (P_0) und unmittelbar anschließend von I_9 auftritt, wird als Segment-Assoziation bezeichnet. Dadurch wird die Sukzession verschiedener Reihenformen und somit auch die Harmoniefolge bestimmt.

---

45 Nach: Arnold Schönberg, *Quartett für 2 Violinen, Viola und Violoncello Nr. 4* op. 37, New York 1939. – Für die reihentechnische Notation verwende ich die in der anglophonen Literatur übliche Numerierung der Ordnungszahlen als 0, 1, ..., 9, t, e.

46 Diese prominent gewordene Art von Kombinatorialität (hexachordal inversional combinatoriality) wird von Schönberg selbst beschrieben (Arnold Schönberg, *Komposition mit zwölf Tönen* [wie Anm. 42], S. 117).

47 Vgl. David Lewin, *A Theory of Segmental Association in Twelve-Tone Music,* in: *Perspectives of New Music* 1 (1962), S. 89–116.

Notenbeispiel 3: A. Schönberg, *Streichquartett Nr. 3* op 30, 1. Satz: Grundform (P_0) der Hauptreihe und ihre um eine große Sext aufwärts transportierte Umkehrung (I_9)

(3) Assoziation qua Intervallgehalt[48]. Durch rhythmische und registermäßige Gestaltung und dadurch bestimmte Faktoren wie Stimmführung und Akkordbildung bildet Schönberg neben Fällen einfacher Vertikalisierung von Reihensegmenten[49] oft Kombinationen von Tönen, die in der Reihe nicht benachbart sind. Ein Mittel, um dies von der Reihe her zu rechtfertigen, ist die Verwendung des Intervallgehaltes von Reihensegmenten. Dabei wird, wie zuvor bei der Segment-Assoziation, von der Ordnung der Reihentöne innerhalb des Segments abgesehen; zudem werden transponierte und komplementäre Intervalle als äquivalent behandelt. So ist in Notenbeispiel 4 die mit A bezeichnete Kombination der nicht durchgehend benachbarten Reihentöne 4, 5, 8, 9 zu Beginn des *Intermezzo* aus Schönbergs *Suite* op. 25 die transponierte Umkehrung des Tongehaltes von Tetrachord 5–8 der Reihe und besitzt

Notenbeispiel 4: A. Schönberg, *Suite für Klavier* op. 25, *Intermezzo*, T. 1f.

[48] Vgl. Martha Hyde, *The Telltale Sketches: Harmonic Structure in Schoenberg's Twelve-Tone Method*, in: *The Musical Quarterly* 66 (1980), S. 560–580. Hyde verwendet den Begriff *secondary set*, der aber mißverständlich ist und sich nicht allgemein etabliert zu haben scheint.

[49] Vgl. George Perle, *Serial Composition and Atonality. An Introduction to the Music of Schoenberg, Berg, and Webern*, [6]Berkeley/Los Angeles/London 1991, S. 84–86.

deswegen – unter den genannten Prämissen – identischen Intervallgehalt.

Die Frage ist nun, ob diese und vergleichbare harmonische Mittel, die dazu dienen, die tatsächlichen Zusammenklänge und ihre Aufeinanderfolge von der spezifischen Gestalt der Reihe her zu rechtfertigen, auch dazu geeignet sind, Hindemiths Kritik zu widerlegen. Die genannten Autoren folgen mit der Beschreibung dieser Mittel selbst wesentlich der Absicht, Kritikern der Zwölfton-Harmonik zu begegnen. Die relevante Kritik, die z.B. von Peter Stadlen und George Perle vertreten wird[50], besagt im Wesentlichen, daß die beanspruchte Determination der Vertikalen in der Zwölftontechnik nicht gelingt und vertikale Ereignisse dem Zufall und kompositorischer Lizenz gegenüber der Reihenstruktur überlassen sind. Für unsere Zwecke ist es nun wesentlich, daß Hindemiths Kritik anders gelagert ist. Sowohl die Frage nach dem Gelingen einer seriellen Determination der vertikalen Tonhöhenstruktur als auch die angeführten Techniken, welche diese Determination ermöglichen sollen, sind insofern auf einer rein quantitativen Ebene angesiedelt, als sie sich nur auf Anordnungen von Tonhöhen beziehen und ohne Rekurs auf klangliche Resultate und Hörerfahrung auskommen. Hindemith dagegen zielt mit seiner Kritik wesentlich auf Strukturen, deren Beschreibung qualitative[51] Begriffe wie *Hauptpunkt* und *Füllteil*, Spannung und Entspannung, Labilität und Stabilität, Nähe und Distanz erfordert. Natürlich lassen sich auch harmonische Ereignisse der Dodekaphonie mit Hilfe solcher Begriffe beschreiben. Doch für die Frage nach der Bestimmung dieser Verläufe durch die Reihenstruktur spielen derartige qualitative Merkmale keine Rolle.
Hindemiths Kritik an der Dodekaphonie beruht also nicht einfach nur auf Unkenntnis von deren harmonischen Verfahren, sondern vielmehr

[50] Vgl. dazu, mit bibliographischen Angaben, Martha Hyde, *The Telltale Sketches* (wie Anm. 48), S. 560–562.

[51] Diesen Ausdruck gebrauche ich hier wie im Folgenden stets deskriptiv, als Gegenteil von »quantitativ«.

auf einer fundamentalen Differenz in der jeweiligen Auffassung von Harmonik. Diese Differenz läßt sich neben der Rolle qualitativer Begriffe in der Beschreibung harmonischer Verläufe an zwei weiteren, für Schönbergs musikalisches Denken grundlegenden Punkten festmachen. Erstens ist Schönberg zufolge der *zwei- oder mehrdimensionale Raum, in dem musikalische Gedanken dargestellt werden,* [...] *eine Einheit.*[52] Die oben angeführten harmonischen Techniken der Dodekaphonie implizieren konkrete Konsequenzen dieser Auffassung. Zum einen wird dort der Harmonie-Begriff in Richtung der horizontalen Dimension ausgedehnt, denn für die genannten Verfahren spielt es keine Rolle, ob die jeweils hervorgehobene Tonverbindung (kombinatorielles oder invariantes Segment, der Reihe entnommener Intervallgehalt) in der Horizontale oder der Vertikale erklingt[53]. Zum anderen setzt Assoziation qua Intervallgehalt die Äquivalenz von transponierten und umgekehrten Intervallen voraus. Diese Annahme ist keineswegs trivial – nach ihr sind etwa sämtliche Moll- und Dur-Dreiklänge äquivalent – und folgt aus Schönbergs Postulat einer *absoluten* [...] *Anschauung des musikalischen Raumes*[54], für die Umkehrungen und Transpositionen nur perspektivisch verschiedene Ansichten des gleichen Objekts darstellen[55]. Entgegen dieser abstrakten Auffassung harmonischer Gegebenheiten, wie sie die reihenmäßige Bestimmung der Harmonik voraussetzt, hält Hindemith in *Sterbende Gewässer* an der kategoriellen Unterschiedenheit von Horizontale und Vertikale fest, wenn auch nicht direkt auf Schönberg bezogen: *Melodie gebiert ebensowenig die Harmonie, wie*

[52] Schönberg, *Komposition mit zwölf Tönen* (wie Anm. 42), S. 112.

[53] Vgl. Martha Hyde, *The Telltale Sketches* (wie Anm. 48), S. 564: [...] *unlike tonal harmonies, twelve-tone harmonies need not be simultaneous, that is, they need not occur only in the vertical dimension.*

[54] Schönberg, *Komposition mit zwölf Tönen* (wie Anm. 42), S. 117.

[55] Dieser Punkt hat, unabhängig von der besprochenen harmonischen Technik, dadurch große Bedeutung für die harmonische Analyse von atonaler Musik erlangt, daß die in der anglophonen analytischen Literatur weitgehend und meist kritiklos übernommene pitch-class set theory Allen Fortes (*The Structure of Atonal Music,* New Haven/London 1973) wesentlich auf diesen Äquivalenzannahmen beruht (vgl. ebd., S. 5–13).

diese die Melodie erzeugt. Beide sind unabhängige Elemente, die sich im musikalischen Werk mischen (S. 324). Schließlich ist die Unterscheidung von Horizontale und Vertikale wesentlich für die Differenzierung von Intervallwerten, die ja nach Hindemith in harmonischer und melodischer Dimension jeweils unterschiedlich abgestuft sind.

Damit sind wir bei einer zweiten grundlegenden Differenz im musikalischen Denken Hindemiths und Schönbergs angelangt. Nach Schönbergs Verständnis der historischen Entstehungssituation der Zwölftontechnik, die er mit der Parole *Emanzipation der Dissonanz* bezeichnet, wird in dieser Situation die Faßlichkeit der Dissonanz *als gleichwertig mit der Faßlichkeit der Konsonanz angesehen.*[56] Somit entfällt jede Abstufung von Dissonanzgraden als Vorgabe für die Komposition; dies ist nur konsequent, da vorgegebene harmonische Qualitäten die angestrebte Bestimmung der Vertikalen allein durch die Reihenstruktur untergraben würden. Für Hindemith hingegen bildet die Differenzierung von Intervallwerten die Grundlage für harmonische Wirkungen[57].

Wenn sich nun also Hindemiths grundlegende Auffassung von Harmonik wesentlich von derjenigen Schönbergs und der Zwölfton-Theorie unterscheidet, so könnte dies daran liegen, daß Hindemith mit letztlich konventionell-tonalen und somit unangemessenen Maßstäben an atonale Musik herangeht. Ebenso ist es aber denkbar, daß dodekaphon und seriell komponierte Werke auch über harmonische Aspekte verfügen, die an traditionellere Vorstellungen und Hörgewohnheiten appellieren und eine entsprechende Ergänzung der kompositorischen Poetik jener Werke nötig machen. Als historisches Indiz zugunsten der zweitgenannten Option möchte ich zum Schluß eine Tendenz bei Pierre Boulez anführen, in dessen Werk bereits kurz nach dem Höhepunkt streng

---

[56] Arnold Schönberg, *Komposition mit zwölf Tönen* (wie Anm. 42), S. 108.

[57] An unterschiedlichen Klangqualitäten und Spannungsgraden der Intervalle hält im Rahmen einer Theorie der Atonalität etwa auch George Perle fest: ders, *Serial Composition and Atonality* (wie Anm. 49), S. 30f.

seriellen Komponierens harmonische Probleme durchaus im traditionelleren Sinne Hindemiths eine Renaissance erfahren[58].

In *Le marteau sans maître* (1954) führt Boulez das Verfahren der *Multiplikation*[59] von Reihensegmenten ein. Ein Multiplikationsprodukt faßt dabei mehrere Transpositionen eines Segments zusammen, die in ihrem Transpositionsgrad durch die Tonhöhen eines anderen Segments bestimmt sind. Indem er auf Multiplikationstafeln Diagonalen abschreitet, determiniert Boulez die Abfolge der Multiplikationsprodukte in der Komposition. Da die Produkte aber jeweils die Anordnung ihrer Töne offenlassen, bleibt dem Komponisten auf lokaler Ebene die Freiheit, das jeweilige Tonmaterial der Multiplikationsprodukte zu ordnen, auf Stimmen und Register zu verteilen und auch nach Belieben zu verdoppeln. Auf harmonischem Gebiet verfolgt Boulez damit offenbar zwei Ziele. Erstens ermöglicht die ungefähre Determination der Zusammenklänge durch die Abfolge von Multiplikationsprodukten eine Regelung der Vertikale; diese vermißt Boulez, wie er 1974 rückblickend äußert[60], sowohl an Schönberg – was freilich seine Unkenntnis von Schönbergs harmonischen Techniken demonstriert – als auch an seinen eigenen Frühwerken. Zweitens schafft Boulez sich aber zugleich ein erhebliches Maß lokaler Freiheit, die er unter anderem dazu nutzen kann, qualitativ artikulierte harmonische Verläufe zu erzeugen. Die Absicht dazu äußert er im Rückblick auf seine *Dritte Klaviersonate* (1957) und den zweiten Band der *Structures* für zwei Klaviere (1961), Werke, die gleichfalls die Methode der Reihenmultiplikation verwenden: *Das Vokabular des ersten Heftes der Structures kannte keine Polarisierung, kein Gleichge-*

---

[58] Dies gilt etwa auch – wenngleich in einem deutlicher postseriellen Stadium – von Luciano Berio, der ab *Quaderni I* (1959) harmonische Felder verwendet. Vgl. David Osmond-Smith, *Berio,* Oxford/New York 1991 (= *Oxford Studies of Composers* 24), S. 24ff., 33ff.

[59] Vgl. dazu Stephen Heinemann, *Pitch-Class Set Multiplication in Theory and Practice,* in: *Music Theory Spectrum* 20 (1998), S. 72–96.

[60] Pierre Boulez, *Wille und Zufall. Gespräche mit Célestin Deliège und Hans Mayer,* Stuttgart/Zürich 1977, S. 103.

wicht, alles war in ständiger Entwicklung. Jetzt habe ich Punkte gefunden, an denen sich das Vokabular in Entwicklung befindet, Punkte, an denen es sich befestigt, und Punkte, an denen es teils wenig stark, teils stark in Bewegung ist. Auch das harmonische Vokabular muß einem Entwicklungsgesetz und nicht einer statistischen Verallgemeinerung gehorchen. [...] *Die sinnvolle Anhäufung oder Auslichtung ist notwendig, und dieser Sinn läßt sich nur durch ganz besondere Aufmerksamkeit gegenüber der vertikalen Dimension erreichen.*[61] An die Seite der seriellen Organisation der Vertikale, wie sie für Boulez die Reihenmultiplikation schafft, stellt er also harmonische Vorstellungen, für die qualitative Faktoren wie Polarisierung, Gleichgewicht, Entwicklung, Anhäufung, Auslichtung bestimmend sind und die so viel eher Hindemiths Begriff des harmonischen Gefälles nahekommen als Schönbergs harmonischen Verfahren.

Ein Beispiel möge verdeutlichen, in welcher Weise Boulez die lokale Freiheit, die ihm die Reihenmultiplikation läßt, zur Gestaltung derartiger qualitativ-harmonischer Momente nutzt. Der Abschnitt T. 33–41 des ersten Teils, *Avant »L'artisanat furieux«*, von *Le marteau sans maître* bildet seiner seriellen Struktur nach einen zweistimmigen Kontrapunkt zwischen Flöte und Vibraphon einerseits und Gitarre und Viola andererseits. T. 33 bildet so ein komplexes Gefüge, in dem jeweils zwei Multiplikationsprodukte gleichzeitig erklingen; in T. 34 lichtet sich die Textur auf. Das liegt zum einen daran, daß die in beiden Stimmen von der seriellen Organisation vorgegebenen Multiplikationsprodukte sechs der jeweils sieben Töne gemeinsam haben und die serielle Organisation in der von Gitarre und Viola gebildeten Stimme die Wiederholung eines Produktes vorsieht (siehe Notenbsp. 5)[62]. Da die Multiplikationsprodukte die Reihenfolge der Töne nicht vorgeben, hätte Boulez die Stelle auch so komponieren können, daß jeweils verschiede-

---

[61] Ebd., S. 104f.

[62] Nach Pierre Boulez, *Le marteau sans maître,* London 1957.

ne Töne vertikal aufeinandertreffen; stattdessen ordnet er die Töne so an, daß sich die im Notenbeispiel markierten Prim- und Oktavzusammenklänge ergeben. Daneben verdoppelt Boulez Töne, um die Stelle harmonisch zu fokussieren. Die häufigsten Töne in T. 34 von Schlag 2 an sind C und G mit jeweils vier Vorkommen. Das vorgegebene Tonmaterial dagegen enthält als häufigste Töne je dreimal C, Es, E, G, Gis und H. Durch Verdopplungen von C und G werden diese Töne also zusätzlich zu den Oktavzusammenklängen im Satz hervorgehoben.

Notenbeispiel 5: P. Boulez, *Le marteau sans maître,* 1. Teil: *Avant »L'Artisanat furieux«,* T. 33f.

Wenn Boulez somit Freiräume innerhalb seiner seriellen Vorgaben im Sinne qualitativ-harmonischer Wirkungen wie Anhäufung und Auslichtung nutzt, weist dies zwar einerseits darauf hin, daß Hindemiths Kritik an der Harmonik des Serialimus insofern in die Irre geht, als sie ein harmonisches Denken ignoriert, das durchaus in seinem Sinn sein müßte. Doch andererseits zeigt dieses Beispiel auch, daß die Position, die sich hinter Hindemiths wertekonservativer Polemik in *Sterbende Gewässer* verbirgt, nicht anachronistisch ist: Äquivalente zu Hindemiths grundlegenden Vorstellungen von harmonischer Strukturbildung finden sich auch in der Darmstädter Schule wieder, wenngleich deren Vertreter, selbst nie zurückhaltend mit Polemik, diese Beziehung sicherlich nicht anerkannt hätten[63].

[63] Bei dem vorliegenden Beitrag handelt es sich um die revidierte und erweiterte Version eines Referates im Rahmen des Hauptseminars Paul Hindemith von Prof. Wolfgang Rathert im Wintersemester 2004/05 an der LMU München. Mein herzlicher Dank gilt Herrn Rathert für Anmerkungen und Ermutigung sowie den anderen SeminarteilnehmerInnen für die Diskussion. In vielfältiger Weise anregend war ferner die Exkursion des Seminars zum Frankfurter Hindemith-Institut; ich habe Dr. Susanne Schaal-Gotthardt und Prof. Dr. Giselher Schubert für die Diskussion und die Einsichtnahme in den Bestand des Instituts bei jener Gelegenheit zu danken. Fürs Korrekturlesen danke ich Marianne Knappik.

Heinz-Jürgen Winkler

Paul Hindemith – der widerwillige Emigrant?

Anmerkungen zu Michael H. Kater: *Komponisten im Nationalsozialismus. Acht Porträts*[1]

Audacter calumniare, semper aliquid haeret.
Francis Bacon nach Plutarch

Der Autor zeichnet acht Porträts von Komponisten, die in unterschiedlicher Weise während der nationalsozialistischen Ära ihr Leben gestalteten. Der Porträtist Kater wählt als Werkzeug einen groben Stift und entstellt mitunter bis zur Unkenntlichkeit die von ihm ausgewählten Künstler. Ein besonders schiefes Bild entwirft er von Paul Hindemith (S. 47–78). Ein Blick über die Schulter des Porträtmeisters sei erlaubt, um sich dessen »Maltechnik« zu vergewissern.
Die Anmerkungen folgen dem Text Katers; auf die zitierten Stellen wird zu Beginn mit Anführung der Seitenzahl hingewiesen.

S. 6: Kater umschreibt im Vorwort das Ziel seiner Ausführungen, nämlich das Verhältnis der acht behandelten Komponisten zum Nazi-Regime zu untersuchen. Die Auswahl der Komponisten ist willkürlich und bildet eine lose Sammlung von Einzelporträts. Warum gerade diese Personen gewählt wurden, erläutert Kater folgendermaßen: *Die Geschichte eines jeden dieser Männer stützt sich auf eine Fülle von Unterlagen, zu denen ich glücklicherweise Zugang hatte, und selbst im Falle unbearbeiteter und unsortierter Dokumente erwies sich jede Geschichte*

[1] Berlin: Parthas Verlag 2004. 494 S. ISBN 3-936324-12-3

als einzigartig genug, um mir etwas Neues über das Schicksal der Musik im Dritten Reich im Allgemeinen und besonders darüber zu sagen, wie die Komponisten dazu passten.
Kater versäumt es, Provenienz und Kontext der von ihm herangezogenen Quellen zu werten, sondern reiht historische Dokumente nach nicht zu erkennenden Prinzipien aneinander. Aus der Anhäufung dieser biographischen Datenmengen glaubt nun Kater, etwas *Neues* (dem Schreiber dieser Zeilen kommt unwillkürlich der Titel von Hindemiths Oper *Neues vom Tage* in den Sinn) zur Musik im Dritten Reich zu erfahren. Musikrelevante Quellen, wie Kompositionen, Aufführungsmaterialien, Konzert- oder Radioprogramme, Konzertbesprechungen etc. zieht Kater nicht heran, um *etwas Neues über das Schicksal der Musik im Dritten Reich* zu erfahren. Es nimmt daher nicht Wunder, wenn der Leser nichts Neues über die Musik in jener Epoche erfährt, anders also als ihm im Vorwort suggeriert wird. Angesichts der Komplexität dieser Epoche zeithistorischer Forschung und der ungeheuren Zahl anspruchsvoller Sekundärliteratur erreicht Kater nicht ein dem Thema adäquates Reflexionsniveau.

S. 47: Bereits der Eröffnungssatz von Katers Hindemith-Kapitel erregt Erstaunen beim Leser: *In der Weimarer Republik traten als Paul Hindemiths wichtigste Charakterzüge sowohl in persönlicher als auch in musikalischer Hinsicht seine Anpassungsfähigkeit und seine Undurchschaubarkeit hervor.* Stellt man Hindemiths entschlossene und rigoros vertretene Position sowie seine Bedeutung für und bei den *Donaueschinger Kammermusikaufführungen zur Förderung zeitgenössischer Tonkunst* in Rechnung, erscheinen die von Kater vorgebrachten Charakterzüge *Anpassungsfähigkeit* oder *Undurchschaubarkeit* schlichtweg als Ironie oder Parodie musikwissenschaftlicher Ausdrucksdeutung. Das Innovative und die klaren Konturen seiner Werke aus den frühen Zwanziger Jahren gehören mit zu den Hauptzügen seiner Kompositionen und wurden von den Zeitgenossen entsprechend registriert.

S. 47: Die Oper *Cardillac* und das Streichquartett op. 32 seien, so Kater, *biederer neobarocker Stil.* Abgesehen von der platitüden Rubrizierung, scheint sich Kater nicht über die neuartige Konzeption des Verhältnisses von Musik und Handlung in der Oper *Cardillac* im klaren zu sein. Ein Blick auf die umfangreiche Literatur zur Oper hätte genügt, sich über die Bedeutung der Oper für die Gattung in den Zwanziger Jahren ein Bild zu machen.[2] Ebenso grotesk ist seine Beurteilung des Streichquartetts op. 32. Wesentliches zu diesem Werk sagt Rudolf Stephan[3]: *Das Quartett op. 32 ist jedoch, obgleich Musik für den eigenen Gebrauch, ein sehr ambitioniertes Werk, wohl das ambitionierteste Kammermusikwerk seiner Frühzeit.* Und: *Es ist eine in ihrer Tonordnung absolut neue Musik.* Dieses Urteil von Stephan ist nachzuvollziehen, betrachtet man bspw. den als Fuge angelegten ersten Satz, der als formales und satztechnisches Experiment zu beschreiben wäre. Hindemith eignet sich traditionelle Satzmomente an und verwendet diese als Bausteine zur Gestaltung neuer Ausdrucksformen. Kubes[4] Kritik an oberflächlicher Wahrnehmung der Hindemith-Quartette ist zuzustimmen: *Lineare Stimmgeflechte auf einer diatonischen Basis zu entfalten und vertikal abzusichern, offenbart ein Gestaltungsprinzip, das sich mit simplifizierenden Schlagworten nicht sinnvoll benennen läßt.*

S. 47: Kater fällt das Urteil über Hindemiths politische Ansichten lapidar. Gedanken Hindemiths zu Politik seien *verschwommen und naiv.* Als Beleg zitiert Kater Jürgen Mainka; dieser schreibt: [...] *war Hindemith dieser Atmosphäre widerspruchsvoller und in der Blickrichtung*

---

[2] Z.B. das Vorwort von Christoph Wolff zu: Paul Hindemith, *Sämtliche Werke,* Bd. I, 4–1: *Cardillac,* Mainz 1979, S. IX–XI oder Giselher Schubert, *Zur Konzeption der Musik in Hindemiths Oper* Cardillac, in: *Hindemith-Jahrbuch* 1988/XVII, S. 114–128.

[3] Rudolf Stephan, *Paul Hindemiths Streichquartett op. 32,* in: *Hindemith-Jahrbuch* 1995/XXIV, S. 25–41, Zitat S. 30 bzw. 33.

[4] Michael Kube, *Hindemiths frühe Streichquartette,* Kassel 1997, S. 319.

verschwommener Revolte eng verbunden.[5] Das Adjektiv *verschwommen* bezieht sich im Text Mainkas aber auf das Substantiv Revolte und nicht auf die Haltung Hindemiths.

S. 48: Kater konstatiert: *Das Amar-Quartett führte Pfitzners Quartett in cis-Moll (1925) bis Dezember 1931 nicht weniger als vierzehnmal mit großem Engagement auf* [...].
Der Unterton wird deutlich. Das Verhältnis zu Pfitzner und Furtwängler soll über die Wertschätzung dieser Komponisten-Dirigenten als Musiker hinaus auch geistige Nähe assoziieren. Um weiter zu polarisieren, unterstellt Kater Streitereien mit Weill (*möglicherweise aus Eifersucht*) anläßlich der Komposition von Brechts *Lindberghflug*, die durch nichts belegt sind.

S. 49: Hindemith solle über *seinen fortschrittlichen Freund, den jüdischen Dirigenten Otto Klemperer* im Juli 1932 in einem Brief an Willy Strecker geschimpft haben, er [Hindemith] solle bei einem Konzert *offenbar als Renommiergoi* zugegen sein. Hindemith »schimpft« jedoch nicht über Klemperer, sondern weigert sich, als Zugpferd einer Veranstaltung herzuhalten. Diese Art der Publicity war Hindemith zeit seines Lebens verhaßt.

S. 49: Die Mathis-Symphonie sei auch von nationalsozialistischen Kritikern *mit Begeisterung aufgenommen* worden. Das bedeutet doch lediglich, daß Hindemiths Musik eben keine politische Musik ist. Katers Ansicht suggeriert, wer Musik schreibt, die auch nationalsozialistischen Kritikern gefällt, sei suspekt. Konsequenterweise müßte Kater lediglich funktionell-politische Musik als »gute« Musik akzeptieren. Arbeiter-Lieder von Eisler wären – so könnte man schließen – »wertvoller« als unpolitische Musik.

---

[5] Jürgen Mainka, *Hindemith und die Weimarer Republik,* in: *Hindemith-Jahrbuch* 1987/XVII, S. 167–178, Zitat S. 168.

S. 50: Kater übernimmt eine Einschätzung von Claudia Maurer Zenck und konstatiert: Das Mathis-Projekt entspreche *sehr genau den offiziellen Vorstellungen von moderner deutscher Musik im Dritten Reich*[6]. Welcher Art diese *offiziellen Vorstellungen* sind, bleibt unbeantwortet. Nie, und schon gar nicht zu Beginn der Tyrannei, waren ästhetisch-kompositionstechnische Ideen zu einer »nationalsozialistischen« Musik von offizieller Seite formuliert worden. Die Darstellung von Angst und Leid auf den Tafeln des Isenheimer Altars zählte niemals zu den »offiziellen Vorstellungen« von moderner Kunst in der Nazizeit.

S. 50: Kater nennt Emil Nolde als einen der Künstler, die Mathias Grünewald *zutiefst verehrten* und der zugleich *ein gewisses Verständnis für die Nationalsozialisten* entwickelt habe. Katers Intention ist demagogisch; er geht nicht auf die vielfältige Rezeption von Mathias Grünewald im 20. Jahrhundert ein. Gerade auch ein Regimegegner wie Otto Dix rekurrierte in seinen Bildern auf ikonographische Stilmomente Grünewalds, um Kriegsgreuel plastisch vor Augen zu führen und anzuprangern. Die vorliegende Sekundärliteratur zu dieser Problematik des schaffenden Künstlers im »Dritten Reich« nimmt Kater nicht zur Kenntnis, beispielsweise die Untersuchung über die vielschichtige Grünewald-Rezeption im 20. Jahrhundert von Ingrid Schulze: *Offenkundig spiegelte sich damals gerade in der Hinwendung bürgerlich-antifaschistischer Künstler zu Grünewald die Bereitschaft wider, sich mit den vom Hitlerregime nicht korrumpierten Kräften des deutschen Volkes zu verbünden. In Hindemiths Oper* Mathis der Maler *kommt das ebenfalls zum Ausdruck.*[7]

---

6 Siehe Claudia Maurer-Zenck, *Zwischen Boykott und Anpassung an den Charakter der Zeit. Über die Schwierigkeiten eines deutschen Komponisten mit dem Dritten Reich*, in: *Hindemith-Jahrbuch* 1980/IX, S. 65–129, Zitat S. 119.

7 Ingrid Schulze, *Die Erschütterung der Moderne. Grünewald im 20. Jahrhundert*, Leipzig 1991, S. 186. Über die Mathis-Oper S. 183f.

In Bezug auf Hindemith ignoriert Kater dessen Emigrationsankündigung im Violakonzert *Der Schwanendreher*, in dem er seine politisch heikle Situation andeutet und in Volksliedzitaten seine Position als Heimatloser in der Fremde deutlich prononciert.

S. 50: Ludwig Rottenberg war nicht *Direktor der Frankfurter Oper*, sondern Erster Kapellmeister unter sechs Intendanten von 1892 bis 1926.

S. 51: Es habe nach Kater Tendenzen gegeben, die *eine Art gütliche Einigung zwischen dem Komponisten* [Hindemith] *und dem Regime begünstigten.* Dazu zähle der *musikalische Trend*, den Hindemith mit der *nicht anstößigen Musik für Mathis der Maler selbst auslöste.* Kater verzichtet auf Charakterisierung dieses »musikalischen« Trends und nennt auch keine Werke, die in der Nazizeit an die Musik von *Mathis der Maler* anschlossen. Statt stilistische Eigenheiten oder kompositionstechnische Merkmale zu beschreiben, um sein Urteil zu belegen, unterstellt er, daß es Kriterien gebe, die »anstößige« von »nicht anstößiger« Musik zu unterscheiden erlauben.

S. 51: *Vielen schien Hindemith der Vorbote einer an der Nazi-Ideologie orientierten modernen Musik zu sein, nach der Revolutionäre im Bereich der Kultur, zu denen zweifellos Goebbels und v.a. auch Hitler gehörten, suchten.* Wer diese *Vielen* sein sollen und wie sie Hindemith als *Vorboten* darstellten, verschweigt Kater.

S. 51: Wenn Kater Claus Neumann zitiert, Hindemith sei *Führer der jüngeren, der zeitgenössischen Moderne*, so ist das ein Beleg für Hindemiths herausragenden Status in den 1920er Jahren und nicht Beweis für Hindemiths Nähe zum Nationalsozialismus.

S. 52: *Ein anderes Beispiel der Kontinuität zwischen der republikanischen Ära und dem Dritten Reich, zu der Hindemith eine Menge beitrug* [was soll PH beigetragen haben?], *war die (Gebrauchs-) Musik für die*

Jugend. Hindemiths Ideen einer musikalischen Erziehung breiterer Volksschichten sind bereits in den 20er Jahren virulent. Warum es sich dabei um *hochtrabende, berauschte Visionen* handeln sollte, ist unklar. Zudem distanzierte sich Hindemith bereits 1930 entschieden von Laiengruppierungen: *Bei vielen Vereinigungen musikalischer Laien kann man die Beobachtung machen, daß die Musik innerhalb ihrer Gemeinschaft gar nicht so wichtig ist, als sie selbst glauben. Von der übelsten Vereinsmeierei über die geläufigen Formen gesellschaftlicher Unterhaltung bis zum verschrobensten Sektenwesen finden sich alle Arten gemeinsamen Handelns, die in einer erschreckend großen Anzahl von Fällen die ursprüngliche Freude am Musizieren überwuchert haben. Wer sich mit anderen musizierend zusammenfindet, sollte vor allem musizieren.*[8]

S. 52: Kater fragt, *ob Hindemith sich in den ersten beiden Jahren der Nazi-Herrschaft nur damit begnügte, stillzusitzen und abzuwarten.* Hindemith habe durch seine Gespräche mit Nazi-Funtionären versucht, *in Hitlers Deutschland, so lange es menschlich möglich war, eine konstruktive Rolle zu spielen.* Dagegen sprechen jedoch seine Vorsicht und seine Zurückhaltung im Umgang mit Nazi-Funktionären: *Da ich nun weiss, wie misstrauisch die Leute sind und da ich auch gesehen habe, dass einige, die sich anbiedern wollten, vollkommen versunken sind, möchte ich, der ich mich ja nicht einmal anbiedern will, diese von Ihnen gewünschte aufklärende Aktion nicht gerade jetzt unternehmen.*[9]

S. 53: *Eine solch grundsätzlich positive Einstellung* [positiv gegenüber wem oder was?] *erklärt, warum er im Februar 1934 eine führende* [?] *Position in der neu eingerichteten Reichsmusikkammer unter Strauss und Furtwängler akzeptierte, warum seine Musik während eines unter*

---

[8] Siehe Paul Hindemith, *Forderungen an den Laien,* in: *Musik und Gesellschaft* 1 (1930), S. 8–10, auch in: Paul Hindemith, *Aufsätze – Vorträge – Reden,* hrsg. von Giselher Schubert, Zürich/Mainz 1994, S. 42–44.

[9] Brief von Paul Hindemith an den Schott-Verlag vom 15. April 1933; Kopie im Hindemith-Institut, Frankfurt am Main.

der Schirmherrschaft dieser Kammer in genau dem Monat seiner Ernennung organisierten ‚Festkonzerts' eine herausragende Rolle spielte und warum er noch immer auf keinen nennenswerten Widerstand stieß und damals mehrere seiner Werke in ganz Deutschland aufgeführt wurden [...] In einer Fußnote wird u.a. als Beleg Maurer-Zenck, angegeben. Die von Maurer-Zenck zitierte Briefstelle lautet dagegen: *Seine Abneigung, sich offiziell zum Aushängeschild herzugeben, zeigte sich auch, als er seine Teilnahme an einer Art Propagandakonzert des Kampfbundes ablehnte, »weil ich dagegen bin, dass meine Musik immer wieder die Deckung für alle möglichen Nichtskönner abgeben soll und dass überhaupt immer die heutige Musik als abseitsstehend und extravagant besonders aufgezogen wird.«*[10]

S. 56/57: *Vor diesem Hintergrund deuten die Indizien der Jahre 1935 und 1936 auf eine überraschende Entscheidung Hindemiths hin, in Deutschland durchzuhalten und durch das Sammeln von so vielen Bonuspunkten wie möglich seine Rehabilitation zu erwirken, auch wenn die Angriffe zweifellos verletzt hatten. Derartige Indizien stehen im Widerspruch zu der Interpretation früherer Biographen, der Komponist habe sich »in einem Zustand der Internalisierung« zurückgezogen, der Anzeichen einer »inneren Emigration« zeigt.* Gegen diese sogenannten *Indizien* sprechen Kompositionen wie die Mathis-Oper, das Violakonzert *Der Schwanendreher* oder die 1. Klaviersonate *Der Main*, die eindeutig Hindemiths Selbstverständnis als »heimatlosen Sänger« in »verdeckter Schreibweise« reflektieren. Kater verzichtet auf die Betrachtung dieser für Hindemiths »inneren Zustand« aussagekräftigen Kompositionen. Die Literatur zum Problemfeld »verdeckte Schreibweise« nimmt Kater ebensowenig zur Kenntnis.[11]

[10] Brief von Paul Hindemith an Willy Strecker vom 5. Februar 1934; Kopie im Hindemith-Institut, Frankfurt am Main; Claudia Maurer Zenck, *Boykott* (wie Anm. 6), S. 73.

[11] Siehe Heidrun Ehrke-Rotermund, Erwin Rotermund (Hrsg.), *Zwischenreiche und Gegenwelten. Texte und Vorstudien zur »Verdeckten Schreibweise« im »Dritten Reich«*, München 1999, S. 9f.

S. 57: Kater behauptet, Hindemith habe seine Pläne zur Emigration lediglich als taktisches Mittel eingesetzt, mit dem er *Druck ausüben wollte. Es sollte lange dauern, bis er schließlich zu einem Entschluss kam und Deutschland und Europa, zumindest physisch, verließ.* Was heißt lange? Wieder berücksichtigt Kater nicht die oben genannten Kompositionen, deren Deutung nahelegt, daß Hindemith sich spätestens 1936 als heimatloser Sänger fühlte. Als Beleg, daß Hindemith nicht in die Türkei emigrieren wollte, verkürzt Kater sinnentstellend eine Passage aus einem Brief von Hindemith an Willy Strecker vom 13. Februar 1935, in dem er über ein Konzert in Basel berichtet: *Für dauernd möchte ich nicht hingehen ... aber in Deutschland wohnen bleiben.* Der Abschnitt aus besagtem Brief lautet vollständig: *Für dauernd möchte ich nicht hingehen, aber einige Monate im Jahre gern. Der Amerikaner* [ein kontinentaler Vertreter der NBC] *wollte sich auch nach Lehrgastspielen in U.S.A. umtun; dafür auch einige Monate und noch evtl. ein Kursus in Basel, den man mir auch anbot – im übrigen aber in Deutschland wohnen bleiben, das alles wäre nicht übel.*

S. 57: In der Fußnote 54 behauptet Kater: *Ich schließe mich der viel früheren* [als Briners Monographie] *bahnbrechenden Interpretation von Claudia Maurer Zenck an, Boykott, S. 117.* Briners Monographie ist 1971 erschienen, Maurer Zencks Aufsatz 1980.

S. 58: *Denn war dem Komponisten nicht klar, dass er, indem er für die »deutsche Musikkultur« und das »deutsche Ansehen im Ausland« warb, in hohem Maße die nationalsozialistischen Werte von 1935 anpries?* Hätte Kater nur einen Blick auf die Berichte Hindemiths zum türkischen Musikleben geworfen, hätte er erkennen können, daß es Hindemith nicht um Propagierung »nationalsozialistischer Werte« ging, sondern um den Aufbau des türkischen Musiklebens nach westlichem Vorbild. Dabei schwebten ihm Ideen vor, die er bereits 1927 in seiner Konzeption einer Musikhochschule niederlegte.[12]

S. 59: *Ein paar Tage später zog ein wütender Walther Funk, Staatssekretär in Goebbels Propagandaministerium, den sorgsam ausgearbeiteten Vorschlag zur Rehabilitierung Hindemiths in den Schmutz, indem er abwertende Bemerkungen an seinen Handlanger Hans Hinkel schickte.* Als Fußnote 66 erfolgt der Hinweis auf den Katalog *Entartete Musik*, S. 167. Das dort genannte Schreiben Hindemiths stammt aber aus dem Jahre 1937, nicht, wie Kater interpoliert, aus dem Jahre 1935.

S. 59: Zur Aufführung der Hindemithschen *Trauermusik* im Jahre 1936 auf den Tode George V. in England, die Kater als Reputationsversuch Hindemiths bei den Nazi-Machthabern interpretiert, bemerkt er: *Hindemith, der wahrscheinlich an Deutschlands Versuch dachte, sich England wieder anzunähern, ergriff die Gelegenheit sofort, als er daraufhin an Strecker schrieb: »Sollte man diese Geschichte* [besagte Aufführung der Trauermusik] *nicht etwas ausnutzen? Wollen Sie es nicht auch im* [richtig: durch den] *deutschen Blätterwald rauschen lassen?«* Hindemith fühlte sich in Deutschland zunehmend isoliert und nahm mit großer Genugtuung zur Kenntnis, daß seine kompositorischen und interpretatorischen Fähigkeiten im antifaschistischen Ausland geschätzt wurden. Mit *Reputationsversuch* hat diese Haltung wahrlich nichts zu tun.

S. 62: *Aufgrund der bisher vorliegenden Belege muss man den Gedanken verwerfen, dass Hindemith von 1933 an in Deutschland als »innerer Emigrant« oder in Bluche oder später, als er seine 1937 begonnenen Aufenthalte in den USA fortsetzte, »im Exil« lebte.* Nach der einschlägigen Sekundärliteratur kann man sehr wohl Hindemiths Haltung als »innere Emigration« bezeichnen. Diverse Künstler versuchten nach 1933, Alternativen zu den von den Nazis eingesetzten Ideologien zu formulieren, ohne sie dabei explizit als antifaschistische Stellungnahme wirken zu lassen. Die Ergebnisse der literarhistorischen Untersuchun-

[12] Siehe Peter Cahn, *Ein unbekanntes musikpädagogisches Dokument von 1927: Hindemiths Konzeption einer Musikhochschule,* in: *Hindemith-Jahrbuch* 1977/VI, S. 148–172.

gen von Rotermund treffen auch auf die Situation Hindemiths zu: *Der größte Teil der nonkonformistischen Literatur wird hingegen relativ angemessen mit dem Begriff der ›Inneren Emigration‹ bezeichnet, der in den 30er Jahren von Exilautoren wie Lion Feuchtwanger und Thomas Mann verwendet wurde, um das Wirken von nichtangepaßten Schriftstellern im ›Dritten Reich‹ zu charakterisieren.*[13] Ziel dieser Literatur, so Rotermund, sei Ermutigung zur Selbstbehauptung im totalitären Staat. Die Mittel hierzu lägen in der Darstellung von verschiedenen Gegenwelten, denen ein zeitenthobener tieferer Sinn zugesprochen wird. Eben dieser Zug trifft beispielsweise auf Hindemiths Mathis-Oper zu.

S. 65: *Es sprach ein eingefleischter Europäer, wenn nicht gar nationalistischer Deutscher aus ihm, als er im März 1939 an Gertrud schrieb: »Trotz aller Schwimmpools, trotz der phantastischsten subtropischen Blütenbäume, trotz Bali-Bar und Kostbarkeitenbibliothek ist mir Blusch [sic!] tausendmal lieber«.* Kann man aus dieser Äußerung auf »nationalistische deutsche Gesinnung« schließen, etwa weil auch die französische Form des Ortsnamens Bluche von Hindemith als »Blusch« geschrieben wird? Weiß Kater nicht, daß diese wallisische Region bilingual ist?

S. 67: *Als Lehrer* [...] *war Hindemith streng bis zur Gefühlslosigkeit.* Völlig haltlos und geradezu unverschämt ist Katers Schilderung der Umstände, die zum Ertrinken eines Schülers von Hindemith, Charles Naginskis, führten. Kater behauptet, der Student habe sich anscheinend ertränkt, *weil Hindemith der Ansicht war, dass er es an kontrapunktischer Technik fehlen lasse.* Als Gewährsmann nennt Kater Luther Noss, der über dieses Unglück auch berichtet. Aus Noss' Schilderung geht hervor, daß der Tod des Studenten, der ein schlechter Schwimmer war,

[13] Siehe Michael Philipp, *Distanz und Anpassung. Sozialgeschichtliche Aspekte der Inneren Emigration*, in: *Aspekte der künstlerischen inneren Emigration 1933–45. Exilforschung. Ein internationales Jahrbuch*, Bd. 12, hrsg. von Claus-Dieter Krohn u.a., München 1994, S. 11–30, oder Ralf Schnell, *Literarische Innere Emigration*, 1933–1945, Stuttgart 1976.

nicht geklärt wurde. Daß Hindemiths Kritik in kausalem Zusammenhang mit dem Tod Naginskis steht, ist völlig aus der Luft gegriffen. Hindemith, der Studentenmörder!

S. 73: Kater behauptet, Licco Amar habe einen Groll gegen Hindemith gehegt. Offensichtlich kennt er nicht Briefe von Amar an Hindemith aus den 50er Jahren, die eindeutig ein anhaltend herzliches Verhältnis zwischen den beiden ehemaligen Quartettgenossen widerspiegeln. Ein Blick in die Briefe Amars an Hindemith aus den 50er Jahren, aufbewahrt im Hindemith-Institut, hätten Kater eines Besseren belehrt.

S. 74 ff.: Kater beschreibt das Verhältnis von Schönberg zu Hindemith und polarisiert die beiden Komponisten. Bereits unmittelbar nach dem Ersten Weltkrieg, als Hindemith noch im Rebner-Quartett spielte, standen Schönbergs Streichquartette op. 7 und op. 10 auf den Programmen des Ensembles. Und auch in späteren Konzerten mit dem Amar-Quartett kamen diese Werke zur Aufführung. In einem Brief an den Dirigenten Hermann Scherchen dankte Schönberg für die Bereitwilligkeit, anläßlich seines 50. Geburtstages Werke von ihm aufzuführen. Die Mitarbeit bei diesem – nicht realisierten – Projekt sagte auch Hindemith zu. Über Hindemiths Bereitschaft, mitzuwirken, äußert sich Schönberg in besagtem Brief: *Er* [Hindemith] *gibt damit ein schönes Zeichen von richtiger Einstellung gegenüber Älteren, ein Zeichen, wie es nur ein Mensch von echtem und berechtigtem Selbstgefühl geben kann; nur einer, der nicht nötig hat, für seinen Ruhm zu fürchten, wenn ein anderer geehrt wird, und der richtig erkennt, daß eben solche Ehrung ihn ehrt, wenn er sich ihr verbündet.*[14]
Nichts weiß Kater offenbar von den Vorlesungen und Seminaren Hindemiths an der Uni Zürich, wo er sich mit Schönbergs Kompositionsstil auseinandersetzte und in extenso alle Streichquartette Schönbergs analysierte.

[14] Siehe *Briefe von Schönberg*, ausgewählt und hrsg. von Erwin Stein, Mainz 1958, S. 116f.

Epilog, S. 370: *Sein* [Hindemiths] *Neoklassizismus wurde in Darmstadt zunehmend für überholt gehalten, bis er um 1949 Schönberg weichen musste. Das verbitterte Hindemith so sehr, dass er die systematische* [?] *Widerlegung des Serialismus der Zweiten Wiener Schule zu einem Hauptthema seiner letzten zehn Jahre machte.* Hindemith komponierte, unterrichtete und dirigierte. Diesen Beschäftigungen war seine Energie gewidmet. Dabei näherte er sich der Zweiten Wiener Schule sogar so sehr, daß er in der *Pittsburgh Symphony* aus dem Jahre 1958 Anton Webern zitierte.

Nachbemerkung

Katers Methode, so muß nach Lektüre des Hindemith-Kapitels bilanziert werden, sich eines Lebensabschnittes von Komponisten anzunehmen, ist keine Geschichtsschreibung, die sich Maßstäben wissenschaftlichen Arbeitens verpflichtet fühlt, sondern eher denen eines »Enthüllungsjournalismus«. Reißerischer Effekte willen verzichtet Kater auf Argumentation und kontextuale Darstellung der von ihm aufgeführten Einzelereignisse aus dem Leben Hindemiths. Abwägung der verwendeten Quellen und Gewichtung von Sekundärliteratur würde freilich den publizistisch-reißerischen Effekt seines Hindemith-Porträts verringern. Kater geht es nicht, entgegen seines methodischen Hinweises im Vorwort, um die Darstellung der Position der behandelten Komponisten in der komplexen Musikkultur der Nazi-Zeit.

Kater ignoriert rigoros die Werke Hindemiths und begibt sich somit eines wesentlichen Interpretationsmittels der Person Hindemith. Ihm entgehen dadurch ästhetische Einsichten auf die Befindlichkeit des Komponisten zu Beginn der Nazi-Ära. Bereits anhand der vorliegenden Literatur hätte Kater erkennen können, welches Aussage- und Ausdruckspotential Werke wie die Mathis-Oper, die erste Klaviersonate oder das Violakonzert *Der Schwanendreher* innehaben.

Ein Problembewußtsein historischen Forschens legt Kater nicht an den Tag. Solch ein Problembewußtsein beschrieb etwa Carl Dahlhaus mit den Worten: *Und es ist Sache des Historikers, die Sinnbezüge vergangenen Handelns zu rekonstruieren. Andererseits leugnet niemand, daß menschliches Handeln nicht ausschließlich intentional bestimmt ist, sondern immer auch von Bedingungen abhängt, die sich kausal oder funktional erklären lassen. Umstritten ist lediglich, ob und in welchem Maße die Strukturen, in die sich intentionales Handeln einfügt, als bloßes Panorama flüchtig skizziert oder aber ins Zentrum gerückt und zum eigentlichen Gegenstand der Historie gemacht werden soll.*[15] Der Frage, welche Zugangsmöglichkeiten adäquat und differenziert genug wären, um sich dem untersuchten Phänomen »Hindemith im Dritten Reich« zu nähern, stellt sich Kater an keiner Stelle seiner Studie. Treffend nennt Norbert Frei die Gefahren solcher Art der Geschichtsschreibung, die einer Geschichtsklitterung gleichen. Frei befürchtet, daß sich mit dem *Ende der Zeitgenossenschaft* von Zeitzeugen des Dritten Reiches das *Zufällige und Beliebige, das bloß intellektuell Ausgedachte zu Lasten seriöser Fragestellungen und quellengestützter Forschung* breitmachen werde. *Die Goldhagen-Debatte*[16] *gab darauf bereits einen gewissen Vorgeschmack: Die auf schnellen Umschlag möglichst provozierender »Neuigkeiten« ausgelegte Medienmaschine präsentierte die These des Buches tendenziell als »Faktum«, gegenüber dem die Einwände von Historikern (und Zeitzeugen) strukturell – nämlich schon aus Gründen der medialen Repräsentationslogik – in der Defensive verbleiben.*[17] Als »Entrüstungshistoriker« vergißt Kater, daß *Zeitgeschichte mehr ist als*

---

[15] Siehe Carl Dahlhaus, *Grundlagen der Musikgeschichte,* Köln 1977, S. 135.

[16] Frei verweist auf Daniel Jonah Goldhagen, *Hitlers willige Vollstrecker. Ganz gewöhnliche Deutsche und der Holocaust,* Berlin 1996, und die sich daran anschließende Diskussion.

[17] Norbert Frei, *1945 und wir. Das Dritte Reich im Bewußtsein der Deutschen,* München 2005, S. 56.

nur eine moralische Pflicht oder eine nüchterne Quellenauswertung. Sie ist vor allem eine intellektuelle Herausforderung.[18]

Treffend formuliert der Literaturhistoriker Erich Auerbach die Probleme bei der Auseinandersetzung mit der nationalsozialistischen Ära:

Man denke an die Geschichte, welcher wir selbst beiwohnen; wer etwa das Verhalten der einzelnen Menschen und Menschengruppen beim Aufkommen des Nationalsozialismus in Deutschland, oder das Verhalten der einzelnen Völker und Staaten vor und während des gegenwärtigen (1942) Krieges erwägt, der wird fühlen, wie schwer darstellbar geschichtliche Gegenstände überhaupt, und wie unbrauchbar sie für die Sage sind; das Geschichtliche enthält eine Fülle widersprechender Motive in jedem Einzelnen, ein Schwanken und zweideutiges Tasten bei den Gruppen; nur selten kommt (wie jetzt durch den Krieg) eine allenfalls eindeutige, vergleichsweise einfach beschreibbare Lage zustande, und auch diese ist unterirdisch vielfach abgestuft, ja sogar fast dauernd in ihrer Eindeutigkeit gefährdet; und bei allen Beteiligten sind die Motive so vielschichtig, daß die Schlagworte der Propaganda nur durch roheste Vereinfachung zustande kommen – was zur Folge hat, daß Freund und Feind vielfach die gleichen verwenden können. Geschichte zu schreiben ist so schwierig, daß die meisten Geschichtsschreiber genötigt sind, Konzessionen an die Sagentechnik zu machen.[19]

---

[18] Ebenda.

[19] Erich Auerbach, *Mimesis. Dargestellte Wirklichkeit in der abendländischen Literatur*, 7. Aufl. Bern/München 1982, S. 22f.

GERHARD ALLROGGEN, 1936 in Bochum geboren, aufgewachsen in Wiesbaden, Studienabschluß in Hamburg (Kapellmeisterklasse von Hans Schmidt-Isserstedt und Dr. phil. in Musikwissenschaft), Habilitation in Bochum, Prof. am Musikwissenschaftlichen Seminar Detmold bis 2001, Herausgeber der Carl-Maria-von-Weber-Gesamtausgabe.

PIERRE CORTOT, né en 1945, ancien élève de l'École Normale Supérieure de Cachan, professeur agrégé de Lettres Modernes, docteur en Science du Langage (Arts et Littérature), thèse soutenue en mars 2003 à l'École des Hautes Études en Sciences Sociales de Paris. Publications pédagogiques et musicologiques.

RICHARD EXNER, 1929 im Harz geboren, aufgewachsen in Darmstadt; 1950 ausgewandert in die USA; 1992 Rückkehr nach Deutschland. Lebt in Berlin. Professor für Germanistik und Vergleichende Literaturwissenschaft an mehreren Universitäten und Hochschulen, u. a. Princeton University, Oberlin College und von 1965 bis 1992 University of California, Santa Barbara. Gastprofessuren u.a. in Nizza, Cambridge (M. I. T.), Perth (University of Western Australia) und München. Korrespondierendes Mitglied der Bayerischen Akademie der Schönen Künste seit 1989. Verfasser zahlreicher wissenschaftlicher Texte zur deutschen und europäischen Literatur, von Editionen, Essays, Prosa und 13 Gedichtbänden.

FRANZ KNAPPIK, geboren 1980 in München. Seit 2000 Studium von Philosophie, Musikwissenschaft und Altgriechischer Philologie an der LMU München. Stipendiat der Stiftung Maximilianeum und der Studienstiftung des deutschen Volkes. Auslandsstudium in Oxford (akademisches Jahr 2003/04) und Pavia/Cremona (Sommersemester 2005).

HARTMUT LÜCK, Dr. phil., geb. 1939 in Posen, aufgewachsen in Lübeck, studierte Musikwissenschaft, Slavistik und Germanistik in

Hamburg, Marburg und München. Seit 1972 lebt er als freiberuflicher Wissenschaftler und Rundfunkautor in Bremen. 1972–78 war er Lehrbeauftragter an den Universitäten Bremen und Oldenburg, 1979–86 Redakteur bei der *neuen musikzeitung*, 1995–96 Mitherausgeber und Redakteur der *Musica*. 1988 erhielt er von der Berliner Akademie der Künste den erstmals verliehenen »Hörfunkpreis Vermittlungsformen Neuer Musik«. Er war u.a. Mitherausgeber folgender Bücher: (mit Hanns-Werner Heister) *Musik – Deutung – Bedeutung. Festschrift für Harry Goldschmidt*, Dortmund 1986; (mit Peter Petersen und Hanns-Werner Heister) *Stimmen für Hans Werner Henze. Die 22 Lieder aus »Voices«*, Mainz 1996; (mit Dieter Senghaas) *Vom hörbaren Frieden*, Frankfurt am Main 2005.

GISELHER SCHUBERT ist seit 1991 Direktor des Hindemith-Instituts, Frankfurt/Main.

HEINZ-JÜRGEN WINKLER, geboren 1958 in Bensheim/Bergstraße, studierte Musikwissenschaft, Mittellatein und Geschichte in Heidelberg. 1994 Promotion mit einer Arbeit über die Tenormotetten von Johannes Regis. 1993–1996 Mitarbeiter von Herbert Schneider am Forschungsprojekt »Timbre und Vaudeville« an der Musikhochschule Frankfurt, 1996–1999 wissenschaftlicher Mitarbeiter an der Universität Saarbrücken. Seit 1999 Mitarbeiter des Hindemith-Instituts.

FERDINAND ZEHENTREITER, Klavierstudium in München, Soziologie, Philosophie und Musikwissenschaft an der J. W. Goethe-Universität in Frankfurt/Main. Während des Studiums Stipendiat der Studienstiftung des Deutschen Volkes. Mitarbeit im SFB/FK »Wissenskultur und gesellschaftlicher Wandel«. Disziplinübergreifende Habilitationsschrift zu Arnold Schönberg. Lehrbeauftragter für Soziologie an der J. W. Goethe-Universität, Frankfurt/Main und für systematische Musikwissenschaft an der dortigen Hochschule für Musik und Darstellende Kunst.

Hindemith-Jahrbuch 1971/I bis 2003/XXXII - Autoren und Beiträge

1971/I
Beiträge von Ludwig Finscher, Andres Briner, Angela Zabrsa, Helmut Haack, Peter Cahn, Henri Jaton, Günther Rühle, Adolf Rebner, Max Rieple, Heinrich Straumann, Helmut Rösner und Marianne Reißinger

1972/II
Beiträge von Winfried Kirsch, Peter Cahn, Walter Bruno Hilse, Dieter Rexroth, Bernhard Billeter, Franzpeter Goebels und Karl Laux; Quellentexte von Paul Hindemith

1973/III
Beiträge von Hans Curjel, Andres Briner, Howard Boatwright, Dieter Rexroth, Hellmuth Christian Wolff, Erwin R. Jacobi, Dietrich Berke, Glenn Gould, Alfred Beaujean, Erich F. W. Altwein und Hildegard Weber; Quellentext von Paul Hindemith; Bibliographie

1974/IV
Beiträge von Hans Heinz Stuckenschmidt, Ingeborg H. Solbrig, Rudolf Stephan, Siegfried Borris, Karin v. Maur, Wulf Konold, Geoffrey Skelton, Wolfgang E. Rebner, Maurice Zermatten, Karl Leo Gerhartz / Hermann Markard, Alfred Beaujean, Andres Briner und Peter Cahn; Quellentext von Paul Hindemith

1976/V
Beiträge von Philipp Mohler, Peter Cahn, Ann Clark Fehn, James E. Paulding und Janós Breuer

1977/VI
Beiträge von Diether de la Motte, Ludwig Finscher, David Neumeyer, Dieter Rexroth, Friedrich Hommel, Gerd Sannemüller, Bernhard Billeter, Eckhart Richter, Dietrich Bauer und Peter Cahn

1978/VII
Beiträge von Giselher Schubert, Rudolf Stephan, Josef Dorfman, David Neumeyer, Winfried Kirsch, Luther Noss und Eckhart Richter; Quellentexte von Paul Hindemith; Bibliographie

1979/VIII
Beiträge von Norbert J. Schneider, Friedrich Neumann, Raymond Gros, Aloys Greither, Wulf Konold, Everett Helm, Detlef Gojowy, Irina Graham, Gisela Glagla und Sigfried Schibli

1980/IX
Beiträge von Dieter Rexroth, Giselher Schubert, Claudia Maurer Zenck, Everett Helm, Detlef Gojowy, Sigfried Schibli, Winfried Kirsch und Peter Cahn

1981/X
Beiträge von Hans Otte, Tilo Medek, Peter Michael Hamel, Günther Becker, Manfred Trojahn, Wolfgang Rihm und Wulf Konold; Berichte

1982/XI
Beiträge von Rudolf Stephan, Theo Hirsbrunner, Andreas Lehmann, Klaus Ebbeke, Carl Dahlhaus, Luther Noss und Norbert J. Schneider

1983/XII
Beiträge von Annegrit Laubenthal, Giselher Schubert, Dieter Rexroth, Günther Metz, Hans Vogt, Andres Briner, Klaus Hinrich Stahmer, Detlef Gojowy und Georg Mautschka

1984/XIII
Beiträge von Ludwig Finscher, Günther Metz, Dieter Rexroth, Giselher Schubert, Reinhold Brinkmann, Kurt von Fischer, Siegfried Mauser, Theo Hirsbrunner, Norbert J. Schneider, Gernot Gruber und Hans Kohlhase

1985/XIV
Beiträge von Hermann Danuser, Steven Hinton, Jacques Viret, James d'Angelo, Lars Hedblad, Erik Lundkvist und Günther Metz

1986/XV
Beiträge von Cevat Memduh Altar, Cornelia Zimmermann-Kalyoncu, Dieter Rexroth, Andres Briner, Wulf Konold und Eckhart Richter; Bibliographie

1987/XVI
Beiträge von Rudolf Stephan, Stephen Hinton, Hermann Danuser, Michael Zimmermann, Klaus Ebbeke, Siegfried Mauser, Bernhard Billeter, Annegrit Laubenthal, Peter Cahn, David Neumeyer, Günther Metz, Helga de la Motte-Haber und Andres Briner

1988/XVII
Beiträge von Ludwig Finscher, Hermann Danuser, Volker Scherliess, Stephen Hinton, Albrecht Dümling, Dieter Rexroth, Andres Briner, Giselher Schubert, Rudolf Stephan, Wulf Konold und Jürgen Mainka

1989/XVIII
Beitrag von Friederike Becker; Quellentexte von Paul Hindemith und Benno Elkan

1990/XIX
Beiträge von Manfred Trojahn, Rudolf Stephan, Daniël G. Geldenhuys, Andreas Traub, Josef Dorfman, Lothar Prox, Else Thalheimer-Lewertoff und Hanspeter Krellmann; Quellentexte von Paul Hindemith; Bibliographie

1991/XX
Beiträge von Peter Cahn, Rudolf Stephan, Eckhart Richter, Jürgen Blume, Dirk Wingenfeld, Donald Johns, Giselher Schubert, Tomi Mäkelä und Michael Kube

1992/XXI
Beiträge von Rudolf Stephan, Gerd Sannemüller, Hermann Danuser, Julius Berger, Gerhard Sauder, Klaus Velten, Elisabeth Schmierer, Kurt von Fischer, Andreas Traub und Michael Kube

1993/XXII
Beiträge von Friedbert Streller, Michael Kube, Stephen Hinton, Elisabeth Schwind, Thomas Seedorf und Andres Briner

1994/XXIII
Beiträge von Andres Briner, Andreas Traub, Peter Ackermann, Wolfgang Rathert, Susanne Schaal und Theo Hirsbrunner

1995/XXIV
Beiträge von Luitgard Schader, Rudolf Stephan, Ann-Katrin Heimer, Mark Delaere, Otto Bruckner, Susanne Schaal und Klaus-Dieter Krabiel

1996/XXV
Beiträge von Wolfgang Rathert, Rudolf Stephan, Michael Kube, Rainer Cadenbach, Mathias Hansen, Giselher Schubert, Dietmar Schenk, Martin Elste und Reiner Nägele; Quellentext von Viktor Beljaev

1997/XXVI
Beiträge von Harald Genzmer, Albrecht Riethmüller, Ludwig Finscher, Hans Zender und Michael Fuller; Veranstaltungen 1995; Rezensionen; Quellentexte von Paul Hindemith

1998/XXVII
»Beiträge von Stephen Hinton, Geoffrey Skelton, Rudolf Stephan, Allen Forte, Giselher Schubert, Kim H. Kowalke, Hermann Danuser, Ian Kemp und David Neumeyer«

1999/XXVIII

Andres Briner	Marius Décombaz
Alexander J. Fisher	Paul Hindemith, Gottfried Benn, and the Defense of the Autonomy of Art in the Late Weimar Republic

Andres Briner	Im Zeichen Friedrich Nietzsches
Wolfgang Rathert	*Das Unaufhörliche* – ein verkanntes Hauptwerk Hindemiths?
Gunther Nickel / Susanne Schaal	Die Dokumente zu einem gescheiterten Opernplan von Paul Hindemith und Ernst Penzoldt
Gerald Kilian	Paul Hindemiths *Symphonie »Mathis der Maler«*
Gerd Sannemüller	Hindemith-Tage in Lübeck (1932)
2000/XXIX	
Georges Starobinski	Rythme, mètre et ton poétique dans *Das Marienleben* de Paul Hindemith
Norbert Abels	Gold, Hybris und Formkälte
Inga Mai Groote	»Wie weit hat das alles wohl mit praktischer Ausführung zu tun?« Werkeinführungen und Vorworte von Paul Hindemith
2001/XXX	
Giselher Schubert	Hindemiths Anfänge als Musiker
Rüdiger Jennert	Paul Hindemith in Friedberg/Hessen
Stefanie Steiner	Hindemiths *Lieder* op. 18. Ein expressionistischer Liederzyklus im Schaffen des Komponisten?
Susanne Schaal-Gotthardt	Ausdruck ohne Emotion. Hindemiths Nachtstücke
Elisabeth Schmierer	Neue Sachlichkeit und Künstleroper. Zu Hindemiths erster Fassung von *Cardillac*
Michael Struck	Berthold Goldschmidt, Paul Hindemith und das Problem »mittlerer Musik«
Luitgard Schader	Hindemiths Skizzenbücher Nr. *1* bis *41*
Michael Kube	Hindemith in Kopenhagen
Susanne Schaal-Gotthardt	Solidarität mit dem »Geräuschemacher«
2002/XXXI	
Alexander L. Ringer	Harmonie und Gottesgedanke. Über »ästhetische Theologie« im Opernschaffen von Arnold Schönberg und Paul Hindemith
Winrich Hopp	Von der harmonikalen Fehlgründung lebenspraktischen Glücks. Zur Sinfonie und Oper *Die Harmonie der Welt*
Giselher Schubert	Der lange Blick zurück. Sujet und Form im Operneinakter *Das lange Weihnachtsmahl*

Michael Heinemann	Farben, Allusionen, Vermächtnis. Zu Paul Hindemiths *Concerto for Organ and Orchestra*
Heinz-Jürgen Winkler	Zur Konzeption der Messen Hindemiths
Walter Salmen	»Volksgesang« im Unterricht und Werk Hindemiths
Ann-Katrin Heimer	... wie sie vom praktischen Standpunkt des Geigers aus notiert werden müsse ... Hindemiths Bearbeitung der Solostimme des Violinkonzerts von Robert Schumann
	Interviews mit Paul Hindemith
2003/XXXII	
Alfred Schnittke	Paul Hindemiths *Suite 1922* op. 26
Caroline Gommel	Paul Hindemiths *Cardillac* (1926)
Andreas Eichhorn	*... es geht alles mitten durch die Welt und bleibt Musik.* Sämtliche Kritiken, Essays und Texte Paul Bekkers über Paul Hindemith
Christoph Hust	Paul Hindemith als Filmkomponist. Über die Musik zu Arnold Fanckks *Im Kampf mit dem Berge: In Sturm und Eis*
Christoph Richter	Paul Hindemiths hochschuldidaktische Einstellungen und Anregungen
Andres Briner	Musikwerkstatt Donaueschingen. Eine unveröffentliche Eingabe Paul Hindemiths an die Stadt Baden-Baden
Steve Swayne	Hindemith's Unexpected Grandson
Gerd Sannemüller	Hindemith und Schönberg. Stationen einer Beziehung
2004/XXXIII	
Camilla Bork	Wendung zur Komödie. Überlegungen zu Hindemiths Einakter *Das Nusch-Nuschi*
Siglind Bruhn	Keplers Gedankenwelt in Hindemiths Musik
Tully Potter	Hindemith the Violist
Friedbert Streller	Ein Anfang mit Hindemith. Die Jahre nach 1945 im Osten Deutschlands
Günther Metz	Paul Hindemith und Freiburg
Wolfgang Rathert	*Das ist ja alles schon tot!* Ein Kommentar zum Verhältnis Busoni–Hindemith
Sandra L. Johnson	The Relationship between Hindemith and Milhaud before *Mathis der Maler*